国际投资协定之透明度规则研究

张建军 著

中国社会科学出版社

图书在版编目(CIP)数据

国际投资协定之透明度规则研究 / 张建军著 . —北京：中国
社会科学出版社，2016.8
ISBN 978 - 7 - 5161 - 8970 - 2

Ⅰ.①国…　Ⅱ.①张…　Ⅲ.①国际投资－经济协定－研究
Ⅳ.①F831.6

中国版本图书馆 CIP 数据核字（2016）第 227447 号

出 版 人	赵剑英
责任编辑	梁剑琴
责任校对	闫 萃
责任印制	何 艳

出 　版	中国社会科学出版社
社 　址	北京鼓楼西大街甲 158 号
邮 　编	100720
网 　址	http：//www.csspw.cn
发 行 部	010 - 84083685
门 市 部	010 - 84029450
经 　销	新华书店及其他书店

印刷装订	北京市兴怀印刷厂
版 　次	2016 年 8 月第 1 版
印 　次	2016 年 8 月第 1 次印刷

开 　本	710×1000　1/16
印 　张	15.5
插 　页	2
字 　数	254 千字
定 　价	58.00 元

序

全球经济一体化的潮流是不可逆的，纵然是反全球化声浪如影随形，纵然是贸易保护主义频繁抬头，纵然是地区冲突、民族矛盾屡屡侵扰。各国经济越来越紧密地联系在一起，没有哪个国家可以脱离世界市场而独善其身，更多产品实质的原产地标志都是"世界制造"。在经济全球化背景下，改革开放几近不惑之年的中国，对外经贸的发展速度有目共睹，这个世界第二经济体的经济发展对外依存度不断提升。中国经济对外依存度的增长是包括中国市场在内的世界市场的选择，我们大可不必终日惶恐，换个角度看，世界经济对华依存度亦是愈来愈高。固然，每个经济体首先维护的是自身利益，国际竞争与合作相生相伴。有序的竞争、有效的合作依赖完善的国际规则，这对国际经济法的理论研究提出了务实的要求。跨国投资行为带来大量资本、技术、产品等的跨国流动是最重要的国际经贸活动，然而纵观国际经贸秩序的构建，国际投资规则滞后于国际贸易规则，既没有如同"世贸一揽子协议"的统一的、普遍适用的国际条约，也缺乏更多的双边共识。国际投资规则的不足，特别是规则的不确定性导致跨国投资无法稳定、高效地增长，凸显了国际投资法研究至关重要。作为世界最重要的参与跨国投资的国家之一，中国的对外投资金额和引进外资数额已持平，有关资本输出和资本引进的国际投资规则同样重要，这两部分内容集中体现于中外投资协定中，中国学者对国际投资协定的研究热度将会持续提升。故而，本书的研究属于有独到见解的适时应务之作。

当人类选择法律作为治理国家的模式时，法治的整个进程就必须具有起码的透明度，否则"法治"只不过是一句标题口号或者一堆纸上空谈。确保规则的透明度就成为国家治理、国际治理的要务，以求法律的文本内容通达人心、是非评判不偏不倚，这些都需要透明度规则的护佑。国内法中的透明度规则主要集中于信息公开的相关法律中，但透明度规则与信息公开规则并非同一概念的不同表达，因为二者是包含与被包含的关系，透明度规则的外延宽广得多。况且,相对于公开,透明度这个词汇形象、生动、富有温度。在国际法层面,透明度不再只是学者口中的纯理论概念,越来越多的国际投资协定直接采用"透明度"命名条款和章节,例如2014年10月1日生效的《中国和加拿大关于促进和相互保护投资的协定》第17条的"法律、法规与政策的透明度",以及2015年12月20日生效的《中国和澳大利亚自由贸易协定》第13章的"透明度"。当国际投资协定为数不多的条款,如"投资准入""征收补偿""争端解决"等成为理论研究的热点之时,透明度的研究在国内却寥寥可数。谈及透明度,多数人的第一认知是世贸规则的透明度,从另一个角度体现了国际投资协定透明度研究的匮乏。在绝大多数的透明度理论研究集中于世贸透明度规则的情况下,将透明度的研究视角转向国际投资协定这一当今国际经济法学研究的前沿领域,具有较高的理论研究意义和实践意义。因而,本书的选题富有开拓性。

全书在分析透明度概念、透明度规则的起源和发展的基础上,充分运用经济学、政治学、法学等多学科相关理论分析国际投资协定透明度规则的理论意义;全面介绍国际投资协定透明度规则的内容;而后考察并总结国际投资协定透明度规则在国际投资争端仲裁案件中的实施以及各国国内的适用,最后落脚于中国的实践,即中外投资协定的健全和完善。本书结构合理、层次清晰、引证详实,语言表述准确、流畅,论证有一定的深度,是一本质量上乘的学术专著。整个写作过程,作者秉承了一贯的严谨、认真,不论是从历史沿革方面精细地分析透明度的概念,还是用最权威的信息经济学理论、结构现实主义理论等分析国际投资协定透明度规则的理论依据,还是全面梳理国际投资协定透明度规则的内容、相关国际仲裁裁决以及美国历年BIT范本的透明度规则。其中对于透明度规则历史起源的探求,对中外投资协定透明度规则范例的设计和论证,对中美BIT谈判中透明度规则谈判中方具体的策略等内容都具有新颖性。对于中国的双边投资协定的签订和修改,对于进行到关键阶段的中美BIT谈判来讲,本书的现实意义突出。

是为序。

胡晓红

2016年5月30日于南京江宁

内 容 提 要

透明度规则在当今国际社会已受到特别的关注，而且持续获得国际法律制度、区域法律制度和国家法律制度的重视。越来越多的国际投资协定开始出现透明度规则并且内容日趋完善。国际投资协定透明度规则的研究理应得到相应的重视。

国际投资协定中的透明度规则的发展历史并不长，且只有部分协定中含有明确的透明度规则。较之世界贸易组织的透明度规则而言，国际投资协定透明度规则欠缺体系化，不同的国际投资协定的透明度规则差异性较大。需要通过透明度规则的内容趋于具体化、统一化的方法来逐步改善其体系化不足这一缺陷。之所以需要完善国际投资协定透明度规则的意义在于：以信息经济学为视角，透明度规则改善了国际投资市场的信息不完全和不对称，能促进国际资本高效地跨国流动；从国际政治学理论来看，各协定中透明度规则的差异性反映了国家实力的不同；透明度规则内容的发展反映了国际政治格局的变化，是维护各国利益需求的必要手段；从国际法治理论出发，透明度规则体现了自由、公平和效率三者的最优化均衡。

国际投资协定主要包括双边投资协定和自由贸易协定两类，透明度规则的内容都包括缔约方的透明度义务以及透明度例外条款两部分。两类协定中的透明度规则既有规定一致的地方，也有内容表述上的差异。当缔约方之间既有双边投资协定也有自由贸易协定时，自由贸易协定中会具体规定两种透明度规则冲突的解决方法，并使两类协定的透明度规则融合在一起。以美国双边投资协定范本内容发展为例，透明度规则内容的演变规律表现为：从缔约方单一的公布义务发展到通知、行政程序的具体要求等多义务，步步推进对外资的高标准保护。而国际投资协定透明度规则在特定国际争端解决机制以及东道国国内法中的实施却有一定的阻碍。首先，透明度规则在投资者—东道国争端解决机制中的实施不畅。实施不畅的原因是，不管涉案国际投资协定中有无具体的透明度规则，仲裁庭基本直接适用协定中的公平与公正待遇。但是在协定中规定投资者可以依据透明度规则提请仲裁的前提下，仲裁庭不应忽视对具体的透明度规则的适用。其次，透明度规则在东道国国内直接适用也有障碍，投资者需要依据东道国的相关国内法来保障自身获取信息权益，其中最主要的是依据各国关于信息公开或信息自由方面的法律。

中国缔结的国际投资协定中的透明度规则存在的主要问题有：大量的中外投资协定中没有透明度规则；透明度规则过于简单；不同协定中的透明度条款以及透明度例外条款差异大。这些问题的存在，不利于中国投资政策的统一执行，因而需要改进。而对中外投资协定透明度规则予以改进的途径是制定一个中外双边投资协定透明度规则的范例，然后用于指导中外双边投资协定和自由贸易协定的谈判和签订。对于中美双边投资协定谈判而言，中国不应完全接受美国双边投资协定范本的透明度规则，而应在维护本国利益并考虑美国利益需求的基础上，有针对性地采取谈判策略以获得更好的结果，使其成为实现中美两国国家目标基础上的促进投资自由化必不可少的措施和手段。

目　　录

导　　论

一　研究背景

"全球经济一体化"抑或说"经济全球化"早已不是法律研究的时髦词汇，而成为再平凡不过的常用词汇。学者提到它，不是为了学术前沿问题的引导，而是研究问题时无法回避的事实存在。在全球经济一体化的进程中，起决定性作用的因素是生产力。作为"生产社会化和经济国际化发展的新阶段"[1]，全球经济一体化的实质是"一场世界范围内的资源整合运动"，而"国际投资正是这场运动的重要推动力"，"所带来的是真正意义上的深层次"的全球经济一体化。[2] 在经济学家的眼中，全球化的定义就是跨国公司跨越国界从事外国直接投资和建立商业网络来创造价值的活动。[3] 全球国际投资规模的增减，特别是直接投资规模的增减，[4] 直接体现世界经济发展水平以及全球经济一体化程度。根据联合国贸易和发展会议（以下简称联合国贸发会）（United Nations Conference on Trade and Development，UNCTAD）发布的《2012世界投资报告》，[5] 2011年全球外国直接投资（Foreign Direct Investment，FDI）流入量1.52万亿美元，流

---

[1]　李琮：《论经济全球化》，《中国社会科学》1995年第1期。

[2]　杨大楷主编：《国际投资学》（第三版），上海财经大学出版社2003年版，第3页。

[3]　[英] 阿兰·鲁格曼：《全球化的终结》，常志霄、沈群红、熊义志译，生活·读书·新知三联书店2001年版，第5页。

[4]　国际投资按照投资主体是否享有投资企业的实际经营管理权，分为国际直接投资和国际间接投资，而国际投资法的调整对象是直接投资关系，直接投资规模的变化更能反映国际投资环境。

[5]　See UNCTAD, *World Investment Report 2012*, http://unctad. org/en/Pages/DIAE/World%20Investment%20Report/WIR2012_ WebFlyer. aspx。UNCTAD 的《世界投资报告》是关于全球外国直接投资（FDI）流动趋势分析的重要年度报告，到2012年已经发布出版了22期。参见《国际经济合作》编辑部《制定新一代投资政策———解读〈2012年世界投资报告〉》，《国际经济合作》2012年第7期。

出量 1.69 万亿美元，① 2006—2011 年具体数据见表 0-1：

表 0-1　　　　　　　　**2006—2011 年世界 FDI 流量**　　　（单位：百万美元）

年份	FDI 流入量	FDI 流出量
2006	1463351	1415094
2007	1975537	2198025
2008	1790706	1969336
2009	1197824	1175108
2010	1309001	1451365
2011	1524422	1694396

数据来源：*World Investment Report* 2012。

　　尽管有全球经济动荡的影响，全球 FDI 流量在 2011 年依然达到 1.5 万亿美元，超过金融危机前的平均水平，不过，这一数据仍比 2007 年的最高值低了约 23%。② 到了 2012 年，全球经济持续处于动荡中。体现在数据方面，2012 年 FDI 流量比 2011 年下降了 18%，只有 1.35 万亿美元，经济复苏需要的时间比预计的更长，这主要是因为全球经济的脆弱性和投资政策的不确定性。③ 全球经济的脆弱性与生俱来，其解决依靠的是全球经济合作机制的完善；而政策的不确定性则是因为国际规则与各国法律的差异性以及规则的不透明，其改善有赖于法律，特别是国际投资法的修订和补充。

　　国际投资法作为调整跨国私人直接投资关系的法律规范，大致可以分为国际法规范和国内法规范，这两类规范都对跨国直接投资乃至国际经贸活动起到主要的法律规制作用。而国际投资协定不仅是国际法规范中的主要渊源，根据"条约必守原则"，也对协定各缔约方的国内法产生重大的影响。随着时间的积累，国际投资协定的数量逐年递增。

　　事实上，国际投资协定数量的增长，与 FDI 的增长是相辅相成的，有时难以分清前因后果，国际投资协定可以促进更多的 FDI 流动，而 FDI 的

---

　　① See UNCTAD, *World Investment Report* 2012, Annex Tables, p. 169.

　　② See UNCTAD, *World Investment Report* 2012, Key Messages, p. xi.

　　③ See UNCTAD, *World Investment Report* 2013, Key Messages, p. ix, http：//unctad. org/en/PublicationsLibrary/wir2013_ en. pdf.

增长也可以促进国际投资协定的更深层次整合。① 国际投资协定能够影响 FDI 流动的格局，而影响的程度取决于各协定的具体内容。目前，在大多数国际投资协定中没有涉及或没有充分反映的重要问题有：外国投资者的义务、投资母国的对外投资政策和措施、对发展中国家和最不发达国家的差别待遇、行之有效的协定监督、执行机制及后续行动。②

国际经济法学的研究者理应更多地关注国际投资协定的这些课题，并最终能用一个真正的国际视角来剖析中国缔结的国际条约抑或是中国的外资立法。不论是单纯的理论研究，还是鲜活的实证分析；不论是对应然性的悉心求证，还是实然性的调查总结。正是基于这一背景，本书选择国际投资协定作为研究方向。

二　问题的提出

（一）本书的核心问题

透明度是一个国际经济法中的专门术语，是世界贸易组织（World Trade Organization，WTO）系列协定和部分双边及多边投资协定中的一个重要概念，也是联合国贸发会议、国际货币基金组织等国际组织研究的重要概念。③ 可以说，透明度规则在当今国际社会已受到特别的关注，而且持续获得国际法律制度、区域法律制度和国家法律制度的重视。④ 中国与美国正在进行双边投资协定的谈判。作为世界最大的两个经济体，中美两国间的双边投资协定的谈判和签订势必成为国际经贸领域重大事件，未来的协定内容也必然成为中国之后双边投资协定签订的模板。其中，中国已订立的双边投资协定中未得到重视的透明度规则也一定是谈判的重要内容。

2012 年 4 月美国政府发布最新版的双边投资协定范本，即美国 2012BIT 范本。较之 2004BIT 范本，维持了 37 个条款的数量，但在"透明度"一条上，2012BIT 范本增加了 3 款，内容上也有一定的变化。例如

---

① 参见詹晓宁《国际投资协定的发展及影响》，《国际经济合作》2003 年第 9 期。
② 同上。
③ See William B. T. Mock, "An Interdisciplinary Introduction to Legal Transparency: A Tool for Rational Development", *Dickinson Journal of International Law*, Vol. 18, 2000.
④ See Carl‐Sebastian Zoellner, "Transparency: An Analysis of an Evolving Fundamental Principle in International Economic Law", *Michigan Journal of International Law*, Vol. 27, 2006.

对规章的公布、通知要求更加严格；要求公布的规章需要对制定规章的目的进行解释，规章公布之前必须开放给公众评论；而且要求东道国允许缔约对方的投资者参与政府制定技术标准的工作，并推荐其境内的非政府标准制定机构吸纳这些外国投资者参与标准制定。[①] 在 2004BIT 范本大幅度细化透明度规则的基础上，2012BIT 范本再次丰富了其内容。在中美双边投资协定的磋商中，美国抛出 2012BIT 范本，率先对外公开了对于中美双边投资协定的透明度规则的底线，某种意义上将谈判形势推向让中国更加被动的局面。2012 年 9 月 9 日，中国商务部部长陈德铭与加拿大国贸部部长埃德·法斯特在俄罗斯符拉迪沃斯托克签署了《中华人民共和国政府和加拿大政府关于促进和相互保护投资的协定》，这是中国迄今为止缔结的内容最为广泛的一个双边投资协定。[②] 其中的第 17 条为"法律、法规与政策的透明度"，规定：缔约方应公布投资有关的法律和政策；应确保另一缔约方投资者能知悉与投资准入条件相关的法律、法规与政策；鼓励缔约方提前公布其计划采取的任何措施以及向利害关系人及另一缔约方提供对其计划采取的措施进行评论的合理机会。其中的表述，也是中国缔结的双边投资协定中最细致的，对缔约各方的约束也是最为严格的。这些规定是否为中国对中美双边投资协定透明度规则的积极回应？它是否构成中国对所谓的"中式双边投资协定范本"透明度规则的文本固定？其与美国 2012BIT 范本规定的差异又在何处？所有这些问题的回答，都必须将国际投资协定中的透明度规则相关的理论进行论证，将有关的文件进行梳理。当然，最终的落脚点还是在中国自身签订的中外投资协定中的透明度规则的构建。这就是本书所要解决的核心问题。

在基础理论的论证中，在相关条约文件的梳理中，要遵循透明度规则产生和运行的应有规律：从透明度规则的起源，到国际法中的透明度规则，再到国际投资协定中的透明度规则；从国际投资协定透明度规则的形成，到各缔约方对规则的实施和解释，再到各缔约方国内法的适用。这些都需要在国际投资协定的透明度规则这一主题下得以解决。不可避免的，

---

① 参见崔凡《美国2012年双边投资协定范本与中美双边投资协定谈判》，《国际贸易问题》2013 年第 2 期。

② 中国政府网：《商务部就中加（拿大）双边投资保护协定进行解读》，http：//www. gov. cn/gzdt/2012－09/10/content_ 2220644. htm。

还有一些现实问题需要解决，例如协定义务的均衡问题，缔约角色转换问题等。具体如下：

一是透明度义务均衡问题。法律追求的东西，最终实现的只能是相对的，比如"自由"，再比如"公平"。"人们很久以来就认识到比较富有的人在法律上具有优势"①，在国际投资协定中亦是如此。欧美大国借助在双边投资协定的谈判和订立中的财力和技术上的巨大优势，制定出的条约体现更多的是他们的国家利益，即使双方缔约国在协定中形式上是公平的。协定中投资的双向流动的设定前提往往被现实的单向流动所取代，协定没有也不可能要求资本输出国一方一定能够实现资本流入对方，但却要求资本输入国一方在外国资本流入时放弃一定主权以保障外国资本的利益。②"人们愤怒地指责国际法已被以欧美为首的富裕国家所利用，成为它们将其价值观强加于全世界的工具。"③ 那么投资协定中的透明度规则能否对缔约双方有差别待遇？能否对缔约的弱势一方有一个合理的过渡期安排？

二是角色转换问题。中国在中外投资协定，特别是双边投资协定中缔约角色从彻底的东道国转变为既是东道国也是投资母国。中国新签订或者续订的双边投资协定较之以往自由化程度更高，以便为对外投资提供有效保护。④ 但中国依然是一个传统的东道国，中国政府必须在追求高标准保护对外投资带来的收益与高标准保护外来投资承受的风险之间进行审慎权衡，并努力寻求减少风险，扩大收益。⑤ 缔约角色的转变致使谈判和缔约的立场实在不好拿捏。如何制作一个中式国际投资协定透明度规则的模板呢？

"现代法治社会要求对行政权力进行有效监督"，"最基本、最简明、

---

① ［美］布莱克：《法律的运作行为》，唐越、苏力译，中国政法大学出版社1994年版，第13页。

② See M. Sornarajah, *The International Law on Foreign Investment*，转引自陈安《陈安论国际经济法学》（第三卷），复旦大学出版社2008年版，第1140页。

③ ［英］菲利普·桑斯：《无法无天的世界：当代国际法的产生和破灭》，单文华、赵宏、吴双全译，人民出版社2011年版，第87页。

④ 参见陈安主编《国际经济法的新发展与中国双边投资条约的新实践》，复旦大学出版社2007年版，第434页。

⑤ 同上书，第452页。

最有效的监督方式，是行政的公开、透明和法治化"①。国际投资协定透明度规则对缔约方国内法的行政权力行使的透明度提出了具体要求，而各缔约方也都做出了回应，比如说中国的《政府信息公开条例》。虽然透明度规则似乎对行政公开的要求更多，但是主要靠一个条例来满足透明度规则是不够的。把《政府信息公开条例》作为实例研究透明度之前，必须要全面厘清透明度规则对中国国内法的要求。选择透明度规则这个题目，也是想尝试总结透明度规则对中国法治的影响，但囿于研究领域以及选题的偏好和新颖性，总结只针对与国际投资协定有关的内容。

在"国际投资协定透明度规则"主题下，按透明度规则的逻辑进程依次解决上述问题，将助益于国际投资协定的理论研究，进而为中国的国际投资协定的订立以及修订提供理论构建和技术支撑。理论不一定能指导实践，但是理论研究无法离开实践的土壤。即使建造的是虚无缥缈的纯理论的"理想国"，也会对土壤投入注视的目光，即使目光偏离，"理想国"也会时刻有着实践的印迹。不管是理论概念的推演，还是协定内容的解读，抑或是文本规则的构建，国际投资协定透明度规则的研究都应当将理论和实践结合起来，既要有立论的理论基础，又要有时间跨度的实践总结。

（二）核心概念的用词界定

提出问题后，首先要交代的是国际投资协定、透明度规则与相近表达的词语间的差异。这样做的主要意图，并不是批评一些学者已有的习惯用法，而是使本书写作时使用统一清晰的概念表达，便于自圆其说，而且行文也更通顺流畅。

1. 国际投资协定

国际投资协定（International Investment Agreements，IIAs）和国际投资条约（International Investment Treaties）在中英文表达上的区别是一致的，在于条约（treaties）和协定（agreements）的不同。协定是两个或两个以上的人就彼此过去或者将来的权利义务的意思表示的一致。② 国际法上的条约是两个或两个以上国家或者国际法主体之间，按照国际法采用书

---

① 莫于川：《有限政府·有效政府·亲民政府·透明政府——从行政法治视角看我国行政管理体制改革的基本目标》，《政治与法律》2006年第3期。

② See Bryan A. Garner, *Black's Law Dictionary*, West Publishing Co. , 2009, p. 78.

面形式正式签订、批准或遵守的协定。① 单就这两个词而言，协定是属概念，条约是种概念，条约是采用书面形式的国际协定。但是，由于实践、判例法中以及文献著作中的国际协定都是书面形式的，因而国际法研究中一般将两者混用。② 在各国国际投资协定（或条约）的实践中，多数采用Agreement，个别采用Treaty。具体到国际投资法的研究中，学者一般也是将国际投资协定与国际投资条约混用。联合国贸易和发展会议每年发布的《世界投资报告》中采用 International Investment Agreements，简称 IIAs。③ 基于表达一致并按照《世界投资报告》的表述，本书中一律采用国际投资协定，为行文简洁，在不发生歧义的前提下，中文简写为"协定"。中国与其他缔约方缔结的国际投资协定一律称为"中外投资协定"。

2. 透明度规则

论述展开之前，另一个需要用词界定的概念就是"透明度规则"。提到"透明度"，会有透明度条款、透明度要求、透明度原则等表达，本书使用透明度规则。下面分别解释上述词语表达与透明度规则的关系，同时清晰界定本书中出现的这些表达的准确含义。

（1）透明度条款与透明度规则

透明度条款是一个有歧义的概念，是国际投资协定中有关透明度的所有条款呢？还是只是其中以"透明度"为名称的条款？如前述的美国2012BIT 范本中，只有第 11 条称为"透明度"，而第 10、15、18、19、20、29 条也涉及透明度规则。本书的本意为所涉透明度的所有规则，所以从行文安排上，采用透明度规则，而文中的透明度条款仅指协定中以"透明度"或是"法律法规透明度"命名的条款。

（2）透明度要求与透明度规则

"要求"作动词讲为"提出具体愿望或条件，希望得到满足或实现"之意，作名词时是指"提出的具体愿望或条件"④。透明度要求是要求缔约方遵守透明度规则，或者是基于国际投资协定对缔约方提出的履行透明度义务的具体条件。这种表达通俗直白，但从规范表达上，采用透明度规

① See Bryan A. Garner, *Black's Law Dictionary*, West Publishing Co., 2009, p. 1640.

② 参见朱文奇、李强《国际条约法》，中国人民大学出版社 2008 年版，第 7—8 页。

③ See UNCTAD, *World Investment Report 2013*, p. 92.

④ 董大年主编：《现代汉语分类大词典》，上海辞书出版社 2007 年版，第 508 页。

则更合适。书中的透明度要求是国际投资协定对缔约方提出的要求之意。

（3）透明度原则与透明度规则

透明度原则与透明度规则一字之差，世界贸易组织的透明度原则更是研究热点。为了更好地解释本书选择透明度规则而非透明度原则的理由，对于二者的区别需要多说两句。

"法律原则是需要去证成的东西"①。一般的原则可以用来证成相对具体的原则。同样的，国际法的各原则、国际经济法的各原则、细化到国际投资法的各原则之所以成为原则，经历过一个形成过程，经历过用法律的更一般的原则去证成的步骤，纵然这个"过程"可能很长，纵然这个"步骤"十分烦琐。透明度原则也是一样，但透明度规则却不需要。随着中国加入世界贸易组织，透明度原则作为世界贸易组织的一项基本原则已被大家普遍接受。但是透明度原则是不是国际投资协定的原则之一呢？这就需要通过大量的资料以及理论的支撑，而这势必是个颇为繁重的任务。于是当本书将研究方向定为"国际投资协定中的透明度的相关制度研究"的时候，需要做一个选择：如果采用"透明度原则"，书中势必有相当一部分内容用于证明国际投资法或者国际投资协定中存在透明度原则，于是原本的研究方向发生偏离；如果不去论证透明度原则，直接认定它就是一个原则，整个研究在立论上就不牢靠，上面建造的房子有"一推就倒"的风险。于是不用"透明度原则"这一概念，而是以"国际投资协定中规定的透明度规则"为内容，选择"透明度规则"这一概念。至于二者之间的具体差异，考虑到"导言"部分的作用，放到正文第一章"透明度规则的概念"一节论述。

概括起来，本书使用透明度规则，指的是国际投资协定中涉及透明度的具体规则，在不发生歧义的前提下，简写为"规则"。

（三）研究问题的视域

从"国际投资协定之透明度规则研究"这一题目解读的话，本书研究的范围应该是一切国际投资协定中的所有与透明度有关的规则。很明显，这一研究范围十分宽泛，宽泛的研究范围会分散本书的注意力，导致研究的深度不足，这并非作者的研究本意。于是有必要说明一下本书研究

---

① ［美］迈克尔·D.贝勒斯：《法律的原则——一个规范的分析》，张文显、宋金娜、朱卫国等译，中国大百科全书出版社1996年版，第12页。

的视域。

1. 本书研究的国际投资协定

国际投资协定是指缔约方①就相互间的跨国投资活动达成的协定。按照缔约方的数量，国际投资协定分为两大类：两个缔约方签订的称为双边投资协定，两个以上缔约方签订的称为多边投资协定；按照缔约的内容，国际投资协定分为只规定投资的专门投资协定和含有投资内容的其他协定。专门投资协定又可以根据涉及范围的不同分为综合性投资协定和只涉及部分问题的专项投资协定。

本书的选题范围锁定综合性投资协定。由于现今国际社会并没有一部统一的综合性多边投资协定，② 两个缔约方达成的综合性双边投资协定③就成为本书的首选。这类协定的名称叫作促进和保护投资协定或是鼓励和相互保护投资协定，前者如《中华人民共和国政府和大韩民国政府关于促进和保护投资的协定》，后者如《美利坚合众国政府和卢旺达共和国政府关于鼓励和互相保护投资的协定》。④ 两个缔约方之间的双边投资协定指的就是这类协定，是调整缔约方间私人投资关系最有效的手段，⑤ 事实上是促进和保护国际投资的最重要的国际法形式。⑥

从 2012 起《世界投资报告》将国际投资协定（IIAs）分为两大类：双边投资协定（Bilateral Investment Treaties，BITs）和其他国际投资协定（other IIAs），在其他国际投资协定（other IIAs）中，主要指的是自由贸易协定（Free Trade Agreements，FTAs）。⑦ 双边投资协定属于综合性规定两个缔约方间的投资关系，自由贸易协定是两个或多个缔约方间促进经济

---

① 这里没有用缔约国，而是遵循协定文本采用缔约方，即 Parties。

② 参见叶兴平、王作辉、闫洪师《多边国际投资立法：经验、现状与展望》，光明日报出版社 2008 年版，第 1 页。

③ 类似《中华人民共和国政府和比利时—卢森堡经济联盟关于相互促进和保护投资的协定》，缔约一方为中国，另一方为比利时—卢森堡经济联盟，也属于双边投资协定；《中华人民共和国政府、日本国政府以及大韩民国政府关于促进、便利和保护投资的协定》规定的内容与双边投资协定一致，研究机构将其也归类为双边投资协定。See UNCTAD, *World Investment Report* 2013, p. 101.

④ Treaty between the Government of the United States of America and the Government of the Republic of Rwanda Concerning the Encouragement and Reciprocal Protection of Investment。

⑤ 参见余劲松主编《国际投资法》，法律出版社 1997 年版，第 274 页。

⑥ 参见刘笋《WTO 法律规则体系对国际投资法的影响》，中国法制出版社 2001 年版，第 6 页。

⑦ See UNCTAD, *World Investment Report* 2012, Overview, p. xx.

贸易一体化的协定。由于贸易与直接投资的互补性，自由贸易协定中也含有大量投资内容的条款，也属于重要的国际投资协定。① 本书的研究围绕这两类国际投资协定。

　　由于不同的双边投资协定表述的差异，为行文流畅，本书遵循国际投资法研究者的一般用法，一律采用 BITs，中文全称"双边投资协定"，在不发生歧义的前提下，中文简写为"协定"。具体的双边投资协定不出现全称，而是采用缩写，如前述的《中华人民共和国政府和大韩民国政府关于促进和保护投资的协定》写为"中国—韩国 BIT"；《美利坚合众国政府和卢旺达共和国政府关于鼓励和互相保护投资的协定》写为"美国—卢旺达 BIT"，英文缩写为"USA – Rwanda BIT"。同理，自由贸易协定，一律采用 FTAs，中文全称"自由贸易协定"，在不发生歧义的前提下，中文简写为"协定"。具体的自由贸易协定不出现全称，而是采用缩写，如《中华人民共和国和瑞士联邦自由贸易协定》写为"中国—瑞士FTA"，《美利坚合众国和大韩民国自由贸易协定》② 写为"美国—韩国FTA"，英文缩写为"USA – Korea FTA"。

　　综上，本书研究的国际投资协定集中于 BITs 和 FTAs 两类，其他的国际投资协定并不在研究范围内。

　　2. 本书研究的国际投资协定之透明度规则

　　本书研究的并不是国际投资协定中所有关于透明度的规则。由于国际投资涉及投资者、东道国和投资母国的三方关系，国际投资协定的各项内容，包括透明度规则应为三方权利和义务综合平衡的结果。③ 正是出于这点考虑，本书研究的透明度规则的范围是国际投资协定中的各缔约方以及投资者基于投资信息的透明度而制定的规则，协定中与之无关的透明度规则不在研究范围内。

　　具体来讲，在 BITs 中研究的透明度规则主要以透明度条款，透明度的例外条款为主，也会涉及 BITs"序言"或"总则"、磋商机制中的透明度规则，但是不包括"金融服务"中的透明度以及仲裁程序的透明度。FTAs 作为调整两国经贸关系的综合性协定，内容涵盖范围较广，本书研

---

① 参见詹晓宁《国际投资协定的发展及影响》，《国际经济合作》2003 年第 9 期。

② Free Trade Agreement between the United States of America and the Republic of Korea.

③ 参见詹晓宁《国际投资协定的发展及影响》，《国际经济合作》2003 年第 9 期。

究的 FTAs 中的透明度规则仅以文本中的"序言""总则""投资""最终条款"、适用于整个协定的"透明度条款""例外条款"等内容为限，协定中的"货物贸易""服务贸易""知识产权保护""竞争""争端解决机制"等内容里的透明度规则不在研究范围内。

三　已有研究的梳理

在已有的学术研究中，还没有文章和著作专门研究国际投资协定透明度规则这一问题，只是在个别著作和期刊中有所提及。因而，对于已有文献的梳理分为两个部分：一个是直接分析或提及国际投资协定透明度的文献；另一个是与法律的透明度有关的文献。[①]

（一）直接分析或提及国际投资协定透明度的文献

虽然研究国际投资协定透明度规则的文章和著作没有，但是联合国贸发会议 2004 年、2012 年先后发布了两个关于国际投资协定中"透明度"的报告。在 2004 年透明度报告中，首先提到"作为一个一般术语，透明度大致相当于公开，蕴藏的思想是任何一个社会实体愿意自己的活动接受（公共）审查和评议；透明度有关外国直接投资政策的首要目标是增强投资关系的可预测性和稳定性"[②]。而后分析了已有国际投资协定透明度所涉及的大量特殊事项（matters）：（1）透明度义务（obligations）的承担者不仅有东道国，还有投资母国，甚至是投资者，具体可能取决于透明度条款（provisions）的目标和范围，更可能取决于包含透明度规定的国际投资协定的性质；[③]（2）国际投资协定透明度义务的发展会侵扰政策目标的实现，应该对其有一定的限制；（3）协定中实现透明度义务的方式有磋商和信息交流、信息公开、对信息要求的答复、通知等；（4）协定中对信息披露的时间规定；（5）透明度义务的例外条款。对上述事项采用大量的国际投资协定的透明度规定举例，最后总结了各协定对透明度事项

---

① 这一部分是对已有各类研究文献的梳理，其中对于"透明度"，或是后面加上"事项""问题""要求""措施""原则""规则"等，或是什么都不加，本书之前已对其中的主要用语作出区分，本部分尊重文献的原有表述。

② See UNCTAD, *Transparency UNCTAD Series on Issues in International Investment Agreements I*, p. 7, http：//unctad. org/en/docs/iteiit20034_ en. pdf.

③ Ibid. , pp. 7 – 11.

的选择。① 2012 年透明度报告主要是举例归纳了国际投资协定透明度规定的最新变化，如拟议措施和草案的提前公布措施，再如各协定用修饰语扩大或是限制透明度义务的含义范围。② 同时也对国际投资协定中其他与透明度关系密切的问题（如公平与公正待遇），与透明度的相互关系进行了一定的分析。③ 联合国贸发会议这两份透明度报告，对于国际投资协定透明度规则的总结系统全面，为本书个别章节思路的推进提供了丰富的文本资料。但是，两份报告基本以文本为主，主要集中于文本的归类和解释，欠缺应有的理论深度。

　　研究投资透明度较为突出的国际组织还有经济与合作发展组织（以下简称经合组织）（Organisation for Economic Co - operation and Development，OECD）。2003 年 OECD 发布了一份名为《公共部门透明度和国际投资者》的册子（booklet）。册子首先也认为公共部门透明度是对社会整体有益的一般性观念，公共部门的透明度不仅有利于投资者，而且有利于有效的政府管理和发展，政府对于发展而言，会有积极和消极两方面的作用，透明度有助于帮助政府减少其消极作用，增加其积极作用。④ 同时提出，加强和维持公共部门的透明度是所有国家的一项长期任务。⑤ 而后介绍了 OECD 成员国加强对投资者的政策透明度和近期国际投资协定的透明度规定；并得出没有放之四海皆准的透明度手段（tools），为确保更坚定、更广泛的透明度政策承诺（policy commitments），需要坚持做更多的事。⑥ 最后以问答的方式提出投资政策透明度框架。⑦ 与联合国贸发会议不同的是，OECD 少了大段的文本罗列，多了一些观点的探讨，整体上更为紧凑，对本书的深入研究有一定的帮助。但是这一册子只是以 OECD 成员国的立场对不同领域中的公共部门透明度与国际投资者的关系进行了论述，

① See UNCTAD, *Transparency UNCTAD Series on Issues in International Investment Agreements I*, pp. 70 - 84.

② See UNCTAD, *Transparency UNCTAD Series on Issues in International Investment Agreements II*, pp. 22 - 25, http：//unctad. org/en/PublicationsLibrary/unctaddiaeia2011d6_ en. pdf.

③ Ibid. , pp. 51 - 56.

④ See OECD, *Public Sector Transparency and the International Investor*, p. 7, www. oecd. org/ daf/inv/investment - policy/2506884. pdf.

⑤ Ibid. , p. 32.

⑥ Ibid. , pp. 37 - 50.

⑦ Ibid. , pp. 55 - 60.

观点有失偏颇且研究范围比较窄。

上述国际组织的研究文件是集中于国际投资协定或是与国际投资有关的透明度，而在学者的文章著作研究中，只是把国际投资协定的透明度当作一个小问题，或是点到为止，或是一笔带过，研究呈现碎片化。

其中研究较多的是《国际投资条约与协定新论》一书。该书在"投资自由化问题研究"中，提到了国际投资协定中的透明度问题。该书作者首先提出没有透明度，投资促进和自由化难以真正实现；没有透明度，投资者所享受的待遇，包括国民待遇和最惠国待遇等，就都没有保障。[①]而后用"透明度原则的内容"、透明度实施的方式"以及"透明度义务的性质"展开对透明度问题的研究：认为"立法阶段的透明有助于立法民主化"，而"政府的措施也不是完全都得公开，透明度也有例外"，并且"在确定透明度的标准和程度时，应该要考虑到缔约各方的能力和成本问题"，需要注意"透明度的实施是一个渐进的过程"[②]；"关于透明度的实施方面，美国式的自由贸易协定和投资协定规定的程度和标准较高"[③]；"透明度是国际协定中的原则和内容之一，有时它可能仅是一个目标，并不是一项强制性义务；即使是一项义务，它也应是协定缔约方间的义务"，"原则上来说，不应赋予投资者就透明度问题寻求法律救济的权利"[④]。该书中的这些观点对本书思路的拓宽帮助很大，但是由于书中更多是观点的罗列，而没有进一步的分析，显得说服力不足。

在曾华群所著的《WTO与中国外资法的发展》一书中，在"BITs的发展与中国的实践"一章"有关投资的新议题"里，提到了BITs的透明度问题。书中指出："新近签订的含有投资自由化内容的BITs，规定了缔约双方公布有关投资的法律和决定的义务"；此外"美国2004BIT范本"和"加拿大2004BIT范本"也包含促进透明度的制度性程序；以及某些国家旨在增加投资争端仲裁透明度的建议。[⑤]但是这一部分内容，只是用了三句话列出作为BITs新议题的透明度问题的三点发展，并没有对BITs

---

① 参见卢进勇、余劲松、齐春生主编《国际投资条约与协定新论》，人民出版社2007年版，第62页。

② 同上书，第63—64页。

③ 同上书，第65页。

④ 同上书，第67页。

⑤ 详见曾华群《WTO与中国外资法的发展》，厦门大学出版社2006年版，第256—257页。

的透明度展开研究。

关于国际投资的透明度的文章很少，① 詹晓宁的文章专门研究了或是涉及国际投资协定的透明度。在《最大化扩大透明度范围——WTO "多边投资框架"中的透明度规则》一文中，作者在总结了双边、区域和多边投资框架中的透明度要求后，介绍了各方在多边投资框架中对透明度问题的分歧，并得出结论："从目前 WTO 投资工作组和联合国贸发会议投资委员会所进行的讨论情况看，多边投资框架中的透明度核心问题，不是透明度原则问题，而是透明度义务所涵盖的范围"②；并提出 "多边投资协定的透明度要求必须兼顾不同成员发展水平的差异" 等观点。③ 在《国际投资协定的发展及影响》一文中，作者指出 "国际投资协定的目的是实现 FDI 的便利化，母国（及其投资者）寻求透明度、稳定、可预期和安全，以及市场准入条件的减少。东道国希望从 FDI 中获得更多的利益，进而促进发展。"④ 作者是联合国贸发会议投资与企业司司长，也是《世界投资报告》撰写组的负责人，⑤ 其论述及观点与贸发会议研究报告的思路相仿，同样对本书的展开提供了多方位的视角，但也同样存在观点多而理论不足的问题。

其余关于国际投资的透明度的文章，主要集中于投资争端解决机制的透明度，因本书研究视域，在此不提及具体内容。⑥ 但这些文章的研究领域和本书的题目，亦有一定的关联，研究方法还是值得借鉴的。例如于健龙在《论国际投资仲裁的透明度原则》一文中归纳的 "透明度的法

---

① 以 CNKI 中国期刊全文数据库为例，2013 年 10 月 5 日搜索篇名含有 "透明度" 并 "投资" 的文章，仅有 10 篇。

② 詹晓宁、葛顺奇：《最大化扩大透明度范围——WTO "多边投资框架" 中的透明度规则》，《国际贸易》2003 年第 8 期。

③ 同上。

④ 詹晓宁：《国际投资协定的发展及影响》，《国际经济合作》2003 年第 9 期。

⑤ See UNCTAD, *World Investment Report* 2013, p. iv.

⑥ 其中梁丹妮较为集中地研究了投资争端解决机制的透明度，发表了三篇文章：（1）《国际投资争端仲裁程序透明度研究——从〈ICSID 仲裁规则〉（2006）和〈UNCITRAL 仲裁规则（修订草案）〉谈起》，载陈安主编《国际经济法学刊》第 17 卷第 1 期，北京大学出版社 2010 年版；（2）《NAFTA 投资争端仲裁程序透明度研究》，《求索》2008 年第 10 期；（3）《投资者—东道国争端解决程序透明度及第三方参与》，陈安主编《国际经济法学刊》第 14 卷第 4 期，北京大学出版社 2008 年版。

律标准"①。

至于本部分的英文文献，题目与本书直接相关的没有；② 且涉及有关内容的文章也不多。③ 在这为数不多的文章里，基本都是针对国际投资争端透明度，④ 个别与本书有直接关系。Kate Hadley 的文章是专门研究中国缔结的 BITs 的一篇文章，其中有一小段内容涉及中国 BITs 中的透明度条款，认为中国缔结的个别 BITs 中的透明度条款会推动中国法律法规的透明度，从而促进法治的发展；中国与 OECD 国家缔结的后续协定 25% 有透明度条款，与发展中民主国家缔结的只有 3% 有，与非民主国家的只有 2% 有，因而，中国与发达民主国家间缔结的 BITs 中有透明度条款的可能性最大，与发展中民主国家缔结的 BITs 中有透明度条款的可能性居中，与非民主国家缔结的 BITs 中有透明度条款的可能性最小。⑤ 作者的统计研究方法值得本书借鉴，但是分类标准不够清晰，结论也有问题，完全没有考虑到诸如德国、英国缔结的 BITs 也没有透明度条款。

综上，直接分析或提及国际投资协定透明度的文献虽不多，但是对本书的框架构建以及研究思路和方法有一定的借鉴价值。

（二）与法律的透明度有关的文献

关于法律的透明度或者类似领域的研究没有专著，只能从相关著作论文中，搜集本书会用到的观点、方法、数据等。

---

① 详见于健龙《论国际投资仲裁的透明度原则》，《暨南学报》（哲学社会科学版）2012年第 9 期。

② 2013 年 9 月 15 日对 Westlaw 英文数据库 World Journals and Law Reviews（WORLD – JLR）期刊数据库进行检索，通过限定检索条件 TI（International Investment）& TI（transparency）检索，搜到有全文的文章为 0 篇。

③ 检索方法同上，通过限定检索条件 TE（International Investment Agreements）& TE（transparency）检索，得到有全文的文章超过 200 篇。再限定检索条件 TE（International Investment Agreements）& TI（transparency）检索，只有 5 篇文章，扩大为 TE（Investment Agreements）& TI（transparency）检索，有文章 7 篇；限定检索条件 TI（International Investment Agreements）& TE（transparency）检索，有文章 4 篇，扩大为 TI（Investment Agreements）& TE（transparency）检索，有文章 11 篇。

④ For example, *Transparency in the Resolution of Investor – State Disputes—Adoption, Adaptation, and NAFTA Leadership, Enhancing the Procedural Legitimacy of Investor – State Arbitration through Transparency and Amicus Curiae Participation, Transparency and Public Participation in Investor – State Arbitration.*

⑤ See Kate Hadley, "Do China's BITs Matter? Assessing the Effect of China's Investment Agreements on Foreign Direct Investment Flows, Investors' Rights, and the Rule of Law", *Georgetown Journal of International Law*, Vol. 45, 2013.

张潇剑的《国际法纵论》一书中，从透明度的定义、WTO 若干协定关于透明度的规定、争端解决机制中的透明度问题等方面专门论述了WTO 的透明度原则。① 书中通俗地给出了法律上的透明度的含义，即"是指这样一种情况：一项规则、法律或法律程序应面向大众公开，可以很容易地看到、查到和获得"②。

朱淑娣在《国际经济行政法》一书中，认为"国内宪政原则延伸出来的国际法治原则"有两部分内容非常重要，其中一个就是透明度原则，"透明度原则直接导源于法治原则"③。由于著述的侧重，可惜只给出结论，并没有论证。书中又提到"透明度原则是当前国际经济交往过程中，对各国涉外法律和政策的基本要求之一，其源于《关税与贸易总协定》……"并罗列了世界贸易组织各协议中的关于透明度的规定。④ 并没有提到其他领域中体现透明度原则的规定。

在陈安所著的《陈安论国际经济法学》第三卷中，作者集合并修改已发表的三篇文章，分别从中国型 BITs 的争端解决条款的制定以及中国型 BITs 能否适用于香港特别行政区等问题研究双边投资协定。⑤ 其中对"美国 2004BIT 范本"和"加拿大 2004BIT 范本"研究方法以及中国型 BITs 中"区分两类国家，实行差别的待遇"的论述对本书写作有一定的帮助，但研究范围并没有涉及 BITs 的透明度原则。

关于法律透明度的文章，主要集中于对世界贸易组织透明度原则或是透明度要求的研究。⑥ 这些文章在介绍世界贸易组织透明度原则的基础上，将其与中国的法治、行政公开等联系起来，对相关制度予以分析。例如，赵生祥在《透明度原则及其对中国法治的影响》一文中，简洁清晰

---

① 详见张潇剑《国际法纵论》，商务出版社 2011 年版，第 436—452 页。

② 同上书，第 437 页。

③ 朱淑娣等：《国际经济行政法》，学林出版社 2008 年版，第 88 页。

④ 同上书，第 89—91 页。

⑤ 详见陈安《陈安论国际经济法学》（第三卷），复旦大学出版社 2008 年版，第 1079—1196 页。

⑥ 以 CNKI 中国期刊全文数据库为例：2012 年 12 月 18 日搜索篇名含有"透明度原则"的文章，一共有 91 篇文章，其中直接研究世界贸易组织透明度原则的文章就有 70 篇，剩余的文章集中在银行业透明度、法治、司法、仲裁、行政公开与透明度等方面，但几乎都与 WTO 透明度原则有一定的关系。2013 年 10 月 5 日扩大搜索范围，搜索篇名含有"透明度"并"原则"或是"透明度"并"法律"或是"透明度"，其中和法律透明度有关的论文合计约为 120 篇，同样大约 80% 的文章都是研究世界贸易组织透明度规则。

地分析了世界贸易组织透明度原则对中国的立法实践、行政实践以及司法实践的影响；① 认为随着时间的推移，规则透明、办事公开的法治观念，将逐渐成为中国社会法治观念的主流。② 这虽是早年的一篇文章，但文风朴实、条理清晰，对文本研究、理论研究、实务研究的结合自然流畅。尽管与本书关联度不大，但是可以借鉴其中的研究方法。另一篇具有代表性的文章是谢晓尧的《WTO 透明度：固有价值与保障机制》。作者从经济学的角度提出："WTO 透明度原则实际是世界贸易组织增加各成员方法律的确定性、可计算性而提出的基本要求，目的在于使经济理性行为建制于法律理性基础上，发挥抗击不确定性的制度功能"③；"透明度的全面衡量与评判已经本质性地涉及其成员政治格局与主权问题，而不纯粹是一个自由贸易的问题"④；透明度机制的本质"是在于建立国际性的信息共享体制，它设定了成员之间的博弈机制"⑤。这篇文章短小精悍，虽然也是早期的一篇文章，但是观点在今天也具有新颖性，而且其用经济学和政治学的角度分析透明度的方法对本书的结构安排助益很大。其他有关论文基本也都是以分析世界贸易组织透明度原则为主，对于方法的借鉴不再一一梳理。

关于英文文章，研究法律透明度的文章对本书有帮助的数量不多。⑥ 从具体研究内容上，代表性的有以下几个：

William 的文章并不长，但却是集中研究透明度，是研究国际经济法、双边投资协定的透明度原则的代表文章，国内研究透明度原则的文章有多篇都引用了他文中的观点。William 提到"在许多国际经济法研究、条约

---

① 参见赵生祥《透明度原则及其对中国法治的影响》，《现代法学》2003 年第 4 期。

② 同上。

③ 谢晓尧：《WTO 透明度：固有价值与保障机制》，《法学》2003 年第 1 期。

④ 同上。

⑤ 同上。

⑥ 2013 年 1 月 3 日对 Westlaw 英文数据库 World Journals and Law Reviews（WORLD‑JLR）期刊数据库进行检索，通过限定检索条件 TE（law transparency）检索，共有检索结果 100 个，主要集中于 WTO 法律制度、公司治理、金融监管、会计实务等方面。通过对结果的粗略筛选，对研究有助力的文章大约有 30 篇。2013 年 10 月 15 日以标题限定搜索范围，通过限定检索条件 TI（transparency）& TI（law）检索，得到有全文的文章 50 篇，集中在公司治理、税收、竞争法、信息公开、金融监管等方面，对研究有帮助的有 20 篇左右。

和公约中，透明度原则发挥了重要作用"，①"不论是混乱的规则还是行政自由裁量的大量拨款都是透明度原则实现的障碍，等同于对双边投资条约的违反"②。他用游戏规则生动地阐释透明度原则的作用和意义，再简要比较不透明法律制度和透明法律制度后，得出了"一个体现法治理念的国家的法律制度必然是一个透明的法律体系"的结论。③作者类比游戏规则的方法虽通俗易懂，但并不恰当。举个例子，中国在加入世界贸易组织的前后，大家也总是说要遵守它的游戏规则。这种把WTO多边贸易体制比喻成"游戏规则"的做法，是为了让老百姓通俗理解中国入世以及遵守世贸规则的必要性，但是恰恰又误导了民众，使他们分不清楚游戏规则和世贸规则的界限。世贸规则是法律，虽然法律和游戏规则都会影响"参与者"服从规则的态度，但是法律关心正确的结果，关心稳定性，而"游戏规则的功能是为比较和评价竞赛者的表现提供一个基本框架"④。所以William的这种类比并不值得提倡。

　　Mark Fenster的题目叫作"The Opacity of Transparency"，暂且译作《透明度的不透明》，这是一篇把法律意义上的透明度问题剖析得极为透彻的文章，仅介绍文章的背景就用了7页。在总结了透明度的优点及局限性，并分析了不透明的各种情况后，提出了改进不透明的途径。⑤对作者而言，"透明度既不可能却又是必需的"，"透明度的不可能"是因为"实现完美的民主治理以及公众彻底地了解和参与是不可能的"，"透明度是必需的"是因为"一个设计信息披露体系失败而被知情公众追究责任的政府是不民主的"⑥。作者的"透明度的不透明"并不是在否定政府的信息披露体系，而是在关注如何设计合理的披露模式，"不透明"的论证只是为了给披露模式的设计找寻落脚点而已。这篇文章虽没有涉及国际投资协定，但对透明度的研究非常全面到位，借鉴价值较大。

　　Robert G. Vaughn的文章更像是行政法领域研究透明度的总结。他首

---

①　See William B. T. Mock，"An Interdisciplinary Introduction to Legal Transparency：A Tool for Rational Development"，*Dickinson Journal of International Law*，Vol. 18，2000.

②　Ibid.

③　Ibid.

④　［美］波斯纳：《法理学问题》，苏力译，中国政法大学出版社2002年版，第65页。

⑤　See Mark Fenster，"The Opacity of Transparency"，*Iowa Law Review*，Vol. 91，2006.

⑥　Ibid.

先探讨了与透明度有关的三个理论领域：“行政法的效率”“开放的政府和民主问责制”“人权”，几乎整合了与透明度有关的主要问题；① 而后概括了与透明度有关的三个理念，即“法治”“公众意志”以及“民主进程”②；结论则是罗列了行政法领域中与透明度有关的观点表述，如“透明度如同行政管理，与自由裁量权行使问题有关”等。③

整体而言，直接研究法律透明度的文献有限，但是本书可以或多或少从这些文献中汲取养分，并丰富研究素材。

四　研究基本思路

本书论证的基本思路为：第一章在分析透明度词义及国际仲裁庭相关解释的基础上，解读透明度规则的概念，并通过与透明度原则的比较，加深对透明度规则的概念理解；而后再用历史分析法，理出透明度规则的历史起源；最后概括介绍透明度规则的发展阶段、发展特点以及发展趋势，以期描绘国际投资协定透明度规则形成发展的大致轮廓图。

第二章在法学研究的基础上引入经济学和政治学的研究方法。具体来讲，本章在上一章关于透明度规则基础性知识之上，介绍与规则有关的经济学理论、政治学理论和法学理论知识，以及透明度规则在不同具体理论中的意义，以此作为本书的理论基础以及透明度规则意义的全方位表达。

第三章在理论分析的基础上，采用国际投资协定常用的文本分析法，以选取的样本协定为主分析国际投资协定透明度规则的具体内容。本章先分别介绍 BITs 和 FTAs 两类协定透明度规则的内容；再分析两类协定透明度关系以及二者的融合，使二者共融于国际投资协定这一统一一体；并对融合后的透明度规则予以总结。因为本书的最后一节是中美 BIT 谈判中的透明度规则，所以最后以美国 BIT 范本透明度规则内容的变化为典型代表，厘清国际投资协定透明度规则内容的演变规律。

第四章考察国际投资协定透明度规则的实施，分为在国际争端解决机制中实施以及各缔约方国内法的实施。国际争端解决机制中的实施以 IC-

---

① See Robert G. Vaughn, “Transparency in the Administration of Laws: The Relationship between Differing Justifications for Transparency and Differing Views of Administrative Law”, *American University International Law Review*, Vol. 26, 2011.

② Ibid.

③ Ibid.

SID 仲裁机制为例，此时引入案例分析法，在介绍核心案件情况的基础上，分析仲裁庭对透明度规则的适用情况；在发现仲裁庭将"透明度"作为公平与公正待遇的认定标准之一，仅使用"透明度"的概念而非适用透明度规则之后，继而比较透明度规则同公平与公正待遇之间的关系；在比较的基础上，绘制透明度规则在仲裁庭适用可能更合理的轨迹图。透明度规则在各缔约方国内法的实施，是以协定透明度规则与各缔约方国内法的关系为题展开的。先介绍了五个国家法律规定的国际法与国内法的关系，再简要分析得出：不论是直接适用还是间接适用协定的国家，不论是缔结的协定中有透明度规则还是没有透明度规则的国家，规则的直接适用都几乎不可能；并进而提出投资者应充分利用东道国的国内法来实现投资信息的获取，同时也简单指明可依据的各国国内法。其中在重点分析中外投资协定与中国国内法的关系基础上，放大解读中外投资协定透明度规则与中国《政府信息公开条例》之间的关系。

第五章在透明度规则的基础性知识、涉及的相关理论及意义、透明度规则的内容及实施之后，将研究视角转向中外投资协定的透明度规则内容，即本书最终的论证目标。先全面介绍中外投资协定透明度规则的具体内容；在分析其中存在的问题及原因之后，提出改进的要求、途径和具体的方案。本书的最后一节将文中铺设的美国 BIT 范本的这条线索，与中外投资协定透明度规则的具体方案交汇，针对正在进行的中美 BIT 谈判，前瞻性地分析中国关于透明度规则的谈判策略。

在层层递进地论述这五章内容之后，得出本书的结论。以上的思路可直观呈现于图 0 - 1 中。

五　本书的特色

本书的研究以国内外众学者以及研究机构的相关研究成果为基础，可能的创新之处①有：

1. 题目本身具有新颖性

所选题目，经过 CNKI 中国期刊全文数据库、CNKI 中国博士学位论文全文数据库、CNKI 中国优秀硕士学位论文全文数据库、南京大学图书

---

① 当然由于搜索工具、搜索方法的局限性，这一结论只能算是尽可能扩大搜索范围后的最大化的可能性。

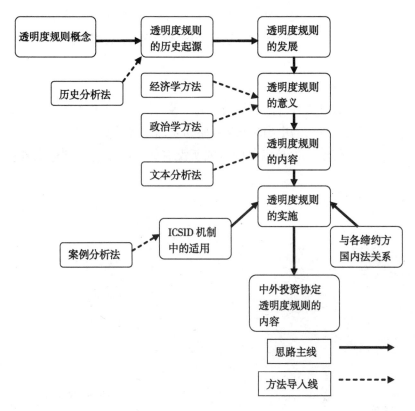

图 0 - 1　研究基本思路

馆图书库、中国国家图书馆数据库、Westlaw International 法律数据库、Web of Science 等多个数据库查询，没有找到关于以"（国际或者双边）投资协定透明度"为题的文章和著作。选题研究的领域范围具有新意。

2. 研究内容有一定的新意

正如文献梳理中所述，之前学者由于研究内容的侧重，有关国际投资协定透明度规则的研究，多是点到即止，并没有展开。本选题在内容安排上，既有"透明度规则的历史起源"等历史研究法，也有"ICSID 仲裁案件分析"等实证研究；既有对国际投资协定透明度规则的内容演变规律的把握，也有对中外投资协定透明度规则的整体论证。研究内容上有一定的创新。

3. 研究角度具有新意

国际经济法学的研究多为文本研究，只研究"是什么""怎么做"，就事论事。本书的结构安排还引入信息经济学、结构现实主义等经济学和政治学的理论知识，先研究"为什么是"，再来引出本学科更为擅长的文本研究，将二者有机结合起来。这对于国际经济法的研究而言，具有一定的创新性。

4. 研究结论具有新意

本书在递进分析各章内容的基础上，最后拟定一份中外投资协定透明度规则的范例，进而为中国未来的投资协定缔结或是修订的谈判提供一份具有可行性的蓝本。这是以往的研究所没有的，所以研究结论也具有创新的。

第一章 国际投资协定透明度规则的起源和发展

本章的内容是有关国际投资协定透明度规则的基础性知识，算是本书的逻辑起点。纵观国际投资协定透明度规则的发展，其经历了一个从无到有，再到趋于完善的过程。本章的内容从国际投资协定透明度规则的概念厘定开始，而后探究国际投资协定透明度规则的历史源起和发展。为透明度规则的相关理论的引入以及意义阐述提供前期的知识铺垫。

第一节 国际投资协定透明度规则的概念厘定

一 透明度

（一）透明度的词义探求

透明度（transparency），是物质可透光线的程度，开始特指矿物质透光的能力，[①] 现多指人或事物对外公开从而让人了解的程度。[②] 现如今，透明度可以说无所不在，至少到处被人们谈及。[③]

透明度本是一个自然科学词汇，在不同自然科学领域，透明度就会有不同的界定，如：透明度是"表示海（湖）水能见度的一种量度"[④]，是"用一直径为 30 厘米中间刻有黑线的白色圆盘（透明度板）放入水中，所能看到的最大深度"[⑤]。又如："它和遮盖力刚好是相反的概念，是指颜

---

① 汉典在线词典查询，http://www.zdic.net/cd/ci/10/ZdicE9Zdic80Zdic8F46548.htm。

② 参见薛正兴主编《汉语大辞典》第 10 卷，汉语大辞典出版社 1992 年版，第 909 页。

③ See Frederick Schauer, "Transparency in Three Dimensions", *University of Illinois Law Review*, 2011.

④ 袁运开、顾明远主编：《科学技术社会辞典·地理》，浙江教育出版社 1992 年版，第 237 页。

⑤ 袁世全、冯涛主编：《中国百科大辞典》，华夏出版社 1990 年版，第 757 页。

料涂于物体表面时，不遮盖掉物体表面底色的能力，或是物体表面底色可以透过它的程度。"① 放在人文社会科学中，基本都为事务公开的程度②。也有将其置于特定领域，"指政务、党务以及其他社会公共事务的公开程度，是衡量一个国家政治民主的尺度"③。

透明度，在法律词典中，意指公开、清晰，没有欺骗和试图隐瞒不利信息，用于财务信息披露，组织的政策及实践，立法和其他的组织与公众间的互动活动。④ 如同前述概念使用中时常不强调程度一样，法律中的透明度，实际使用中多数情况并不指具体程度，"度"仅仅使其带上科技的色彩，没有实在内容。透明度实际上是"透明"之意，作"透明的程度"来说反而不通了。⑤ 于是，当我们给透明度一个法律上的词义界定时，将透明度只是字面理解为人们了解法律、法规以及法律程序的程度，或者法律、法规和法律程序公开的程度是无法把握透明度的本质含义的。毕竟，法律法规的透明度问题与法律上的透明度的概念是两回事。"透明度本身并不是目的，仅仅是实现问责目的的一种手段"⑥，是有权利获知者向有义务披露者要求其履行义务的一种手段。"获知"和"披露"的对象不应该只是法律、法规以及法律程序，而是与所涉活动有关的所有有义务披露的信息。于是透明度是一个包含以下几个要素的概念：（1）披露义务的设定；（2）真实地实质地披露；（3）披露的行为；（4）有权获知的人。⑦

所以，透明度是指在社会活动中，有披露义务的一方，通过一定的方式对信息如实公开并予以清晰描述，从而消除信息不对称，确保受信息影响的公众知晓的有效手段。这是对透明度的纯概念的解读。

（二）国际投资争端仲裁个案中透明度的概念

对透明度进行纯概念的解读之后，有必要了解实务者基于个案讨论的

---

① 王大全主编：《精细化工辞典》，化学工业出版社 1998 年版，第 708 页。

② 参见于根元主编《现代汉语新词语词典》中国青年出版社 1994 年版，第 909—910 页；韩明安主编《新语词大词典》，黑龙江人民出版社 1991 年版，第 485 页。

③ 刘建明主编：《宣传舆论学大辞典》，经济日报出版社 1993 年版，第 351 页。

④ See Bryan A. Garner, *Black's Law Dictionary*, West Publishing Co., 2009, p. 1638.

⑤ 参见于根元主编《现代汉语新词词典》，北京语言学院出版社 1994 年版，第 726—727 页。

⑥ Jerry Brito & Drew Perraut, "Transparency and Performance in Government", *North Carolina Journal of Law & Technology Online Edition*, Vol. 11, 2010.

⑦ Ibid.

理解。在国际投资争端仲裁案件中，仲裁庭通过裁决报告也对透明度的概念予以论证。通过个案裁决报告关于透明度的解释，有助于在国际投资背景下，了解它在法律实践中的可能含义。

在 Metalclad 公司诉墨西哥政府案①裁决书中，仲裁庭认为：透明度指的是为了启动、完成和成功运营投资所做的或想要做出的所有相关法律要求，都必须为缔约另一方的所有受影响的投资者毫无困难地知悉，而且这些内容没有疑惑或者不确定的地方。一旦缔约方中央政府当局知悉其中有任何误解和混淆之处，他们有责任确保及时准确地表达，使投资者能够相信其所有适当的考察是依照相关法律进行的。② 由于需要或不需要市政建设许可的问题，墨西哥政府没有一个明确的规定，也没有任何确定的做法或程序处理市政建设许可证的申请，因而违反了 NAFTA③ 的透明度要求。④ 这成为仲裁庭裁定墨西哥政府应当赔偿 Metalclad 公司的主要理由。先不论仲裁庭裁决本身正确与否，光是裁决报告中对透明度的大篇幅论证，使得透明度这一概念已然撕下"文本口号"的标签，而在具体的国际投资争端解决中予以适用。

类似已经裁决的案件还有 Tecmed 公司诉墨西哥政府案⑤。仲裁庭认为墨西哥环保部门拒绝 Tecmed 公司提出继续获得经营垃圾填埋场许可的做法缺乏透明度，因为墨西哥环保部门没有清晰透明地警示许可的延续将不可能，而且没有明确拒绝许可，也没有给投资人足够的机会改正许可申请。⑥ "外国投资者期望东道国在与外国投资者的关系中，以无歧义和完全透明的始终如一方式行事，以便调整投资的任何和所有的规则和规章，以及相关政策、行政做法或指令的目标可以预先知晓，从而使外国投资者

---

① Metalclad Corporation v. United Mexican States, Award of ICSID Case No. ARB (AF) /97/1, https：//icsid. worldbank. org/ICSID/FrontServlet? requestType = GenCaseDtlsRH&actionVal = ListConcluded.

② See Award of ICSID Case No. ARB (AF) /97/1, para. 76.

③ NAFTA, North American Free Trade Agreement, 北美自由贸易协定。

④ See Award of ICSID Case No. ARB (AF) /97/1, para. 88.

⑤ Técnicas Medioambientales Tecmed, S. A. v. United Mexican States, Award of ICSID Case No. ARB (AF) /00/2, https：//icsid. worldbank. org/ICSID/FrontServlet? requestType = GenCaseDtlsRH & actionVal = ListConcluded.

⑥ 参见徐崇利《公平与公正待遇标准：何去何从？》，载曾华群主编《国际经济新秩序与国际经济法新发展》，法律出版社 2009 年版，第 337 页。

能安排其投资计划并遵守这些法规。"①

仲裁裁决书中的"所有相关法律要求","所有受影响的投资者毫无困难地知悉","内容没有疑惑或者不确定的地方"等的表述,条理化地累积起了透明度的概念。

这些仲裁庭在裁决书中践行着它们对透明度概念的大胆论证,虽然论证内容的推广价值有待进一步的验证,甚至才一公布就"饱受诟病"②,但是正如美国学者霍温坎普(Herbert Hovenkamp)所言:任何抽象理论的价值,不在于它的每个要素是否能与现实世界精确符合,而在于其能做出有用的推测。③毋庸置疑,仲裁庭所做的就是"有用的推测",的确有助于实践中对透明度的概念,特别是对国际投资协定透明度概念的加深理解。这一点贡献是不容抹杀的。

二　透明度规则

"法律应当具有某种最低限度的规则性与确定性,在既定范围内的法律体系下,舍此即无法判断所当何为"④。因而法律规则也就成为法学领域中的一个核心概念。法律规则一般是指具体规定人们的权利和义务并设置相应的法律后果的行为准则,⑤具有明确的指引性,可预测性和可操作性(或直接适用性)。⑥

透明度规则(transparency rules),是指法律中具体规定信息披露权利和义务的行为准则。用于国际协定中,透明度规则就是协定中具体规定各缔约方信息披露权利和义务的行为准则。为了更透彻地理解透明度规则的概念,下面从信息披露与信息公开的关系、透明度规则的特征、透明度规则与透明度原则区别三个方面进一步剖析。

---

① See Award of ICSID Case No. ARB (AF) /00/2, para. 154.

② 对于 Metalclad 诉墨西哥政府一案来讲,指责来自国内法院的法官、环保主义者以及评论家们,他们认为裁决报告误读了透明度的含义,裁决结果违背了 NAFTA 的宗旨和定义。参见金慧华《国际投资与环境保护——从 Metalclad 公司诉墨西哥政府案想起的》,《福建政法管理干部学院学报》2005 年第 3 期。

③ 参见 [美] 赫伯特·霍温坎普《联邦反托拉斯政策——竞争法律及其实践》,许光耀、江山、王晨译,法律出版社 2009 年版,第 42 页。

④ [英] 丹尼斯·劳埃德:《法理学》,许章润译,法律出版社 2007 年版,第 34 页。

⑤ 徐永康主编:《法理学》,上海人民出版社 2003 年版,第 33 页。

⑥ 详见徐永康主编《法理学》,上海人民出版社 2003 年版,第 33—34 页;张文显《法哲学通论》,辽宁人民出版社 2009 年版,第 213 页。

（一）信息披露与信息公开的关系

信息披露和信息公开，英文均为 disclosure of information，二者含义并没有本质区别，都为使之前未知的信息能够知晓的行为或过程。[1] 在中文翻译时，公法领域一般翻译为信息公开，如 disclosure of government information 译为"政府信息公开"；私法领域多翻译为"信息披露"，如 information disclosure of listed companies 译为"上市公司信息披露"。但是，不论是在公法领域还是私法领域，提到所涉主体的透明度义务时，一般提到的是信息披露义务，也有提到信息公开义务的。因而，本书在提及国际投资协定各缔约方透明度义务时，并不对信息披露和信息公开加以区分。

（二）透明度规则的特征

从法律规则分类的角度看，[2] 透明度规则在内容上基本属于义务性规则，即直接规定人们从事或不从事某种行为的规则。以中国—澳大利亚 BIT 中第 6 条第（1）项为例，该条规定："缔约各方为了促进了解有关或影响缔约另一方国民在其领土内的投资的法律和政策，应当公开并随时提供该法律和政策。"规则中直接规定了各缔约方"应当"公开并提供相关法律和政策的义务。透明度规则在性质上属于标准性规则，构成规则的事实状态、权利、义务和后果都不够具体、明确。同以此条为例，"投资的法律和政策""公开""随时""提供"都需要根据具体情况加以解释后才能适用。透明度规则在功能上属于调整性规则，功能在于调整行为，使之符合规则概括出来的行为模式，所涉及的行为在逻辑上先于或独立于调整性规则。如无论"应当公开并随时提供该法律和政策"的规则是否存在，各缔约方都有可能公开法律或者不公开法律。

上述对透明度规则的归类，借助了法理学的知识。将作为类型化的透明度规则看成一个整体予以类型划分，并不甚科学。但这样做能从一个新的视角，把握透明度规则整体的特征属性，有利于提高人们对这一概念的认知。

（三）透明度规则与透明度原则的差异

1. 法律规则与原则的区别

"原则"一词来自拉丁语（principium），原意是"开始、起源、基

---

[1]　See Bryan A. Garner, Black's Law Dictionary, West Publishing Co., 2009, p. 531.

[2]　关于法律规则的分类，参见张文显《法哲学通论》，辽宁人民出版社 2009 年版，第 210—213 页。

础"①，通常指的是"人们观察、处理问题的准则"②。法律原则"是指可以作为法律规则的本源性、综合性、稳定性的原理和准则"③。在西方，学者也会采用"general principles of law"，直译为"法律的一般原则"④。

中国法理学教科书中，法律原则、法律规则为法律三要素⑤中的两个。至于"同为法律规范的法律规则与法律原则"的区别，⑥ 第一次提出的法学家是美国学者德沃金（Ronald Dworkin），或是"在世界范围内的法学语境中"的第一次，⑦ 或者"至少是在英美法律圈里"的第一次。⑧ 德沃金认为："一个规则对于一个预定的事件作出一个固定的反应；而一个原则则指导我们在决定如何对一个特定的事件作出反应时，指导我们对特定因素的思考。"⑨ 从各学者的著述来看，法律规则与法律原则的区别主要在于：（1）确定性程度不同。法律规则是确定性的命令，即规则所详述的条件被满足，就指向一个确定性的法律后果。法律原则是最佳化的命令，即原则是所规定的内容在相关的法律和事实的可能范围内得到最大程度的实现，实现的程度依赖法律及案件事实的潜在性，这也就决定了法律原则的确定性程度低于规则。⑩ （2）覆盖面不同。法律规则的覆盖面较窄，法律原则的覆盖面较宽，具有更大的宏观指导性。⑪ （3）适用方式不同。"法律规则的适用方式是涵摄，法律原则的适用方式是衡量。"⑫ 在适用到个案时，法律

---

① 张文显：《法哲学范畴研究》（修订版），中国政法大学出版社 2001 年版，第 53 页。

② 葛洪义主编：《法理学》（第三版），中国人民大学出版社 2011 年版，第 107 页。

③ 同上。

④ 参见 ［德］阿图尔·考夫曼、温弗里德·哈斯默尔主编《当代法哲学和法律理论导论》，郑永流译，法律出版社 2002 年版，第 151—155 页。

⑤ 即法律概念、法律规则、法律原则。

⑥ 这一命题虽有法学家表示反对，但已被大多数法学理论家所接受。参见王夏昊《法律规则与法律原则的抵触之解决》，中国政法大学出版社 2009 年版，第 69 页。

⑦ 王夏昊：《法律规则与法律原则的抵触之解决》，中国政法大学出版社 2009 年版，第 70 页。

⑧ ［德］阿图尔·考夫曼、温弗里德·哈斯默尔主编：《当代法哲学和法律理论导论》，郑永流译，法律出版社 2002 年版，第 151 页。

⑨ ［美］罗纳德·德沃金：《认真对待权利》，信春鹰、吴玉章译，中国大百科全书出版社 1998 年版，中文版序言，第 18 页。

⑩ 参见王夏昊《法律规则与法律原则的抵触之解决》，中国政法大学出版社 2009 年版，第 78—80 页。

⑪ 周永坤：《法理学——全球视野》，法律出版社 2010 年版，第 172 页。

⑫ Robert Alexy, "On Balancing and Subsumption——A Structural Comparison", 转引自王夏昊《法律规则与法律原则的抵触之解决》，中国政法大学出版社 2009 年版，第 84 页。

规则或是有效或是无效，而法律原则不同，即使一项原则没有被适用，并不意味着该原则的无效，只是处于特殊情况下同另一原则进行利益衡量后，该原则没有另一原则重要罢了。① （4）稳定性程度不同。法律规则的改变较频繁，稳定性较差，而法律原则由于是社会重大价值的沉淀，稳定性则较强。② 当然，法律规则与法律原则的这些区别也是相对的。

2. 透明度规则与透明度原则区别

透明度原则，英文 transparency principle，绝大多数提到它，都是跟世界贸易组织规则有关。也有学者认为透明度原则与最惠国待遇原则、国民待遇原则一起被认为是建立世界统一市场经济体系的三大重要法律原则。③ 同透明度规则的联系在于：勾勒透明度原则的理论基础，一定是在总结国际经济法各条约和协定的表述特点的基础上，④ 离开透明度规则，单谈透明度原则，只会变成基于"先验"的自说自话。

法律规则与法律原则的区别也是透明度规则与原则的区别表现。透明度原则同所有的法律原则一样，"不预先设定任何确定的、具体的事实状态，没有规定具体的权利义务"⑤。相比较而言，透明度规则的明确性更高。当透明度原则提到的是"世界贸易体系"甚至是"世界市场经济体系"的时候，条约中的透明度规则只是针对缔约各方信息披露的义务如何规定；当衡量适用透明度原则的时候，透明度规则的适用秉承规则的"全有或者全无"；当透明度原则的内涵恒久不变的时候，透明度规则常因协定的修订或是更替频繁改变。这种比较的意义在于：再次点明本书探讨的是，具有明确性、但稳定性较差的具体国际投资协定中的透明度规则。

三　国际投资协定透明度规则

国际投资协定透明度规则是指国际投资协定中，规定各缔约方应当将其有关或者影响协定所涉领域的法律、法规、行政规章、司法判决、行政决定、国际协定等迅速予以公布，并确保这些法律、法规、行政规章、司法判决、

---

① 参见葛洪义主编《法理学》（第三版），中国人民大学出版社 2011 年版，第 107 页。

② 参见周永坤《法理学——全球视野》，法律出版社 2010 年版，第 172 页。

③ 参见曹建明、贺小勇《世界贸易组织》（第三版），法律出版社 2011 年版，第 112 页。

④ See Carl - Sebastian Zoellner, "Transparency: An Analysis of an Evolving Fundamental Principle in International Economic Law", *Michigan Journal of International Law*, Vol. 27, 2006.

⑤ 张文显：《法哲学通论》，辽宁人民出版社 2009 年版，第 213 页。

行政决定和国际协定在缔约方领土内得到统一、公正和合理实施的规则。[1]

在国际投资协定中，缔约方应忠实地履行协定义务，并以此为前提，享有要求对方遵守及履行协定义务的权利。[2] 除了缔约各方之外，透明度规则设定义务的事实上的直接获益者，是协定所涉及的投资者。透明度规则基本属于义务性规则，并不直接对相关投资者的权利进行规定。这也是国际投资协定的一般态度，即使是国际社会从投资者的角度研究透明度规则也是这种做法，如经济与合作发展组织在《公共部门透明度和国际投资者》册子中的解读：[3] 面对透明度，投资者普遍理解为涉及以下几点：（1）给投资者提供有效的沟通，提供对他们的投资有重大影响的当地法律、法规和实践的有益信息；（2）向他们事先通知和协商利息规则的变化。（3）在获取开展业务方面必要的特许、许可、登记等手续时，程序正当和公正。因而，国际投资协定透明度规则中的投资者的知情权或是获取信息权的实现，主要通过感知、占有信息等被动方式，而不是通过主动申请的积极方式，这一点会在第二章的知情权理论中予以展开。

第二节　国际投资协定透明度规则的历史起源

一　理论探讨

透明度规则的理论探讨，早期可以追溯到古典自然法学代表人物之一的英国学者约翰·洛克（John Locke）在《政府论》中的某些提及。在"论立法权的范围"一章中，他提到"人们把他们全部的自然权力交由所加入的社会，社会就可以把这些权力交给他们认为适当的人选，并予以托付，以便让正式公布的法律来治理他们，保证他们的和平、安宁和财产不会像以前在自然状态中那样的不稳定"[4]。"不管国家采用什么形式，统治者都应该以既定的、被接受的法律来进行统治，而不是用临时的命令和未定的决议"；"政府所有的权力，既然只能为社会谋幸福，那就不应该是

---

[1]　参见赵生祥《透明度原则及其对中国法治的影响》,《现代法学》2003 年第 4 期。

[2]　周忠海主编:《国际法》,中国政法大学出版社 2004 年版,第 90 页。

[3]　See OECD, *Public Sector Transparency and the International Investor*, p. 9.

[4]　［英］约翰·洛克:《政府论》,刘丹、赵文道译,湖南文艺出版社 2011 年版,第162 页。

专断的和一时兴起的，相反，它应该是根据既定的和公布的法律来行使；这样，一方面，可以使人们知道他们的责任，在法律范围内得到安全和保障；另一方面，也适当地限制了统治者，使他们不致被自己拥有的权力诱惑，利用他们本来不熟悉的、不愿承认的手段行使权力。"① 这是"社会授予他们的职责，以及上帝和自然法对于不同政体下的每一国家立法机关的权力所附加的限制"②。

较早时期的理论上的探讨，最著名的莫过于康德（Immanuel Kant）在 1795 年发表的《论永久和平》一文中关于"公共法权（public right or public law）的先验程式"的论述。③ 他说："如果我像法权教师们通常设想的那样，抽调公共法权的所有质料（按照人们在国家中或者还有各国相互之间不同的经验性给定的关系），则给我剩下的还有公开性的形式，任何一种法权要求都在自身中包含着这种形式的可能性，因而若无这种形式，就不会有任何正义（正义只能被设想为可公开宣布的），因而也不会有只是来自正义的任何法权。"④ "任何法权要求都必须拥有这种可公开性，因此，既然能够易如反掌地评判在一个发生的事例中是不是有这种可公开性……故而这种可公开性就必须是一种使用方便的、可以先天地在理性中发现的标准，使人在没有这种可公开性的事例中仿佛是凭借纯粹理性的实验立刻认出上述要求的虚假性（违法性）。"⑤ "人们可以把如下命题称为公共法权的先验程式：一切与其他人的法权相关的行动，其准则与公开性不相容者，皆是不正当的。"⑥ 而后举例论证这一先验程式在国家法权、国际法权中的存在：前者论证了"对于人民而言，叛乱不是摆脱所谓暴君的压迫权力的一种合乎法权的手段"，叛乱之不义是显而易见的，因为叛乱的准则由于人们公开奉行就会使自己的意图成为不可能；就国际法权而言，无论是一国以国家官员必须对国家有所交代为由不遵守对另一

① ［英］约翰·洛克：《政府论》，刘丹、赵文道译，湖南文艺出版社 2011 年版，第 163 页。

② 同上书，第 165 页。

③ See Steve Charnovitz, "Transparency and Participation in the World Trade Organization", *Rutgers Law Review*, Vol. 56, 2004.

④ ［德］康德：《论永久和平》，李秋零译，载李秋零主编《康德著作全集·第 8 卷·1781 年之后的论文》，中国人民大学出版社 2010 年版，第 386 页。

⑤ 同上书，第 387 页。

⑥ 同上。这一先验程式的英文为 "all actions that affect the rights of other men are wrong if their maxim is not consistent with publicity"。

国的承诺，还是较小国家怕受到邻近强国的压迫而联合起来攻击它，还是较大国家因地理位置阻碍其联系为由征服吞并较小国家，都会一经公开宣示，就必然使自己的意图破灭，所以是不正当的。①

不论是洛克还是康德都强调了法律或是公共法权公开的重要性，康德更论证了公共法权公开性与正当性关系的先验程式，并用之解读了国际法权。他们是 1648 年《威斯特伐利亚和约》(*The Peace Treaty of Westphalia*)近代国际法产生后，② 关于透明度规则理论探讨最早的学者。

二　国内立法实践

(一) 英国行政法

关于透明度规则规定的国内立法可以追溯到现代形式的行政法的出现。现代形式的行政法出现于 17 世纪下半叶，现在英国行政法中的部分原则、原理可以追溯到这个时期。③ 国内法行动中，那时的英国行政法中就有了透明度和独立司法审查制度。④ 普通法传统中的"法的统治"(rule of law) 原理、"自然正义原则"(the doctrine of natural justice) 对英国行政法一直起着支配作用并由此形成英国行政法上的越权无效原则、合理性原则与自然公正（程序公正）原则三项基本原则。⑤ 关于透明度规则在司法制度中的体现，正如经常被法官和学者引用和提到的，法官休厄特在"王国政府诉赛克斯法官，由麦卡锡起诉案"中有一句名言："不仅要主持正义，而且要人们明确无误地、毫不怀疑地看到是在主持正义，这一点不仅是重要的，而且是极为重要的。"⑥ 而到了 19 世纪，英国议会开始委托行政机关制定行政管理法规，其中 1893 年的《规则公布法》(*Rules of Publication Act*) 是英国涉及委任立法制定程序的最早一部立法，适用于从

---

① ［德］康德:《论永久和平》，李秋零译，载李秋零主编《康德著作全集·第 8 卷·1781 年之后的论文》，中国人民大学出版社 2010 年版，第 387—392 页。

② 1648 年《威斯特伐利亚和约》签订后，欧洲出现为数众多的独立主权国家。以独立主权的国家为基础的国际法，即为近代欧洲的产物，标志就是《威斯特伐利亚和约》。参见周忠海主编《国际法》，中国政法大学出版社 2004 年版，第 28 页。

③ 参见何勤华主编《英国法律发达史》，法律出版社 1999 年版，第 161 页。

④ See Terry Collins – Williams & Robert Wolfe, "Transparency as a Trade Policy Tool: the WTO's Cloudy Windows", *World Trade Review*, Vol. 9 (4), 2010.

⑤ 参见周佑勇《行政法基本原则研究》，武汉大学出版社 2005 年版，第 60 页。

⑥ ［英］丹宁勋爵:《法律的训诫》，杨百揆、刘庸安、丁健译，法律出版社 2011 年版，第 102 页。

1890 年开始的法定规则和命令，主要是对这些规则分类印刷、公布、编号以及供公众查阅等内容作了规定。《规则公布法》中规定，对于应送交议会的规则，根据公众提出的公布该规则的请求，对该项规则先行予以公告，并可根据请求提供该规则的复印件，而且所有法定的规则在制定完毕后都应送交皇家印刷厂编号、印刷、出版发行。无疑，《规则公布法》是一部践行透明度要求的一部国内法规，对后世国际法透明度规则的发展有一定的影响。

（二）美国行政法

美国行政法的发展是随着行政权的扩张而渐渐发展起来的。20 世纪 30 年代的罗斯福新政时期，为推动经济发展，美国政府建立了如证券交易委员会、联邦通信管理委员会、民航管理局等独立管理机构，国会也制定了一批授权政府管理经济的法规，行政机构享有准立法权、准司法权，行政权得以迅速扩张。法院对行政权的司法审查变得自律而有节制，对行政机关的行为，法院多以尊重行政行为的专门知识而予以维持。由于法院承认行政权的扩张态度，人们需要为控制行政权另辟蹊径，从关注行政权的大小转向关注行政机关决定的制作程序。在控制行政权、加强行政程序的压力下，罗斯福指令司法部部长任命一个委员会研究行政程序改革事宜，在该委员会报告的基础上，美国国会制定了《联邦行政程序法》，并于 1946 年 6 月 11 日公布实施。[1] 这部法律是美国联邦第一次统一制定规章的程序，[2] 于 1966 年 9 月 6 日编入美国法典第五编，列为第五章。被学者称为"世界行政法治进化过程中最重要的里程碑"的该法，[3] 首先规定的就是行政机关所必须公开的信息，使透明度成为美国行政法的一项重要原则。

第 552 条　公共信息、机关规章、裁决理由、
裁决令、记录、程序

一、每个机关必须使公众能够得到下列信息：

（一）为了便于公众查索，每个机关对下列事项必须在《联邦公

---

① 参见应松年、袁曙宏主编《走向法治政府：依法行政理论研究与实证调查》，法律出版社 2001 年版，第 44—45 页。

② 曾繁正、赵向标等编译：《美国行政法》，红旗出版社 1998 年版，第 25 页。

③ 张千帆、赵娟、黄建军：《比较行政法——体系、制度与过程》，法律出版社 2008 年版，第 84 页。

报》上及时公布并说明：

1. 该机关的总部和基层组织的机构设置，公众可以获得的信息或决定、提出申请或要求、得到决定的地点及其方式，并说明公众通过该机关的哪位职员（如是穿制服的机关，则说明哪些成员）可以获得信息或决定、提出申请或要求。

2. 各机关执行职务和作出决定的一般过程和方法，包括一切可以采取的正式的和非正式的程序的性质和要求。

3. 程序规则、通用的表格，可以取得表格的地点，对各种文书、报告、检查的范围和内容的说明。

4. 机关根据法律授权制定的普遍适用的实体规则，机关制定和采取的基本政策的说明以及机关采取的普遍适用性解释的说明。

5. 上述各项的修改、修订和废除。

除非确已及时获知有关内容，否则机关不得以任何方式要求其遵守本应公布但并未公布在《联邦公报》上的规定事项或使其受到不利影响。就本项规定而言，如果某规定事项已收入《联邦公报》之参考索引并取得《联邦公报》主任的批准，而且有理由推定受该文件影响者可以得知此规定事项时，视为已在《联邦公报》上公布。

（二）根据所公布的规章，各机关应提供下列文件供公众查阅和复制：

1. 裁决案件的最终理由，包括附议的意见和反对意见在内，以及裁定书。

2. 该机关所采取的未在《联邦公报》上公布的政策说明和解释。

3. 机关人员手册以及发给机关人员并影响公众的指示。

……

（五）凡是两人以上组成的行政机关，都应将每次机关决议中各成员的最后表决意见记录备案，以供公众查阅。

……

第 553 条　规章制定

……

二、机关应在《联邦公报》上发布其计划要制定法规的通告。除非已明确列出与该规章制定有关的个人，并且已将通知分别送达本人，或者其已事实上依法获得通知。此类通告应包括下列内容：

（一）公共规章制定的时间、地点和性质说明；

（二）指出拟制定规章的法律根据；

（三）拟制定规章的条款或主要内容的说明，或者所涉及的主题和问题的说明。

……

三、机关在按本条规定发出通告后，应向利害关系人提供通过提交书面资料、书面意见，进行口头辩论或提交书面辩词等方式参与规章制定的机会。在斟酌了所提出的有关问题之后，机关应在通过的规章中附上规章的制定根据和目的的概要性说明。……

四、除下列规章之外，实体性规章必须至少在其施行前 30 天依规定公布或送达：

……

第 552 条和第 553 条构成《联邦行政程序法》的核心条款，其主旨是为了通过通告形式公开发表拟定规章的各项细节，并通过评论程序使公众参与规章的制定。"通告和评论的程序是美国当代行政法的一个创举"①，其体现的就是行政公开的理念。

三　国际立法实践

（一）《凡尔赛和约》

而早期国际法行动中，对透明度规则有所论述的，较为典型的就是 1919 年《凡尔赛和约》，即《协约和参战各国对德和约》（*Treaty Between Allied Nations and Belligerent States to Germany*）的第 18 条。该条规定，联盟任何成员签订条约都应立即在秘书处登记，并应尽快公布；未登记之前，该条约不具有约束力。② 虽然中国和美国由于国内原因并没有签署该和约，该和约本身也饱受非议，但是第 18 条的出现，则是透明度规则发

---

① 曾繁正、赵向标等编译：《美国行政法》，红旗出版社 1998 年版，第 27 页。

② See Steve Charnovitz, "Transparency and Participation in the World Trade Organization", *Rutgers Law Review*, Vol. 56, 2004. The article 18 of the Treaty of Versailles providing that : Every treaty or international engagement entered into hereafter by any Member of the League shall be forthwith registered with the Secretariat and shall as soon as possible be published by it. No such treaty or international engagement shall be binding until so registered.

展史上国际法行动的一个力证。

（二）《关于简化海关手续的国际公约》

1923 年《关于简化海关手续的国际公约》（*International Convention Relating to the Simplification of Customs Formalities*）① 更是被学者称为国际规范透明度规则的基石。② 世界贸易组织在其《分析索引——关贸总协定法律与实践指南》一书中，也指出《关税与贸易总协定》（*General Agreement on Tariffs and Trade*，GATT）第 10 条的起草，部分是依据 1923 年《关于简化海关手续的国际公约》的第 4 条和第 6 条。③

　　《关于简化海关手续的国际公约》第 4 条④

　　缔约各国应迅速公布有关海关及类似手续和其中所有修改的所有未公布的法规，以使有关人员熟悉法规并避免他们应用未知海关手续导致偏见。

　　缔约国同意，海关法规公布之前不应予以执行，无论是在涉及国家的官方公报上公布或通过其他一些合适的官方或民间渠道公布。

　　提前公布义务遍及影响关税、进出口禁止或限制的一切事宜。

　　然而，当提前公布将有可能损害国家根本利益时，本条第二段和第三段不具有强制约束力。但是在这样的情况下，公布应当尽可能与

---

① 1923 年 11 月 3 日在国际联盟的倡议下，签订了《关于简化海关手续的国际公约》。参见张国强《海关合作理事会》，《世界知识》1985 年第 14 期。

② See Steve Charnovitz, "Transparency and Participation in the World Trade Organization", *Rutgers Law Review*, Vol. 56, 2004.

③ WTO, GATT, *Analytical Index: Guide to GATT Law and Practice*, p. 309, http://www.wto.org/english/res_ e/booksp_ e/gatt_ ai_ e/gatt_ ai_ e. htm.

④ Article 4 of International Convention Relating to the Simplification of Customs Formalities Providing that : The Contracting States shall publish promptly all regulations relating to Customs and similar formalities and all modifications therein, which have not been already published, in such a manner as to enable persons concerned to become acquainted with them and to avoid the prejudice which might result from the application of Customs formalities of which they are ignorant. The Contracting States agree that no Customs regulations shall be enforced before such regulations have been published, either in the Official Journal of the country concerned or through some other suitable official or private channel of publicity. This obligation to publish in advance extends to all matters affecting tariffs and import and export prohibitions or restrictions. In cases, however, of an exceptional nature, when previous publication would be likely to injure the essential interests of the country, the provisions of the second and third paragraphs of this Article will lose their obligatory force. In such cases, however, publication shall, so far as possible, take place simultaneously with the enforcement of the measure in question.

执法措施同时进行。

第 6 条①

为了使缔约国及其国民尽快熟悉第 4 条和第 5 条规定中提到的影响其贸易的所有措施，各缔约国承诺：与另一国家外交代表，或为此目的居住在其境内可能被指定的其他代表保持联络，按照上述条款发行所有公布。一旦公布生效，联络一式两份作出。如果没有外交代表或其他代表，联络将通过国家为此目的指定的渠道进行。

且各缔约国承诺一旦有公布，转发按照第 4 条和第 5 条已发行所有出版物的 10 份副本给国际联盟秘书处。

各缔约国还承诺，一经有公布，基于 1890 年 7 月 5 日国际公约（即国际海关税则出版联盟公约）关税税则翻译和出版的规定，与在布鲁塞尔的"关税出版国际办公室"保持联络，寄送所有关税税则或其中可能存在修改的副本 10 份。

两个条文中，不仅对各缔约国迅速公布海关手续和相关法规提出要求，还将国家根本利益作为透明度规则的例外，并对公布的方式提出具体的要求。如果说前述早期的英国行政法，体现的是缔约国国内法对未来国际经济条约透明度规则内在的、渐进积累式的影响；而《凡尔赛和约》第 18 条对未来国际经济条约透明度规则的影响亦不够清晰；那么《关于简化海关手续的国际公约》中这两个看似不起眼的条文，对未来国际经济条约透明度规则的影响则是直观的，且一步到位。

---

① Article 6 of International Convention Relating to the Simplification of Customs Formalities Providing that : In order to enable Contracting States and their nationals to become acquainted as quickly as possible with all the measures referred to in Articles 4 and 5 which affect their trade, each Contracting State undertakes to communicate to the diplomatic representative of each other State, or such other representative residing in its territory as may be designated for the purpose, all publications issued in accordance with the said Articles. Such communication will be made in duplicate and so soon as publication is effected. If no such diplomatic or other representative exists, the communication will be made to the State concerned through such channel as it may designate for the purpose. Further, each Contracting State undertakes to forward to the Secretariat of the League of Nations, as soon as they appear, ten copies of all publications issued in accordance with Articles 4 and 5. Each Contracting State also undertakes to communicate, as soon as they appear, to the "International Office for the publication of Customs Tariffs" at Brussels, which is entrusted by the International Convention of 5 July 1890 with the translation and publication of such tariffs, ten copies of all Customs tariffs or modifications therein which it may establish.

（三）1947《关税与贸易总协定》

在国际经济法中，首先引入透明度规则的是国际贸易体系，① 即当代国际经济条约中的透明度规则来自 1947 年的《关税与贸易总协定》（1947GATT）第 10 条，主要是第 10 条的第 1 款和第 2 款。

1947GATT 第 10 条　贸易法规的公布和实施

1. 任何缔约方实施的关于下列内容的普遍适用的法律、法规、司法判决和行政裁定应迅速公布，使各国政府和贸易商能够知晓：产品的海关归类或海关估价；关税税率、国内税税率和其他费用；有关进出口产品或其支付转账，或影响其销售、分销、运输、保险、仓储检验、展览、加工、混合或其他用途的要求、限制或禁止。任何缔约方政府或政府机构与另一缔约方政府或政府机构之间实施的影响国际贸易政策的协定也应予以公布。本款的规定不得要求任何缔约方披露会妨碍执法或违背其公共利益或损害特定公私企业合法商业利益的机密信息。

2. 任何缔约方不得在产生以下结果的普遍适用的措施正式公布之前采取此类措施：根据既定和统一做法提高进口产品的关税税率或其他费用，或对进口产品或进口产品的支付转账实施新的或更难于负担的要求、限制或禁止。

1947GATT 第 10 条的目的"不仅在于为缔约方履行公布义务提供依据，同时也是为了使各类经济主体能够恰当地评估有关法律会给其预期利益带来哪些影响"②。该条不仅使透明度成为关税与贸易总协定的一项重要原则，也是当代各个领域国际经济条约透明度规则的国际立法实践的最重要的起源。时至今日，但凡提到法律的透明度，多数人首先想到的都是世界贸易组织的透明度原则。

四　美国国内法对当代国际经济条约出现透明度规则的影响

1947GATT 在内的国际经济条约的透明度规则，虽是各国妥协的结

---

① See Carl – Sebastian Zoellner, "Transparency: An Analysis of an Evolving Fundamental Principle in International Economic Law", *Michigan Journal of International Law*, Vol. 27, 2006.

② 张潇剑：《WTO 透明度原则研究》，《清华法学》2007 年第 3 期。

果，但因条约草案文本主要是美国政府起草的，可以说美国行政法的发展直接体现在国际经济条约最终文本当中，即 1947GATT 第 10 条深受美国行政法的影响。

借助其第二次世界大战最大战胜国的优势，美国把对联邦各行政机关提供统一的"底线"要求的做法，也渗透到了其欲主导的二战后国际经济秩序的相关规则中。其中的典型代表就是战后的三大国际经济条约。① 例如，1944 年出台的《国际货币基金协定》，是美英两个国家推动的，而其中主要是依据美国提出的怀特方案制定的。② 而三大国际经济条约中受美国行政法影响最明显的就是 1947GATT。

1945 年 12 月 6 日，美国国务院公布《扩大世界贸易和就业的建议》(*Proposals for Expansion of World Trade and Employment*)，要求召开联合国贸易就业会议，并提出建立一个国际贸易组织来有效推动贸易和就业的国际合作。③ 该《建议》由三部分组成：国际经济合作的需要，关于就业的建议，关于国际贸易组织的建议。在最后一部分，拟定了国际贸易组织的规则框架，在其中第三章"一般商业政策"A 款中，即"一般商业条款"第 8 项提到，国际贸易组织成员应当充分公开影响对外贸易的法律法规(*To provide for adequate publicity regarding laws and regulations affecting foreign trade*)。④ 1946 年 2 月 18 日，联合国经济和社会理事会通过了美国提出的召开联合国贸易就业会议的建议。同年 7 月，美国将该建议具体扩展为《联合国国际贸易组织建议宪章》(以下简称《建议宪章》)(*Suggested Charter for an International Trade Organization of the United Nations*)，共有 79 个条文，这一文件成为日后各方谈判的核心文本。⑤

1947GATT 第 10 条与美国国务院提交《建议宪章》中的第 15 条规定

---

① 即《国际货币基金协定》《国际复兴开发银行协定》以及《关税与贸易总协定》。

② 参见杨松《国际货币基金协定研究》，法律出版社 2000 年版，第 6—7 页。

③ 谈谭：《国际贸易组织（ITO）的失败：国家与市场》，上海社会科学院出版社 2010 年版，第 103 页。

④ See U. S. Department of State, *Proposals for Expansion of World Trade and Employment*, p. 12, http：//www. worldtradelaw. net/misc/gatttexts. htm.

⑤ See U. S. Department of State, *Suggested Charter for an International Trade Organization of the United Nations*, http：//www. worldtradelaw. net/misc/Suggested20% Charter. pdf.

基本一致。① 美国国务院建议稿的其他条款都经过各国讨价还价后进行了一定程度的修改，唯有这一条基本未动。② 以条文标题以及第 1 款为例，用表 1 – 1 予以说明：

表 1 – 1　　　　　　1947GATT 与《建议宪章》透明度规则的差异

1947GATT	《建议宪章》
第 10 条 贸易法规的公布和实施	第 15 条 贸易法规的公布和限制性法规的提前通知
1. 任何缔约方实施的关于下列内容的普遍适用的法律、法规、司法判决和行政裁定应迅速公布，使各国政府和贸易商能够知晓：产品的海关归类或海关估价；关税税率、国内税税率和其他费用；有关进出口产品或其支付转账，或影响其销售、分销、运输、保险、仓储检验、展览、加工、混合或其他用途的要求、限制或禁止。任何缔约方政府或政府机构与另一缔约方政府或政府机构之间实施的影响国际贸易政策的协定也应予以公布。本款的规定不得要求任何缔约方披露会妨碍执法或违背其公共利益或损害特定公私企业合法商业利益的机密信息	1. 任何成员实施的关于下列内容的普遍适用的法律、法规、司法当局判决和行政裁定应迅速公布，使贸易商和各国政府能够知晓：产品的海关归类或海关估价；关税税率、国内税税率和其他费用；有关进出口产品或其支付转账，或影响其销售、分销、运输、保险、仓储检验、展览、加工、混合或其他用途的要求、限制或禁止。任何成员国政府或政府机构与另一缔约方政府或政府机构之间实施的影响国际贸易政策的协定也应予以公布。这些法律、法规、决定、裁定和协议的副本应及时传达给组织。本款的规定不得要求任何成员公布会泄露机密信息，妨碍执法，或其他可能有损公众利益的行政裁决

可以说，单就第 1 款的规定而言，除了将"成员"变为"缔约方"，1947GATT 的规定几乎表述与《建议宪章》一致，内容上的承接关系非常清晰。只是将《建议宪章》"法律，法规，决定，裁定和协定的副本应及时传达给组织"的规定删除，将公布的例外，由《建议宪章》的"泄露机密信息，妨碍执法，或其他可能有损公众利益的行政裁决"改为"会妨碍执法或违背其公共利益或损害特定公私企业合法商业利益的机密信息"。这种差异性，表现出的是经过各方妥协的 1947GATT 的保守和谨慎，但依然显示的是美国《建议宪章》的主导地位。

从 1945 年年底的《扩大世界贸易和就业的建议》中的一句话，发展为 1946 年 7 月的《建议宪章》一条三款的细致规定，无不渗透着美国行

---

① See WTO, GATT, *Analytical Index：Guide to GATT Law and Practice*, p. 309, http：//www. wto. org/english/res_ e/booksp_ e/gatt_ ai_ e/gatt_ ai_ e. htm.

② See Canadian Legation, "Report to the Canadian Delegation to the United Nations Conference on Trade and Employment at Havana 32（July 1948）", 转引自王秉乾《论 WTO 透明度原则对我国法治建设的影响》，博士学位论文，对外经济贸易大学，2007 年，第 20 页。

政法透明度理念，是美国政府对其国内《联邦行政程序法》透明度规则的国际扩张的一次努力，而这次努力也获得了成功，成为生效实施的1947GATT主要的文本表述，进而成为后来的世界贸易组织透明度规则的一块基石。这就是当代国际经济条约透明度规则形成的整个过程，也是国际投资协定透明度规则最直接的历史起源。

第三节　国际投资协定透明度规则的发展

一　国际投资协定发展概况

《2013年世界投资报告》指出国际投资决策处于转变时期。截至2012年年底，国际投资协定共有3196个。到2013年年底，现有的2857个BITs中将有1300个进入"随时可能终止阶段"，这将为解决涉及诸多方面和诸多层面的国际投资协定制度中的不一致性和重叠问题，为拓宽该制度的发展领域打开一扇窗。[①]虽然BITs每年签订的数量在减少，但仍是现时大多数国家所采用的通行的保护投资形式，[②] 而"自由贸易协定如雨后春笋般地涌现出来"[③]。随着国际投资协定的数量增加，协定中的透明度规则发展也呈现出从无到有，从简单到完善的特点。国际投资协定数量发展趋势可见图1-1。

二　透明度规则的发展阶段

（一）20世纪70年代以前没有透明度规则

第二次世界大战之前，关于保护外国直接投资的规定不是经常得到国际经济条约的关注，大多数国际经济条约涉及的是缔约各方贸易关系的建立。[④] 例如，虽然在早期的美国《友好通商航海条约》（The US Treaties on Friendship, Commerce and Navigation，FCN）中就有了保护投资的内容，

---

① See UNCTAD, *World Investment Report* 2013, Key Messages, p. x.

② 姚梅镇：《国际投资法》（第三版），武汉大学出版社2011年版，第33页。

③ 秦宏：《亚太自贸建设还需务实推进》，《人民日报》（海外版）2012年4月5日第1版。

④ See Kenneth J. Vandevelde, "A Brief History of International Investment Agreements", *U. C. Davis Journal of International Law and Policy*, Vol. 12, 2005.

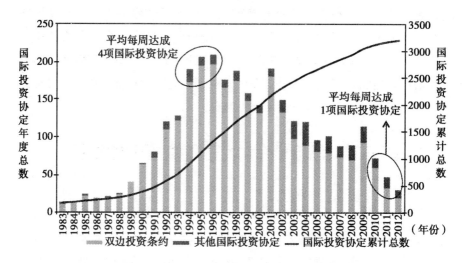

图1-1　1983—2012年国际投资协定数量发展趋势

资料来源：*World Investment Report* 2013。

但是条款的措辞是对财产普遍给予保护，保护投资并不是重点内容。[①] 对这一时期的有投资内容的国际经济条约，有学者称为殖民地时期的国际投资协定，[②] 而其中并没有透明度规则。

　　1959年，德国与巴基斯坦缔结了第一个专门解决投资保护问题的BIT，后来被欧洲国家纷纷效仿。1960—1966年，比利时、丹麦、法国、意大利、卢森堡、荷兰、挪威、瑞典和瑞士均缔结了本国的首批BITs，其内容专门针对投资促进和保护，全称为"促进和保护投资双边协定"。这一时期的双边协定所确立的基本模式构成此后40年绝大多数BITs的特征，内容包括国民待遇和最惠国待遇；公平和公正待遇；符合习惯国际法的待遇；保证及时、适当和有效的征用补偿；投资资金自由转移的权利；以及关于投资者与国家之间、国家与国家之间争端解决的规定。[③] 这种

---

　　① 美国的 FCN 最早开始于 18 世纪，目的是建立与条约伙伴间的贸易关系。See Kenneth J. Vandevelde, "A Brief History of International Investment Agreements", *U. C. Davis Journal of International Law and Policy*, Vol. 12, 2005.

　　② See Kenneth J. Vandevelde, "A Brief History of International Investment Agreements", *U. C. Davis Journal of International Law and Policy*, Vol. 12, 2005.

　　③ See UNCTAD, *International Investment Rule - making*: *Stocktaking, Challenges and the Way Forward*, pp. 11 - 12, http://unctad.org/en/Docs/iteiit20073_en.pdf.

BITs，被中国学者称为"德国式 BITs"① 或是"欧式 BITs"，② 其中并没有包括具体的透明度规则。究其原因，这些 BITs 虽叫作"促进和保护投资双边协定"，但只是通过保护投资的方式来促进投资，也就是说，条款以促进投资而不是保护投资为目的的情况只是偶尔发生。③ 作为国际投资协定中最重要的促进投资的规定，④ 透明度规则在这些 BITs 中并没有得到体现。此外，这些 BITs 在投资政策上，倾向于借助宽泛的国际法待遇标准来规定缔约方对投资的全面保护，包括东道国投资法律政策的透明，而不是明确具体的透明度规则，而且不选择透明度规则的原因是有更好的选择，即国内法的规定。⑤

（二）20 世纪八九十年代有简单的透明度规则

这一阶段的国际投资协定中，已开始出现简单的透明度规则，即对于缔约各方提出明确的透明度要求。虽然内容简单，但相较于前述那些"德国式 BITs"，表现出缔约方对透明度规则的重视。这一阶段与前一阶段的明显分界线为美国 1982 年 BIT 范本。

1982 年 1 月 11 日，美国政府公布了第一个 BIT 范本，为美国签订促进和保护海外直接投资协定提供了谈判框架。⑥ 当 1982 年美国签订它的第一个 BIT 的时候，德国已经签订超过 45 个 BITs。⑦ 与"德国式 BITs"强调对外国投资保护不同的是，美国 BIT 范本格外重视投资的自由化，需要通过高标准的要求来加强并具体化国际法待遇标准。⑧ 其中的代表就是关于要求缔约方公布影响投资的各类信息的规则，⑨ 即有关"公布"的透明度规则。但是此时的透明度规则只有关于"公布"和"咨询和信息交

---

① 参见慕亚平《国际投资的法律制度》，广东人民出版社 1999 年版，第 66 页。

② 参见刘笋《国际投资保护的国际法制》，法律出版社 2002 年版，第 6 页。

③ See UNCTAD, *International Investment Rule - making*: *Stocktaking, Challenges and the Way Forward*, p. 12.

④ See UNCTAD, *Investment Promotion Provisions in International Investment Agreements*, p. 14, http://unctad.org/en/Docs/iteiit20077_en.pdf.

⑤ See UNCTAD, *Transparency UNCTAD Series on Issues in International Investment Agreements I*, p. 72.

⑥ See Parica McKinsty Robin, "The BIT Won't Bite: The American Bilateral Investment Treaty Program", *American University Law Review*, Vol. 33, 1984.

⑦ Ibid.

⑧ See Zachary Elkins & Andrew T. Guzman & Beth Simmons, "Competing for Capital: The Diffusion of Bilateral Investment Treaties, 1960 - 2000", University of Illinois Law Review, 2008.

⑨ 1982 U. S. Model BIT, Article Ⅱ. 9.

换"两款两句话的内容。还有国家签订的部分 BITs 中，也有关于缔约各方之间法律信息和投资机会交流的规定，比如中国。

（三）21 世纪初至今有具体的透明度规则

这一阶段的国际投资协定中，透明度规则越来越具体完善，不仅协定中有单独的透明度条款，而且关于透明度规则的内容，由简单的"公布""信息交换"扩大到"通知和信息的提供""行政程序""复议和诉请""安全例外""信息披露例外"等各方面规定，对于缔约各方透明度的义务设定亦趋向于具体化。这一阶段与前一阶段的分界线为 21 世纪初各国的 FTAs 以及美国 2004 年 BIT 范本。①

此外这一时期的"德国式 BITs"的重新签订和修订中，仍然没有增加明确的透明度规则，这可能反映出制定投资规定方面的某种常态，即各国沿用成熟的协定结构，不去考虑是否还有改进的新途径。② 这也就是本书在广泛考察众多 BITs 后对透明度规则总结时，缺少一些重要国家文本的原因。

三　透明度规则的发展特点

（一）含有透明度规则的国际投资协定日益增多

从国际投资协定的发展中不难了解到：只有部分国际投资协定中有透明度规则。关于含有透明度规则的国际投资协定的比例问题，没有准确的官方统计数据。联合国贸易和发展会议曾对国际投资协议中的投资促进规定以 500 个 BITs 和 200 个 FTAs 进行抽样调查，从透明度规则在投资促进规定中所占的比重间接得出，有透明度规则的 BITs 不足 20%，但其在 FTAs 中的比例超过 50%。③ 这种间接统计虽不是很科学，但是基本可以得出"有透明度规则的 BITs 并不多"的结论，绝不是学者所说的"不计其数的 BITs 都有"④。之所以有透明度规则的 FTAs 比例更高，可能的原因之一应是缔约各方在谈判 BITs 时将保护投资作为主要目标，而在制定

---

① 这一阶段透明度规则的内容，本书在"国际投资协定透明度规则的内容"一章中有具体论述，在此不予赘述。

② See UNCTAD, *Investment Promotion Provisions in International Investment Agreements*, p. 3.

③ Ibid., pp. 13 – 14.

④ See Carl – Sebastian Zoellner, "Transparency: An Analysis of an Evolving Fundamental Principle in International Economic Law", *Michigan Journal of International Law*, Vol. 27, 2006.

FTAs 时采用较为一体化的方法，促进投资问题由此获得更大的空间。此外，FTAs 往往规定外国投资的设立，这对于促进投资具有特别重要的意义。[①] 整体上，发展至今，并不是所有的国际投资协定中都有透明度规则，特别是从数据上看，多数 BITs 依然缺乏透明度的具体规定。但是不能抹杀的是，含有透明度规则的国际投资协定从无到有、日益增多的事实。

（二）国际投资协定透明度规则的内容日益完善

虽然只有部分国际投资协定中有透明度规则，且这一比例的增长速度不快，但是透明度规则内容上的发展要大于数量的增长。那些确实解决透明度问题的 BITs 和 FTAs 中，关于透明度义务的理念和内容已经取得了循序渐进的显著性进步。理念上，透明度规则虽然仍以国家义务为核心，但也在努力找寻投资者利益、投资东道国利益以及投资母国利益间的最佳平衡点。例如，国际投资协定中虽依然有将透明度规则作为强加给缔约各方交流信息义务看待的趋势，但也逐渐认为这是一个关于东道国和外国投资者的相互义务。内容上，透明度规则从一两款表述简单的句子或短语，发展到独立条款，甚至独立章专门予以规定。典型的是，透明度义务不再只是着眼于促进信息交流，而是涉及透明度的国内规则制定的过程，旨在使有兴趣的投资者和其他利益相关者参与到这一进程中。[②]

（三）国际投资协定透明度规则始终欠缺体系化

因为不存在一个指导各国签订国际投资协定的文件，[③] 不同国家签订的国际投资协定透明度的差异性较大，甚至有些国家与不同缔约方所签订的投资协定的差异性也大，使得整体上国际投资协定透明度规则欠缺体系化。与之形成鲜明对比的是世界贸易组织的透明度规则。

世界贸易组织透明度规则具有鲜明的体系化，其中的核心内容就是 1994GATT 第 10 条。此外《服务贸易总协定》（*General Agreement on Trade*

---

① See UNCTAD, *Investment Promotion Provisions in International Investment Agreements*, p. 49, note 1.

② See UNCTAD, *Bilateral Investment Treaties* 1995 – 2006: *Trends in Rulemaking*, p. 76, http: //unctad. org/en/Docs/iteiia20065_ en. pdf.

③ 这一点与国际税收协定不同，国际税收协定有《经济合作与发展组织关于对所得和财产避免双重征税的协定范本》以及《联合国关于发达国家与发展中国家避免双重征税协定范本》作为指导，使国际税收协定进入规范化的发展阶段。参见刘隆亨主编《国际税法》（第二版），法律出版社 2007 年版，第 99 页。

in Service，GATS）第 3 条、《与贸易有关的知识产权协定》（*Agreement on Trade – Related Aspects of Intellectual Property Rights*，TRIPs）第 63 条、《装运前检验协定》（*Agreement on Preshipment Inspection*）第 5 条等数个多边贸易协定条文中都有透明度规则。内容包括贸易措施的公布、贸易措施的通知、透明度规则的例外等，并通过贸易政策评审机制（Trade Policy Review Mechanism，TPRM）的监督，增加各国贸易政策的透明度和相互了解。虽然 TPRM 的评审结果和提出的建议对被评审方没有约束力，但被评审方如果不作出改进，很可能被其他成员利用争端解决程序提出指控。[①]于是，世界贸易组织透明度规则借由"一揽子协定都必须遵守"的规定形成完整的透明度规则体系。[②]

　　国际投资协定的透明度规则既没有不同领域规则的相互分工和配合，也没有监督缔约各方透明度义务履行的评审机制，更没有针对缔约各方发生争端时一套行之有效的争端解决程序。与世界贸易组织的透明度规则相比，国际投资协定透明度规则的体系化严重不足。这种体系化的不足，是现有国际投资协定以双边、区域性协定为主，没有适用广泛的综合性多边投资协定造成的。OECD 曾于 1995 年发起了缔结第一个综合性多边投资协定（Multilateral Agreement on Investment，MAI）的谈判。[③]OECD 的部长和代表们本希望 1997 年 4 月之前达成 MAI，但当 1998 年 4 月决定暂停谈判时，已经预示 MAI 的失败。[④]同年 12 月，OECD 宣布不再举行 MAI 的谈判，正式宣告了它的终结。[⑤]只有在国际投资领域中，有一部适用范围较广的综合性多边投资协定时，透明度规则欠缺体系化这一缺陷才能得到

　　[①]　参见沈四宝主编《世界贸易组织法教程》（第二版），对外经济贸易大学出版社 2009 年版，第 61—64 页。

　　[②]　《建立世界贸易组织马拉喀什协定》是世界贸易组织的正文，共有四个附件：附件一为多边贸易协定，其中包括三部分，即多边货物贸易协定（核心为 1994GATT）、服务贸易总协定、与贸易有关的知识产权协定；附件二为《关于争端解决规则与程序的谅解》；附件三为《贸易政策审查机制》；附件四为诸边贸易协定。其中一个正文和前三个附件，所有成员都必须一揽子接受，因而成为世界贸易组织一揽子协定。参见沈四宝主编《世界贸易组织法教程》（第二版），对外经济贸易大学出版社 2009 年版，第 24—25 页。

　　[③]　参见刘笋《WTO 法律规则体系对国际投资法的影响》，中国法制出版社 2001 年版，第 19 页。

　　[④]　参见［英］阿兰·鲁格曼《全球化的终结》，常志霄、沈群红、熊义志译，读书·生活·新知三联书店 2001 版，第 93 页。

　　[⑤]　See OECD，*Multilateral Agreement on Investment*，http：//www. oecd. org/investment/internationalinvestmentagreements/multilateralagreementoninvestment. htm.

真正解决。

四　透明度规则的发展趋势

通过国际社会缔结一部全球性、综合性的世界投资协定（World Investment Agreement，WIA），其中规定明确具体的透明度规则，并以之为核心形成透明度规则的体系化，就成为国际投资协定透明度规则未来的发展方向。

（一）未来制定 WIA 国际组织的争论

联合国、世界银行、世界贸易组织、经合组织曾经都对建立综合性的多边投资协定作出努力，但最后形成的都是生效或是未生效的专门性的多边投资协定，如联合国的《跨国公司行动守则》（*United Nations Code of Conduct on Transnational Corporations*）草案、世界银行的《解决国家与他国国民间投资争端公约》（*Convention on the Settlement of Investment Disputes between States and Nationals of Other States*）、世界贸易组织的《与贸易有关的投资措施协定》（*Agreement on Trade - Related Investment Measures*，TRIMs）；或是最终宣告失败，如前述的经合组织的 MAI。[①]

应该由哪个国际组织来制定这部未来的 WIA？有学者认为应该是世界贸易组织。[②] 综合起来主要理由有：能获得国际社会广泛的参与；[③] 世界贸易组织有处理国际投资问题的经验和能力；[④] 容易保障投资国与东道国之间的相互依存关系的平衡。[⑤] 这些理由基本上都是建立在与经合组织对比的基础上，而没有考虑联合国以及世界银行的可能性，结论似乎有些武断。因为联合国和世界银行也可以做到上述三点，甚至制定时参与范围更广，处理问题的经验和能力更强。从广泛性上讲，截至 2013 年 12 月

---

① 参见金成华《国际投资立法发展现状与展望》，中国法制出版社 2009 年版，第 57 页。

② 参见叶兴平、王作辉、闫洪师《多边国际投资立法：经验、现状与展望》，光明日报出版社 2008 年版，第 148 页；金成华《国际投资立法发展现状与展望》，中国法制出版社 2009 年版，第 262 页。

③ 参见叶兴平、王作辉、闫洪师《多边国际投资立法：经验、现状与展望》，光明日报出版社 2008 年版，第 142 页。

④ 参见金成华《国际投资立法发展现状与展望》，中国法制出版社 2009 年版，第 258—260 页。

⑤ 参见叶兴平、王作辉、闫洪师《多边国际投资立法：经验、现状与展望》，光明日报出版社 2008 年版，第 143 页。

10 日，联合国有会员国 193 个，世界银行（国际复兴开发银行）有成员 188 个，世界贸易组织只有成员 159 个。① 从处理问题的经验和能力来讲，联合国国际贸易法委员会有丰富的国际条约制定的经验，而联合国贸发会议也是包括国际投资协定在内的国际直接投资问题最重要的研究机构，特别是每年发布的世界投资报告，更以数据翔实、分析透彻成为有关国际直接投资最重要的报告；世界银行也有丰富的专门性多边投资协定的制定经验，除了《解决国家与他国国民间投资争端公约》，还有《多边投资担保机构公约》（*Convention Establishing the Multilateral Investment Guarantee Agency*）。至于"保障投资国与东道国之间的相互依存关系的平衡"这一点，可以说是世界难题。世界贸易组织多哈回合谈判"一波三折、屡陷困境"，直到 2013 年 12 月 7 日结束的第九届部长级会议才终于画上了句号，达成"早期收获"计划协议。② 这样的多边贸易组织能制定出综合性多边投资协定，并能做到"容易保障投资国和东道国关系的平衡"的结论似乎过于草率。

以上的不同看法只是要说明世界贸易组织目前无法承担制定这部 WIA 的任务，而不是用来证明联合国或是世界银行更胜任这一工作。如同国际直接投资的利益平衡的难度高于国际贸易一样，制定 WIA 并建立多边投资组织的难度远大于建立一个多边贸易组织。目前重要的不是明确由谁来制定，而是国际社会共同推进国际直接投资政策的趋同化，逐步缩小各国投资政策的差距，以期早日为 WIA 的制定创造宽松的政策环境，制定的国际组织的确定，最终必然是水到渠成的结果。

（二）WIA 透明度规则的参考内容

考虑到经合组织的 MAI 草案文本的借鉴价值，③ 以及草案文本中的透

① 参见联合国《联合国一览》，http：//www. un. org/zh/aboutun/；See The World Bank，*International Bank for Reconstruction and Development*，http：//web. worldbank. org/WBSITE/EXTER-NAL/EXTABOUTUS/EXTIBRD/0，menuPK：3046081 ~ pagePK：64168427 ~ piPK：64168435 ~ the SitePK：3046012，00. html；See World Trade Organization，*Members and Observers*，http：//www. wto. org/english/thewto_ e/whatis_ e/tif_ e/org6_ e. htm.

② 参见刘德标《艰难曲折的多哈回合谈判》，《国际商报》2013 年 12 月 9 日第 1 版。

③ 站在发达国家（更准确地说是投资母国）立场起草的 MAI 草案文本，虽内容对发展中国家不利，但其出台前后经历七年多时间，广泛借鉴了大量的国际投资协定，对未来的 WIA 谈判而言，其草案文本还是有一定的借鉴价值。参见叶兴平、王作辉、闫洪师《多边国际投资立法：经验、现状与展望》，光明日报出版社 2008 年版，第 95—96 页。

明度规则内容翔实,[1] 可以作为未来的 WIA 透明度规则的参考内容之一。[2] 道理同上,现在讨论 WIA 透明度规则的内容也为时尚早,应等待时机成熟后再予以考量。

有学者认为,世界贸易组织多边贸易体制下国际贸易统一法的形成,为国际投资统一法滞后的步调注入了前所未有的活力,使人们看到国际投资一体化的立法目标不再遥远,[3] 但是中国入世的第一个十年已过去,国际投资统一法依然是遥遥未知其何时出台,似乎依然是"遥不可及"。与其苦苦等待,不如基于现有的国际投资协定研究透明度规则,以推动规则渐进地完善。即在这部 WIA 没有出台之前,国际投资协定透明度规则的体系化只能通过越来越多的协定有透明度规则,规则的内容趋于具体化、统一化来逐步得以改善。

本章小结

本章主要围绕国际投资协定透明度规则的概念、起源和发展,呈现的是透明度规则最基础性的知识。同其他领域的国际经济条约一样,国际投资协定透明度规则最直接的历史起源就是 1947GATT 第 10 条;透明度规则是国际投资协定中与信息披露有关的准则,较之透明度原则,虽稳定性较差,但具有明确性;国际投资协定中的透明度规则的发展历史并不长,且只有部分协定中含有明确的透明度规则,但是越来越多的国际投资协定出现透明度规则且规则日益完善。通过本章的论述,可以得出以下两点结论。第一,当代国际经济条约透明度的由来以及国际投资协定最早的透明度条款,都同美国有关,可以说,美国是国际投资协定透明度规则的积极倡导者。第二,较之世界贸易组织的透明度规则而言,国际投资协定透明度规则欠缺体系化,不同的国际投资协定的透明度规则差异性较大,且没有监督机制确保缔约方履行透明度义务。只有缔结一部全球性、综合性的世界投资协定才是克服这一缺陷的根本方法。但这部"千呼万唤不出来"

---

[1] See OECD, *Draft MAI Negotiating Text*, pp. 13 – 14, http://www1.oecd.org/daf/mai/pdf/ng/ng987r1e.pdf.

[2] 本书以现有的国际投资协定为基础,论述透明度规则,论证的目标是中外投资协定中的透明度规则,而不是未来的 WIA 的透明度规则,因而这里只做简要说明,并不予分析。

[3] 参见黄辉编著《WTO 与国际投资法律实务》,吉林人民出版社 2001 年版,第 21 页。

的 WIA 还会让国际社会等待多久，谁都无法预知。现有的办法只能是通过透明度规则的内容趋于具体化、统一化来逐步改善规则体系化不足这一缺陷。

第二章 国际投资协定透明度 规则的理论依据

"理论的作用在于帮助人们了解现象，进而改造现象"①。国际投资协定透明度规则只有借助有关的经济学、政治学、法学等的理论，才能全面地了解其意义所在。在为透明度规则论述的展开提供相关理论工具的同时，通过多角度的意义探求，为本书后面的各章内容提供扎实的理论基础。也许这种说法不够严谨，但整体而言，经济学理论侧重于为透明度规则提供"为什么有"的模型意义，政治学理论侧重于为透明度规则提供"实际有"的行动意义，法学理论侧重于为透明度规则提供"应该有"的规范意义。

第一节 经济学理论

一 信息经济学理论

（一）信息经济学理论概述

早在 1945 年哈耶克就提出经济学的中心问题是信息或者知识问题，"对知识的利用，任何人都无法得到其全部"②。关于信息经济的思想早已渗透到经济学的每一个分支，甚至也正在不断强化着对其他社会科学领域的影响。现如今，每个人都把经济当成是信息的经济。③ 可以说信息经济

---

① ［美］约瑟夫·斯蒂格利茨：《斯蒂格利茨经济学文集》（第一卷·信息经济学：基本原理，上册），纪沫、陈工文、李飞跃译，中国金融出版社 2007 年版，林毅夫序，第 2 页。

② See F. A. Hayek, "The Use of Knowledge in Society", *The American Economic Review*, Vol. 35, 1945.

③ 参见 ［美］约瑟夫·斯蒂格利茨《斯蒂格利茨经济学文集》（第一卷·信息经济学：基本原理，上册），纪沫、陈工文、李飞跃译，中国金融出版社 2007 年版，第 1 页。

学开创了经济学的新分支，它重新阐释了经济学的大部分内容，包括所有的经济学标准观点，如竞争性均衡存在定理、供求法则等，以及某些很重要的现象，如资本市场的不完美性问题。[1]

简单来讲，信息经济学研究信息对人们行为的影响、对市场交易的影响以及由此引发的各种制度安排，[2] "所反映的一个核心问题就是获得信息或者说隐藏信息的激励"[3]。

（二）信息经济学的核心理论

1. 信息的不完全与不对称

斯蒂格勒的信息搜寻理论，提出经济主体做出最优决策，必须对所需信息进行搜寻，而搜寻信息是需要成本的。[4] 市场中的信息是不完全的。假定市场中的信息是完全的，即信息会立刻完全地散播到整个经济中，人们不仅搜集信息需要付出成本，更主要的是没有人能搜集完所有的信息，这就是为什么市场中的信息是不完全的原因。[5]

信息在社会中的分布是不对称的，即某些参与人拥有而另一些参与人不拥有。在任何一种涉及信息不对称的交易中，有信息优势的一方为知情者，另一方则为不知情者。[6] 信息不对称从时间上可分为缔约前不对称和缔约后不对称。缔约前信息不对称导致市场的逆向选择，缔约后信息不对称导致道德风险。[7]

2. 逆向选择

所谓市场的逆向选择，就是由于不完全信息和不对称信息，导致低质

---

① 参见［美］约瑟夫·斯蒂格利茨《斯蒂格利茨经济学文集》（第一卷·信息经济学：基本原理，上册），纪沫、陈工文、李飞跃译，中国金融出版社 2007 年版，第 2 页。

② 同上书，钱颖一序，第 2 页。

③ 同上书，第 14 页。

④ See George J. Stigler, "The Economics of Information", *The Journal of Political Economy*, Vol. 69, 1961.

⑤ 参见［美］约瑟夫·斯蒂格利茨《斯蒂格利茨经济学文集》（第一卷·信息经济学：基本原理，上册），纪沫、陈工文、李飞跃译，中国金融出版社 2007 年版，第 48 页。

⑥ 这里需要说明的是，经济学者把有信息优势的一方称为代理人，另一方称为委托人。这两个词汇来自法律，但是与法律上的代理关系中的代理人和委托人的概念完全不同。出于法学论文的考量，改为知情者和不知情者，以提高本书的适读性。参见张维迎《博弈论与信息经济学》，格致出版社、上海三联书店、上海人民出版社 2004 年版，第 235、238—239 页。

⑦ 参见张维迎《博弈论与信息经济学》，格致出版社、上海三联书店、上海人民出版社 2004 年版，第 324 页。

量产品被选择而充斥市场，高质量产品不被选择而从市场退出。[1] 这与货币史上"劣币驱逐良币"的道理一样。[2] 推而广之，市场交易中的众多不知情者因为不了解与交易对方（众多知情者）间的交易标的，只能按照标的的市场平均品质交易，并支付交易金额，于是品质高于平均水平的知情者就会因交易金额偏低而退出交易，只有品质低于平均水平的知情者才会进入市场。结果是交易标的的平均品质下降，不知情者愿意支付的金额进一步下降，更多标的品质较高的知情者也会退出市场。如此继续，交易到最后，在均衡的情况下，只有低品质的标的成交。[3]

3. 道德风险

所谓道德风险，是缔约后因为信息的不对称，知情者在促进自身利益最大化的过程中，会采取对不知情者不利的行动，而不知情者又不能观测到会给自己带来风险的知情者的这种行动，于是道德风险问题产生。道德风险理论的核心在于激励机制设计。[4] 道德风险问题对经济的影响非常广泛：只要有风险，且人们厌恶风险，以及监督履约有成本，就会出现道德风险。[5] 道德风险划分为隐藏信息道德风险和隐藏行动道德风险两种类型。

隐藏信息道德风险是指在缔约后，知情者可能由于能够掌握发挥作用的某些随机因素（包括参与人的先天因素）的信息，并在此基础上选择自己的行动，而不知情者只能观测到知情者的行动，却不能观测到有关随机因素发挥作用的信息。因而知情者就具有了采取行动的私人信息，即随机因素发挥作用的信息，可能通过向不知情者提供虚假信息或不提供信息，采取损人利己或损人不利己的行动；对于不知情者来说，就需要设计一个激励合同，诱使知情者在给定的关于随机因素作用的背景状况下，选择对不知情者最有利的行动，如真实地向不知情者报告随机因素作用的背

①　参见［美］乔治·阿克洛夫《柠檬市场：质量的不确定性和市场机制》，《经济导刊》2001年第6期。

②　参见张维迎《博弈论与信息经济学》，格致出版社、上海三联书店、上海人民出版社2004年版，第235—236页。

③　同上书，第323页。

④　参见胡希宁、贾小立、杨平安《信息经济学的理论精华及其现实意义》，《中共中央党校学报》2003年第6期。

⑤　［美］约瑟夫·斯蒂格利茨《斯蒂格利茨经济学文集》（第一卷·信息经济学：基本原理，下册），纪沫、陈工文、李飞跃译，中国金融出版社2007年版，第373页。

景状况。例如，律师和诉讼当事人的关系：律师（知情者）了解自己的特长和办案能力，诉讼当事人（不知情者）却不知道；于是诉讼当事人设计一个"胜诉追加律师费"的激励合同，诱使律师提高办案效率。隐藏行动道德风险是指在缔约后，由于随机因素发挥作用，知情者可以选择自己的行动，如工作努力或不努力，知情者的行动和随机因素的作用共同决定某些可观测的结果；而不知情者只能观测到这些结果，却不能直接观测到知情者的行动和随机因素的作用本身。因而知情者同样可能采取损人利己或损人不利己的行动；对不知情者来说，就需要设计一个激励合同，诱使知情者从自身利益出发选择不知情者希望其采取的行动。例如，债务人和债权人的关系：债权人（不知情者）不能观测到债务人（知情者）是否努力履约，但是可以观测到是否按时履约；因此，债权人要求"债务人不按时履约，债权人可以解除合同"，以促使债务人按时履约。[①]

（三）透明度规则在信息经济学中的意义

1. 节约投资者搜集投资信息的成本

对于参与跨国投资活动的投资者而言，作出投资决策之前，先要解决未来投资的不确定性。当存在着投资不确定性的时候，通常都存在着通过获得信息减少不确定性的可能性。[②] 于是投资者为了尽可能地减少投资的不确定，开始搜集与投资有关的分散于各处的各类信息，支付的信息成本随之产生。信息成本有如下特征：（1）对投资者个人来讲，在一定意义上信息成本是不断增加的，因为它本身就是一种稀缺的投入品；[③]（2）它涉及较大数量不可逆的资本投入；（3）在不同方面也是不同的，越是在熟悉的领域搜集信息，支出的成本就越少。[④]

国际投资协定的透明度规则要求缔约方提供与投资相关的信息，投资者搜集投资信息的成本得以降低。缔约方提供信息的范围越广、提供信息

---

①　参见胡希宁、贾小立、杨平安《信息经济学的理论精华及其现实意义》，《中共中央党校学报》2003 年第 6 期。

②　参见［美］肯尼思·阿罗《信息经济学》，何宝玉、姜忠孝、刘永强译，北京经济学院出版社 1989 年版，第 159 页。

③　这句话的进一步解释为：投资者个人作为信息处理过程中的一个固定因素，在获取和使用信息的能力十分有限（感觉器官和大脑的能力都是有限的），于是在其他信息资源上日益增长的投资会产生递减的报酬。

④　参见［美］肯尼思·阿罗《信息经济学》，何宝玉、姜忠孝、刘永强译，北京经济学院出版社 1989 年版，第 197—200 页。

的途径和方式越多，投资者搜集信息的成本就越低。虽然对于信息源完全相同的两个投资者，搜集信息的成本支出亦会有差异，熟悉投资环境的投资者的支出肯定少于新手，但是较之透明度规则实施前而言，他们各自的信息支出都减少了。再完美的透明度规则也无法消除信息的不完全，事实上也不会有任何规则能做到这一点，但是众多投资者搜集投资信息的成本因透明度规则得以节约。以更少的投入尽可能地做出准确的投资决策，无疑会提升投资者的信心，进而有可能加大未来投资的规模，延长投资期限。因而，实际上透明度规则的意义已超越了节约一部分信息成本这一意义。

2. 一定程度上能防止逆向选择的发生

对于从事跨国投资活动的投资者，在投资市场中，与其进行交易的是东道国的合资者，二者之间也存在信息不对称，但是这与国际投资协定透明度规则并无关系。反倒是东道国作为市场的治理者，与作为被治理者的投资者之间的信息不对称与透明度规则有关。这里姑且将东道国拟制为交易主体，来分析信息不对称和逆向选择理论对于投资者与东道国关系的应用。

在投资者与东道国的关系中，投资者是不知情者，东道国是知情者。投资者对东道国的投资环境不了解，投资所需要的各项信息无法较为全面地获取，投资信息的不足迫使投资者只能把东道国的投资环境评估为平均水平，在投资的规模、方式、期限等方面也给予平均安排；作为知情者的东道国认为其投资环境好，能给投资者带来更高收益但投资者的投资条件并不能给本国带来相应收益，于是对投资项目不予批准或是消极对待，很可能使投资者只好转投投资环境低于平均水平的市场。结果，投资环境好的东道国反倒无法吸引投资，投资者只能在投资环境较差的地区获取其不满意的收益，或是将资金转回投资母国。这就是国际投资市场中的逆向选择。

在治理者和被治理者之间存在信息的不对称，正如市场的参与者努力克服信息的不对称一样，也应该寻求减小政治进程中信息不对称的方法，并力图减轻其不良影响。[①] 国际投资协定透明度规则正是提供了这样一套

---

① 参见［美］约瑟夫·斯蒂格利茨《斯蒂格利茨经济学文集》（第一卷·信息经济学：基本原理，上册），纪沫、陈工文、李飞跃译，中国金融出版社 2007 年版，第 31 页。

减小投资者和东道国信息不对称的方案。投资者在获取投资信息后，能较为准确地评估东道国的投资环境，在投资的规模、方式、期限等方面作出与之相符的安排。东道国则准予投资项目进入甚至给予一定的鼓励措施。最终投资竞争带来效率，国际投资市场实现正向选择。因而，从信息经济学理论上讲，透明度规则在一定程度上能防止逆向选择的发生。

3. 是防止道德风险发生的激励机制

投资者已对东道国进行投资，在投资期间，其与东道国仍是信息不对称的关系。东道国掌握了投资环境的各种信息，包括能够发挥作用的某些随机因素的信息，比如新资源的探明，于是开始在新的领域中实施投资战略；而投资者只能观测到投资战略的调整，却无法观测到新资源探明这一信息；东道国可能通过隐瞒该信息，让本国投资者先行了解信息，或是东道国自己亲自投资，而排除外国投资者通过追加投资进入新领域的机会，而这一公平竞争的机会是东道国原本对投资者的承诺。即国际投资发生隐藏信息道德风险。同样的，隐藏行动道德风险也会发生，比如说东道对投资者追加投资的审批。投资者只能观测到审批的结果，但是无法了解东道国审批中是否有拖延以及造成拖延的某些随机因素的信息；东道国同样有可能通过拖延审批、虚假陈述审批理由的方法损害投资者的合法权益。

不论是国际投资中的隐藏信息道德风险还是隐藏行动道德风险，都需要设计相应的激励机制，诱使东道国采取有利于投资者的行动。由于东道国和投资者的关系是治理者与被治理者的关系，这一机制只能由东道国与投资母国进行设计。而国际投资协定透明度规则就是防止其中发生道德风险的激励机制，至少是在一定程度上预防道德风险的发生。诱使东道国遵守透明度规则的原因是：这样会提高外国投资对本国经济的贡献；而更重要的原因是，国际投资协定是互惠的，缔约各方互为东道国和投资母国，缔约各方的投资者到其他方境内的投资，都可以从透明度规则中获益。透明度规则越具体，防止道德风险发生的激励机制就越有效。具体来说，透明度规则要求东道国公布与投资有关的信息，如前面提到的新资源探明的信息，就可以防止隐藏信息道德风险的发生；透明度规则要求东道国公布行政程序，包括具体的审批理由和审批时间表，就可以防止东道国虚假陈诉或是拖延审批情况的发生，即防止隐藏行动道德风险的发生。

当然，信息经济学的这套理论主要是在模型上指出透明度规则"为什么有"的意义，要设计一套透明度规则并形成相应的制度则不可能。

这是因为：（1）国际投资协定各缔约方的国家类型不同，各国的信息的不完全和不对称是不一样的，"发展中国家和转型中国家信息不充分、不对称、交易费用高的情形比发达国家中严重"①。每个国家都不一样，信息经济学的模型无法完全分析出如此复杂的情况。（2）在一个国际投资协定中，每个缔约方都有两种身份：东道国和投资母国，其对透明度规则的态度，会因实际投资中侧重于哪一种身份而发生改变。如某些发达国家作为东道国时，原本这些鼓吹提高投资协定透明度的国家就会突然改头换面，开始宣扬隐私在增强人们搜集信息动机方面的优势。因政治领袖比公众更了解经济状况，政策过程不可避免地伴随着信息不对称，然而某些发达国家这种突然性的改头换面，会几倍地提升信息经济学模型分析的难度。②（3）从缔约各方国内看，政府内部工作人员有强烈的减少透明度的动机，因为透明度越高，他们选择的范围就越小，越会暴露其失职和腐败。政府官员可能通过对保守秘密找到漂亮的借口来增强他们的权力。"对政治秘密的存在还有另外一种解释：秘密是一种人为创造的稀缺资源，就像大部分人为创造的稀缺性一样，人们可以通过掌握它获得租金。在某些国家里，租金可以通过彻底腐败而被部分人独占，在另外一些国家里，租金则成为交易筹码的一部分。"比如政府官员给予某个投资者接触信息的优先权，但前提是该投资者必须在规定期限内追加投资以确保官员的年度政绩。③

　　信息经济学的一个结论是这些问题无法得到完全的解决，但某些制度和法律却有助于改善这些问题。④于是国际投资协定透明度规则不仅在信息经济学上具有意义，而且透明度规则设计的激励机制可以改善信息经济学无法解决的一些问题。然而"激励是有效的，但如果没有正确的设定游戏规则，扭曲的激励就会导致资产的剥夺，而不是财富的创造"⑤。这又对透明度规则的设计提出了更高的要求。

---

①　[美] 约瑟夫·斯蒂格利茨：《斯蒂格利茨经济学文集》（第一卷·信息经济学：基本原理，上册），纪沫、陈工文、李飞跃译，中国金融出版社 2007 年版，林毅夫序，第 2 页。

②　同上书，第 78 页。

③　同上书，第 79 页。

④　同上。

⑤　[美] 约瑟夫·斯蒂格利茨：《全球化及其不满》，李杨、张添香译，机械工业出版社 2010 年版，序，第Ⅶ页。

以上就是透明度规则的信息经济学上的意义。复杂的信息经济学上的意义，也可以概括为一句简单的话："缺乏透明度不仅被指责会误导投资者将过量资金投入某个地区，同样也会导致随后资金逃离这一地区。"[①] 在意义阐述中，还会发现对于透明度规则，经济学意义也会涉及法律和政治，只是这里更侧重经济学的概念、模型和分析工具而已。

二　国际直接投资理论

（一）国际直接投资主要理论观点

与信息经济学相对统一的理论内容不一样，经济学者从各个角度分析国际直接投资现象，因而国际直接投资理论众多。[②] 这些国际直接投资理论采用更接近现实的不完全竞争假定，即市场的不完全性、寡占者相互依赖关系，并以此为基础，对国际直接投资进行各种不同的解释。[③] 下面以其中最具代表性的三个理论为例：

1. 垄断优势理论

1960 年，美国学者斯蒂芬·海默（Stephen Herbert Hymer）首先提出了垄断优势理论，后经其导师金德尔伯格（Charles P. Kindleberger）的补充，使其成为研究国际直接投资最早的、最有影响的理论。[④] 垄断优势理论的核心内容有：（1）市场具有不完全性，即存在不完全竞争，包括产品和生产要素市场的不完全，[⑤] 规模经济引起的市场不完全，由于政府通过利率、汇率等政策的介入而产生某些市场障碍以及由于关税引起的市场不完全。市场的不完全性是国际直接投资的根本原因。（2）在东道国市场不完全的条件下，跨国公司可利用其垄断优势排斥自由竞争，维持垄断高价以获得超额利润。国际直接投资就是具有某种优势的寡头垄断企业为追求控制不完全市场而采取的一种行为方式。（3）由于跨国公司在东道国经营时相对于东道国企业处于较为不利的地位，要承担更大的风险，所

---

① ［美］约瑟夫·斯蒂格利茨：《斯蒂格利茨经济学文集》（第一卷·信息经济学：基本原理，上册），纪沫、陈工文、李飞跃译，中国金融出版社 2007 年版，第 123 页。

② 其中西方经济学者的主要理论就包括垄断优势理论、内部化理论、区位优势理论、国际生产折衷理论、产品寿命（或生命）周期理论、比较优势理论、投资诱发要素组合理论等。详见卢晓勇等《国际投资理论与发达国家对华直接投资》，科学出版社 2004 年版，第 10—29 页。

③ 参见杨大楷主编《国际投资学》（第三版），上海财经大学出版社 2003 年版，第 46 页。

④ 参见綦建红主编《国际投资学教程》（第二版），清华大学出版社 2008 年版，第 35 页。

⑤ 即有少数卖主或买主能够凭借控制产量或购买量来影响市场价格的决定。

以这种优势必须至少抵消东道国企业的特有优势并补偿在陌生环境中经营所增加的成本。[1]

但垄断优势理论也有明显的局限性，其研究对象是有明显垄断优势的美国跨国公司，该理论无法解释缺少垄断优势的企业为何也能从事国际直接投资。[2]

2. 比较优势理论

1977 年日本学者小岛清（Kiyoshi Kojima）以日本对外直接投资为对象，第一次阐述了独具特色的比较优势理论。[3] 其基本理论是：直接投资应该从本国（投资母国）已经处于或即将限于比较劣势的产业（可称为边际产业，这也是东道国具有显在或潜在比较优势的产业）依次进行。这样，直接投资可以充分利用东道国的比较优势，使两国的贸易得到互补和扩大。小岛清从基本理论导出下列重要推论：（1）可以将直接投资和贸易的理论综合到比较优势（成本）理论上来，贸易按照既定的比较成本进行，[4] 而直接投资可以创造新的比较成本。（2）日本式的直接投资不是取代国际贸易，而是补足国际贸易、创造和扩大贸易。（3）"边际产业"可以扩大到更一般的"边际性生产"的概念。[5]（4）应当立足于"比较成本原理"，要经常考虑两种商品，两个国家的模式，比较两国商品的成本比率。（5）投资母国与东道国之间"从技术差距最小的产业依次移植"，并由"技术差距较小的投资母国的中小企业作这种移植的担当者"。（6）直接投资的结果，在东道国生产具有比较优势，必定能获得更高的企业利润，所以才对这种生产进行投资。[6]

比较优势理论从动态角度解释了日本战后一段时期的对外直接投资的原因，但是并未研究跨国公司的微观行为，而且固化了发展中国家在国际分工中只能是东道国的地位，这与许多发展中国家在利用外国直接投资后

---

① 参见杨大楷主编《国际投资学》（第三版），上海财经大学出版社 2003 年版，第 46—47 页。

② 参见张为付《国际直接投资（FDI）比较研究》，人民出版社 2008 年版，第 49 页。

③ 参见綦建红主编《国际投资学教程》（第二版），清华大学出版社 2008 年版，第 44 页。

④ 如果一个国家在本国生产一种产品的机会成本低于在其他国家生产该种产品的机会成本，则这个国家在生产该种产品上就拥有比较优势。

⑤ 与边际产业类似的，还有"边际性企业""边际性部门"，把"产业""企业""部门"概括起来就是"边际性生产"。

⑥ 参见［日］小岛清《对外贸易论》，周宝廉译，南开大学出版社 1987 年版，第 444—448 页。

实现自身产业结构的升级与传统产业的向外部转移现象相矛盾。①

3. 国际生产折衷理论

1977 年英国学者约翰·邓宁（John Harry Dunning）首先提出国际生产折衷理论，将垄断优势理论、内部化理论和区位优势理论有机结合。他认为，企业的对外投资的动因是多重的，用个别因素加以分析缺乏全面性，提出决定跨国公司行为和对外直接投资的最基本的因素有三个，即所有权优势、内部化优势和区位优势。（1）所有权优势，即垄断优势，就是一国企业拥有或能够得到而他国企业没有或无法得到的无形资产、规模经济等方面的优势。（2）内部化优势，是指企业为避免外部市场不完全性②对企业经营的不利影响，将企业优势保持在企业内部。当企业内部化行为跨越国界时，便发生国际直接投资，主要的例子就是跨国公司的国际扩张。（3）区位优势，是指东道国投资环境和政策方面对投资国所产生的吸引力。当东道国的区位优势较大时，企业就会从事跨国生产。当企业只具备所有权优势，其参与国际经济活动的最好方式是进行许可证贸易，即只将技术转让给国外厂商使用；当企业不仅具备所有权优势，且有能力使之内部化，其参与国际经济活动的最好方式是出口商品；当企业同时具备三种优势，才会选择对外直接投资方式。③

国际生产折衷理论是最为全面和被广泛接受的国际直接投资理论。④但是折衷理论也有缺陷，其强调几种因素对直接投资的共同决定作用，但是没有考虑到它们之间的分立关系、矛盾关系对直接投资的作用。比如，无法解释具有很强所有权优势的企业仍会在区位劣势的国家进行投资。⑤

（二）透明度规则在国际直接投资理论中的意义

垄断优势理论从微观角度，比较优势理论从宏观角度，国际生产折衷理论从微观宏观综合的角度，分别解释国际直接投资的动因，虽然没有一种理论可以解释所有类型的国际直接投资，但其中都蕴含了国际投资协定

---

①　参见张为付《国际直接投资（FDI）比较研究》，人民出版社 2008 年版，第 58 页。

②　外部市场的不完全性包括两个方面：一是结构性的市场不完全性，如政府干预；二是自然性的市场不完全，如信息不对称和高交易成本。

③　参见綦建红主编《国际投资学教程》（第二版），清华大学出版社 2008 年版，第 42—44 页。

④　参见张为付《国际直接投资（FDI）比较研究》，人民出版社 2008 年版，第 57 页。

⑤　参见杨大楷主编《国际投资学》（第三版），上海财经大学出版社 2003 年版，第 56—57 页。

透明度规则"为什么有"的意义。以下分别阐述透明度规则在国际直接投资具体理论中的意义。

1. 透明度规则有助于跨国公司了解部分垄断优势的信息

在垄断优势理论中，推动国际直接投资的原因是跨国公司具有垄断优势。但是跨国公司是否拥有垄断优势或者说对拥有垄断优势的判断是否正确，则取决于是否能够获悉相关的信息。具体来讲，跨国公司需要获悉的信息包括有：东道国企业的生产成本、管理经验、技术研发、市场推广等的能力；能否在东道国获取规模经济效应；东道国政府如何通过相关政策介入投资市场。而国际投资协定透明度规则至少提供给跨国公司关于东道国政府的税收、利率、汇率等政策，以及与投资有关的各项法律法规，使其对因东道国政府的政策介入而产生的市场障碍有充分的认识；跨国公司还可以通过东道国发布的统计数据间接了解当地企业的竞争能力。这些信息至少提供了部分判断垄断优势所需的内容，有助于跨国公司了解市场的不完全性，进而作出准确的垄断优势的判断。另外，透明度规则使跨国公司在信息获取上与东道国企业的差距缩小甚至消除，降低其在陌生环境经营所增加的成本。

2. 透明度规则有利于准确进行成本比较

在比较优势理论中，推动国际直接投资的原因是（用比较成本原理得出的）东道国的比较优势。即东道国相对于投资国是否有比较优势，完全取决于商品生产成本的比较，而正确进行成本比较的必要条件是各成本信息的获悉。而根据国际投资协定透明度规则，可以找到东道国商品生产成本构成的许多信息：税收、利率、汇率、劳动力价格、原材料成本价格等。比较优势理论是动态化的理论，需要基于生产要素成本的变化进行不断的详细比较，之后做出判断或是对之前判断予以修正。透明度规则要求缔约方将与投资有关的法律政策的调整通知缔约另一方，将有助于其在税收和劳动保障法律修改，利率、汇率政策变化等动态中准确进行各生产要素成本比较，进而正确做出比较优势的结论，这样投资才能获得更高的利润率。

3. 透明度规则确保判断优势相关信息的获悉

在国际生产折衷理论中，推动国际直接投资的原因是跨国公司具有三大优势，即所有权优势、内部化优势和区位优势。正如前述，透明度规则有助于跨国公司了解部分垄断优势的信息，即所有权优势的信息。而内部化优势虽然本身可以消除一部分信息不对称，但将企业优势保持在企业内部，即跨国公司国际扩张的结论也需要透明度规则提供的信息支撑。更为重要的是，区位优势，即东道国投资环境和政策方面对投资国所产生的吸引力的判定，直接与透明度规则设定的目标以及内容接轨。因而，透明度规则要求缔约方保持投资信息的透明度，能够确保判断三优势相关信息的获悉。

将上述意义整合到一起，透明度规则的在国际直接投资理论中的意义可以概括为：透明度规则不仅促进了国际直接投资的发展，还给予资本跨国流动准确性以充分的保障，并最终提升国际直接投资的效率。这一意义放置在任何一种国际直接投资理论中都是成立的。

第二节　政治学理论①

一　结构现实主义理论

（一）结构现实主义理论主要观点

1979 年美国学者肯尼思·沃尔兹在出版的《国际政治理论》一书中，创造结构现实主义（structural realism）这一新现实主义的主要理论表达。② 这本著作自从问世以来，在国际关系领域里被引用的次数可能比其他任何著作都要多，至今仍是国际政治学的基本教科书。③ 其主要的观点有：（1）国际政治只有借助某种体系理论才能被理解，而国际政治体系理论由两个基本要素组成：体系的结构和互动的单元。结构是全体系范围内的组成部分，使得体系能够被视为一个整体。④（2）结构概念在理论中占据中心位置。结构定义的第一个重要原则是体系内各部分的排列原则，

---

① "国际政治学流派繁多、理论丰富，有的经久不衰，有的昙花一现"（王逸舟：《西方国际政治学：历史与理论》，上海人民出版社 2006 年版，第 16 页）。在众多的理论中，本书选取肯尼思·沃尔兹（Kenneth N. Waltz）的结构现实主义，其理论代表著作《国际政治理论》被奉为当代国际关系理论中占据主导地位的新现实主义的"圣经"（参见 ［美］肯尼思·华尔兹《现实主义与国际政治》，张睿壮、刘丰译，北京大学出版社 2012 年版，译序，第 2 页。）它理性选择的思维方式为国际投资协定透明度规则提供"实际有"的规律意义。然而，结构现实主义的最大缺陷为非历史性，为了能更彻底地了解透明度规则的政治学意义，本书以国际政治格局变革弥补沃尔兹理论的不足，为透明度规则提供"实际有"的现实意义。

② 参见王逸舟《西方国际政治学：历史与理论》，上海人民出版社 2006 年版，第 148—149 页。

③ 参见 ［美］亚历山大·温特《国际政治的社会理论》，秦亚青译，上海人民出版社 2000 年版，第 17 页。

④ 参见肯尼思·华尔兹《国际政治理论》，信强译，上海人民出版社 2003 年版，第 106、132 页。

而国际政治体系中的单元的排列原则是分权的、无政府的。只要彼此竞争的单元无法将无政府的国际政治舞台转变为类似国内社会的等级制，国际政治的本质就始终没有变化。结构定义的第二个重要原则是：结构不能够根据单元的功能来定义，因为国家的功能是相似的，[①] 但是可以根据单元能力的大小来定义结构，互动单元的能力变化会导致体系的变化。[②] 因而国际政治体系中的结构只需要考察国家间的秩序类型以及能力的分配状况。[③]（3）"结构本身并不能直接导致某种结果，而是间接地影响体系内的行为；影响通过两种方式：行为体的社会化和彼此间的竞争。"[④] 社会以自发的、非正式的方式建构起了行为规范，并鼓励其中的行为体遵守，于是社会化进程限制和形塑了行为体的行为；竞争缔造一种秩序，秩序内的单元通过其自主的决定和行为调节彼此的关系。[⑤] 在既定结构长期不变的情况下，社会化和竞争会促使单元的属性和行为具有相似形。[⑥]（4）国家会采取均势行为，努力寻求权力的制衡，而国际政治体系中会出现强劲的均势趋势。一旦均势被破坏，仍能以某种方式得以恢复，均势将周而复始地形成。国家在国际政治竞争体系中，将显示出竞争者所共有的特征，即国家彼此效仿，并被体系社会化。[⑦]

　　肯尼思·沃尔兹的结构现实主义试图开发一套比早期现实主义者所尝试过的更为严谨的国际政治理论，这套理论可以确定国际政治中行为结果的范围并揭示总体趋势，这种趋势可能是持久的、强劲的，却不一定会反映在所有的具体结果中。[⑧] 这一理论虽以文字清晰和富有逻辑著称，但是

---

　　① 肯尼思·华尔兹在《国际政治理论》一书中也解释了以国家作为国际政治系统的单元的原因，参见肯尼思·华尔兹《国际政治理论》，信强译，上海人民出版社2003年版，第125—128页。

　　② 参见苏长和、信强《一种国际政治的理论——结构现实主义评介》，载［美］肯尼思·华尔兹《国际政治理论》，信强译，上海人民出版社2003年版，前言，第8页。

　　③ 参见［美］肯尼思·华尔兹《国际政治理论》，信强译，上海人民出版社2003年版，第132页。

　　④ 同上书，第99页。

　　⑤ 同上书，第101页。

　　⑥ 参见苏长和、信强《一种国际政治的理论——结构现实主义评介》，载［美］肯尼思·华尔兹《国际政治理论》，信强译，上海人民出版社2003年版，前言，第9页。

　　⑦ 参见［美］肯尼思·华尔兹《国际政治理论》，信强译，上海人民出版社2003年版，第170页。

　　⑧ 参见［美］肯尼思·沃尔兹《现实主义与国际政治》，张睿壮、刘丰译，北京大学出版社2012年版，第34、52页。

有个最严重的问题——缺乏历史感：人们在沃尔兹的国际政治结构中看不到历史上的变化和进步，也见不到历史上的国家与现在的国家的区别。①这就需要其他国际政治学知识，特别是近年来国际政治体制的变迁来弥补这一缺陷，以求完整讨论透明度规则政治学上的意义。

（二）透明度规则在结构现实主义理论中的意义

1. 透明度规则是达成国家目标的一种手段

根据定义国际政治结构的第一个重要原则是：国际体系排列原则是无政府的，各国在形式上是平等的，没有任何一国发号施令，也没有任何一国必须服从。国家的生存、繁荣或是消亡取决于自身的努力，即体系的结构取决于这一事实：一些国家将生存视为首要任务，并相对有效地实现这一目标，然后再考虑短期内可能达至的其他目标。②

当国际投资市场形成后，各国家为了生存和发展，不论是东道国引进外资推动经济发展，还是投资母国保护投资者合法利益并实现国际收益，都需要通过缔结国际投资协定以确保这些目标的实现，而透明度规则以投资信息的透明为核心，成为国际投资协定各规则实现的重要手段。从这个意义上讲，透明度规则就是国家信奉自助原则达成国家目标的一种手段。当一个国家在国际投资中主要是东道国，更多关注的是透明度规则对推动经济发展的帮助；当一个国家在国际投资中主要是投资母国，则更为关心投资者的利益保护；当一个国家两种身份都有且分量相差不大，其可能的选择是在推动经济发展和保护投资者利益中间找一个平衡点。随着一国资本流出量、流入量的变化，在一个稳定时期内，其在国际投资中的身份从东道国、投资母国、东道国且投资母国三种中的一种转变为另一种时，这个国家缔结协定的透明度规则的内容也会因国家目标的变化而调整。

2. 各协定中透明度规则的差异反映了国家实力的不同

根据定义国际政治结构的第二个重要原则是：国际政治体系的结构随着国家能力的变化而变化。③虽然国家受到结构的制约，但仍然可以随心

---

① 参见王逸舟《西方国际政治学：历史与理论》，上海人民出版社2006年版，第157、162页。

② 参见［美］肯尼思·华尔兹《国际政治理论》，信强译，上海人民出版社2003年版，第118、122、124页。

③ 同上书，第130页。

所欲地行动，国家实力的大小决定了其随心所欲的程度；① 一国实力提升或下降，多少会使结构发生变化，结构的变化又对国家的行为以及国家间互动的结果产生影响。②

国际政治是由大国主导的，国际投资协定缔结的主导权也是由所谓的大国来把持。很难想象，各国缔结的BITs类型不是"德国式"的，也不是"美国式"的，而是"毛里求斯"的或是别的什么小国的。透明度规则在"德国式"BITs中的无，以及"美国式"BITs中的有，体现的是两个大国在展示其实力时的不同的选择。小国们很难自创规则推而广之，而是需要将它们的注意力放在大国的身上，或是选择"德国式"BITs的无，或是选择"美国式"BITs的有。因为透明度规则算是对投资的促进和保护提出了高标准，对于多数基本为东道国身份的小国不利，于是采用不规定透明度规则的"德国式"BITs就成为小国们的选择。透明度规则具体或简单以及内容的差异也是由在协定中更具主导地位的大国说了算，这就是美国缔结的BITs虽不多，但每一个都是当时美国BIT范本的完全照搬或只作细枝末节修改的原因，前者如美国—卢旺达BIT，后者如美国—乌拉圭BIT。再来看一个国家实力变化的例子，这就是中国。从改革开放算起，中国的实力在短短30多年里有了飞速的提升，这种提升是全方位的，但是显然经济数据更直观，比如GDP（Gross Domestic Product，国内生产总值），1978年为3645.22亿元，2012年为518942.11亿元；③ 1978年位居最大经济体第15位，2012年位居最大经济体第二位。中国国家实力的提升，使国际政治结构发生改变，中国在国际政治舞台的话语权扩大。中国早期缔结的或是与发达国家缔结的协定没有掌握主导权，而新近缔结的或是与发展中国家缔结的，则有了一定主导权。基于在特定中外投资协定中身份的不同（或东道国，或投资母国，或东道国且投资母国），以及主导权的大小，透明度规则的差异也就产生了。这就是不同中外投资协定中的透明度规则差异大的原因之一。如果国际政治结构保持中国实力继续提

①　参见［美］肯尼思·华尔兹《现实主义与国际政治》，张睿壮、刘丰译，北京大学出版社2012年版，第41页。

②　参见［美］肯尼思·华尔兹《国际政治理论》，信强译，上海人民出版社2003年版，第130页。

③　中国国家统计局：《国内生产总值年度数据》，http://data.stats.gov.cn/workspace/index；jsessionid=32D1BD3713D618F76617CCF3C2938336？m=hgnd.

升的趋势，预测"中国式"的 BITs 将成为世界主要 BITs 类型之一，其中的透明度规则将成为范例，这绝非"看相算命"，而是基于理论规律的合理推演的结果。总之，各协定中透明度规则的差异是各协定缔约方国家实力不同的映射。

3. 各协定中透明度规则的部分趋同反映了国际政治结构的均势趋势

根据国际政治结构的均势趋势，社会化和竞争，使不同国家的行为相像，并努力实现均势。权力强盛的国家总是会，正如美国之所为，把自己想象成为以世界和平、正义、福祉的名义行事。然而这些词语总是按照强势国家的喜好来定义的，时常与其他国家的利益相左。强势国家经常会以在别国看来武断、霸道的方式行事，体系中的弱势国家认为它们受到不公正的对待而深感伤害，于是其中的一些会采取行动去恢复均势从而让体系回到两极或多极。①

当美国的友好通商航海条约（FCN）对投资的保护水平已落后于其他国家的 BITs 时，美国启动其对外投资计划，BIT 范本中的透明度规则就成为国际投资协定中最早的透明度规则之一。美国开始强势的推行其规则，虽有个别的追随者，②但因美国 BIT 范本高标准的保护水平，更多国家选择不同美国签订 BITs，而选择只跟美国签订专项的投资保证协定，其中就有中国。这些国家基本效仿"德国式"的 BITs，没有明确的透明度规则。于是在 20 世纪 80 年代，铺天盖地的"德国式"的 BITs，与少得可怜的美国 BITs 形成鲜明的对比，明确义务的透明度规则的市场并不大。当美国把 BIT 范本的内容移植到 NAFTA，使之成为第一个包含完整投资制度的 FTA 后，一切开始发生变化：美国一方面通过继续修订并推广 BIT 范本，另一方面通过对外签订 FTAs，使美国的投资制度推进速度加快。③越来越多的国际投资协定开始采用透明度规则，而且规则的内容同美国 BIT 范本越来越接近。美国用更为强势的姿态来扩张其规则的影响

---

① 参见［美］肯尼思·华尔兹《现实主义与国际政治》，张睿壮、刘丰译，北京大学出版社 2012 年版，第 85 页。

② 如 1982 年签订的美国—巴拿马 BIT、1983 年签订的美国—塞内加尔 BIT、1984 年签订的美国—刚果民主共和国 BIT。但是这些 BITs 生效时间都很晚，美国—巴拿马 BIT 是 1991 年，美国—塞内加尔 BIT 是 1990 年，美国—刚果民主共和国 BIT 是 1989 年。

③ 一些国家签订的 BITs 受美国 BIT 范本的影响较大，如日本；而进入 21 世纪后新签订的 BITs 和 FTAs 有许多深受 NAFTA 的影响。参见陈安主编《国际经济法的新发展与中国双边投资条约的新实践》，复旦大学出版社 2007 年版，第 12 页。

力。但是美国 2012BIT 范本"模糊"的磋商机制取代了 2004BIT 范本"透明"的联络点制度，这是第一次美国在范本透明度规则的内容上往后退步。这里只能用"弱势国家提出要求，使美国做出妥协"来予以解读，算是弱势国家为了均势而成功阻挠美国意图的结果。虽然从数量上来讲，没有透明度规则的"德国式"的 BITs 还是远多于有透明度规则的 BITs，但是因为无差别待遇，从实施效果来看两类协定并没有太大的差别，这也算是一种均衡。简言之，在整个透明度规则发展简史中，各协定透明度规则的部分趋同反映了国际政治结构的均势趋势。

二　国际政治格局变革

（一）国际政治格局变革的主要表现

冷战结束后，随着两极格局瓦解，国际政治体制进入了一超多极格局，美国自身实力和影响相对下降，[①] 新兴经济体的迅速发展，使国家间力量对比正发生深刻变化。而 2008 年爆发的金融危机无疑加速了这个进程。国际政治格局的变革主要体现在：

1. 美国作为唯一超级大国的霸道与困境

随着苏联的解体，美国作为唯一的超级大国，"雄踞各国之上，哪怕是昔日最辉煌的帝国都望尘莫及"[②]。美国重视在各大洲的地区利益，其右翼人士更是认为美国霸权是解决世界上一切问题的办法。[③] 苏联解体后，美国的全球战略失去了竞争对手，这让美国有些手足无措，急于找一个新的竞争对手，以便于展开美式的全球外交政策。美国战略谋士为美国设计了以中国为主要战略竞争对手的 21 世纪全球战略新构架。[④] 美国在维护其国家利益的同时，大力推行其价值观，对别国的政治外交横加指责。对发展中国家，特别是新兴经济体的快速发展，视为对美国利益的挑

---

① 参见孙建杭《战略·利益·格局——冷战后世界格局的演变和 90 年代美国对华政策的调整》，《世界经济与政治》2000 年第 8 期。

② ［美］亨利·基辛格：《基辛格：美国的全球战略》，胡利平、凌建平等译，海南出版社 2009 年版，第 2 页。

③ 同上书，第 4 页。

④ 参见孙建杭《战略·利益·格局——冷战后世界格局的演变和 90 年代美国对华政策的调整》，《世界经济与政治》2000 年第 8 期。

战，或是阻挠，或是联合其他发达国家予以牵制。① 美国积极的、带有强烈攻击性的国际外交策略，展现出来的不仅仅是国家实力的强大，更多的是一个高高在上的强者的霸道和颐指气使。

"风云突变"，2008 年开始的全球金融危机，是公认的自 20 世纪 30 年代经济大萧条以来最为严重的经济危机。② 美国是受金融危机直接冲击的国家，国家的发展面临重大的难关。美国几十年缔结起来的金融霸权开始衰落，其倡导的金融自由化土崩瓦解，美元霸权根基也已动摇，③ 对国际政治经济秩序的控制力已显力不从心。令美国更为窘迫的是，美国自身的经济需要大量国际资本的拯救。奥巴马政府的外交政策也作出调整，缓和同多数国家间的外交关系。虽然"奥巴马政府推动美国远离布什时期单边主义的努力并未带来沧海巨变，不过稍起涟漪罢了"④，但美国整体实力的下降已是不争的事实，有学者甚至称美国"一超独大"的国际政治格局步入尾期。⑤

2. 发达国家与发展中国家的政治实力的拉近

发达国家始终把持着国际经济政治秩序里的话语权，以七大工业国为代表的发达国家集团，长期是国际社会发展的引领者，不仅代表强大的经济实力，也标称代表先进的政治理念。⑥

而发展中国家的经济长期从属于发达国家，在国际政治舞台上更是没有多少话语权。发展中国家主权独立后，一直在寻求经济上的独立，争取平等参与国际政治经济活动的资格和能力。这种努力渐渐地改变着两类国

---

① 美国关于钓鱼岛的主张就是典型的例子：在宣布对钓鱼岛主权归属不站队的同时，又宣布钓鱼岛适用《日美安保条约》；既不激化中美矛盾，又利用钓鱼岛争端牵制住中国。

② 参见何秉孟《美国金融危机与国际金融垄断资本主义》，《中国社会科学》2010 年第 2 期；杨鲁慧《后金融危机时期国际政治格局的变革及趋向》，《当代世界与社会主义》2011 年第 2 期。

③ 参见何秉孟《美国金融危机与国际金融垄断资本主义》，《中国社会科学》2010 年第 2 期。

④ ［美］戴维·斯基德莫尔：《从布什到奥巴马：美国对国际制度政策的延续与变化》，王娟娟、荣霞译，《南京大学学报》（哲学·人文科学·社会科学版）2011 年第 4 期。

⑤ 参见何秉孟《美国金融危机与国际金融垄断资本主义》，《中国社会科学》2010 年第 2 期。

⑥ 具体讲，发达国家在国际分工中处于中心地位，发达国家充分利用先进生产力，向发展中国家输出高附加值的技术密集型产品，而将发展中国家的初级产品以及劳动密集型产品的国际市场价格压低，从而获得国际经贸交往中绝大多数的利润。在政治上，发达国家依仗民主政治强势介入发展中国家的政治体制改革，推行其民主体制和文化价值观念。

家的对比力量，特别是 20 世纪 80 年代崛起的一批以中国、东南亚国家为代表的新兴经济体，它们积极参与国际经贸往来，成为世界工业品的制造基地。到了今天，发展中国家与发达国家的债权债务者的身份发生了互换。[①] 随着发展中国家经济的快速发展，两类国家的角色在发生变化，从领导者和被领导者渐渐转变为合作竞争者，发达国家整体的政治优势开始下降，发展中国家的政治实力相应提升。特别是金融危机的爆发，虽是席卷全球，但主要是发达国家的经济受到前所未有的冲击。这场危机不仅是金融危机、经济危机，也是国际政治秩序的危机。发达国家与发展中国家的政治实力的差距得以进一步缩小，发展中国家开始寻求建立满足其利益需求的更为平衡的国际政治经济新秩序。

3. 发达国家与发展中国家的全面合作

发达国家与发展中国家的合作，也由于二者政治经济实力的缩小以及相互依存度的提升变得越来越密切，二十国集团（Group of Twenty Finance Ministers and Central Bank Governors，G20）[②] 的出现就是密切合作的典型代表。"这是发展中国家首次以平等姿态与发达国家共同参与全球治理，标志着发展中国家对国际事务的话语权和影响力的提升。"[③] 此外，在合作过程中，发展中国家在国际组织，特别是国际经济组织中的影响力越来越强：世界贸易组织将发展中国家的发展需求写入其宗旨；[④] 国际货币基

---

① 以前，发达国家是发展中国家的债权国，而现在，由于全球储备失衡和全球债务失衡构成的全球经济失衡，造成的实质性影响是：外汇储备在新兴市场经济体累积和对外债务在发达经济体累积。最终新兴市场经济体的对外资产余额超过对外债务余额，成为对外净债权国；发达国家的对外债务余额超过对外资产余额，成为对外净债务国。参见李石凯《全球经济失衡与新兴市场经济体主权财富基金的崛起》，《国际金融研究》，2008 年第 9 期。

② 1999 年 12 月 16 日，二十国集团的财政部部长和中央银行行长在柏林举行二十国集团创始会议。会议强调，二十国集团是国际货币基金组织和世界银行框架内非正式对话的一种新机制，旨在推动国际金融体制改革以及发达国家和新兴市场国家之间就实质性问题进行讨论和研究，以寻求合作并促进世界经济的稳定和持续增长。新华资料：《二十国集团》，http：//news. xinhuanet. com/ziliao/2003 – 07/10/content_ 965769. htm.

③ 杨鲁慧：《后金融危机时期国际政治格局的变革及趋向》，《当代世界与社会主义》2011 年第 2 期。

④ 《建立世界贸易组织的马拉喀什协定》（Marrakesh Agreement Establishing the World Trade Organization，WTO Agreement）序言第二段：进一步认识到需要做出积极努力，以保证发展中国家，特别是其中的最不发达国家，在国际贸易增长中获得与其经济发展需要相当的份额。

金组织、世界银行等国际金融组织也提高了发展中国家成员的股权比例。[①]

金融危机也促成了发达国家与发展中国家的更全面的合作，二十国集团提升为领导人峰会。[②] 二十国集团不仅是全球联合应对危机的有效平台，也反映了国际政治格局正在发生变化，几个发达国家掌控世界格局的历史一去不复返。总之，现有的政治、经济、金融权力结构的旧格局向美国、欧洲、东亚多极化转变，并最终实现世界经济的多边化，国际政治格局也将彻底走向多边化。

（二）透明度规则在国际政治格局变革中的意义

1. 协定透明度规则的谈判不应以美国 BIT 范本为主导

美国 BIT 范本中的透明度规则借助美国的国家实力予以推行，体现的是美国的价值观和意识形态，维护的是美国的国家利益，[③] 很少顾及缔约另一方的国家实力、价值观、意识形态和国家利益，时常忘记这些因素皆取决于国际体制所处的历史阶段。[④] 与之进行缔约谈判的国家需要让美国正视这一现实：对于一个正在步入多级化的国际社会，美国推行其对外投资政策的难度也会随着其自身实力的下降而提升。缔约谈判时，这些国家应当敢于对美国 BIT 范本透明度规则的某些内容说"不"，拒绝以美国 BIT 范本为主导，而是采用更为平衡的"谈判各方通过技术性谈判制作内容草案"的方式。

---

① 例如 2010 年 11 月 5 日，国际货币基金组织执行董事会通过了份额改革方案。份额改革完成后，发达国家份额整体将降至 57.7%，发展中国家份额将升至 42.3%，发达国家向新兴市场经济体和发展中国家整体转移份额 2.8 个百分点。参见王小江《国际货币基金组织份额之争：中国的目标与策略》，《中国社会科学报》2012 年 4 月 23 日 B02 版。

② 国际金融危机爆发后，二十国集团提升为领导人峰会，2009 年 9 月举行的匹兹堡峰会将二十国集团确定为国际经济合作的主要论坛，标志着全球经济治理改革取得重要进展。目前，二十国集团机制已形成以峰会为引领、协调人和财金渠道"双轨机制"为支撑、部长级会议和工作组为辅助的架构。新华资料《二十国集团》，http://news.xinhuanet.com/ziliao/2003-07/10/content_965769.htm。

③ 国家利益是一个综合概念，在内容上具有多样性，包括政治利益、安全利益、经济利益、文化利益等；在时间上分为长期利益、中期利益和短期利益等；按重要性又可分为核心利益、重要利益、主要利益和一般利益。参见阎学通《国际政治与中国》，北京大学出版社 2006 年版，第 24—25 页。

④ 参见［美］亨利·基辛格《基辛格：美国的全球战略》，胡利平、凌建平等译，海南出版社 2009 年版，第 10 页。

2. 透明度规则应维护国家利益并反映国家实力的变化

每个国家都会强调本国国家利益至上，一切行动以国家利益为根本考量。① 但是国家利益的实现程度则取决于国家的实力，这也是发展中国家在国际投资协定谈判中一直处于弱势的原因。发达国家与发展中国家的实力的拉近，应当反映到协定的透明度规则当中，以维护发展中国家的国家利益，反映其实力的提升。当然，各国的国家利益有差异性，如果两个国家在利益需求上有交集但又有矛盾时，就需要制定一个满足双方利益需求的方案了。②

第三节　法学理论

一　国际法治理论

（一）国际法治理论基本观点

"法治"一词来自西方，是在人治与法治之争中被古希腊学者提及的。从毕达库斯（约公元前651年—公元前569年）"人治不如法治"的主张，③ 到柏拉图（公元前427年—公元前347年）口中法治是"次一位的最佳统治方式"④，直到亚里士多德（公元前384年—公元前322年）"坚决主张法治优于一人之治"，并发展出一套比较完整的具有伦理意义

---

① 国家利益具有整体性，国家利益所包含的各种利益所处的位阶是不同的，在下的利益需要让位于在上的利益。需要注意的是，不同的利益的上下位阶并非是固定的，随着国际国内环境的变化，如某种利益需优先考虑，其位阶得以提升。例如，当国际政局稳定、投资环境良好时，经济利益的位阶一般更高，为了获取更高的经济利益，暂时软化某些政治主张是各国常采用的外交手段。同理，当国家的安全利益，特别是领土安全面临威胁时，经济利益一般就会让位于安全利益和政治利益。

② 假设两个国家都属于东道国且投资母国的身份，国家利益需求差异较小（因都需要引进外资并保护投资者利益），如双方实力相当，它们之间有无投资协定各自国家利益实现的程度都会很高。这就是发达国家之间很少有国际投资协定，但是相互的投资量依然很大的原因。假设一国以东道国身份为主，另一国以投资母国身份为主，国家利益需求有一定的差异（因一方需要引进外资促进经济发展，另一方注重投资者的保护），双方就需要有国际投资协定。如双方实力相差大，那么或是无法达成协定，或是弱势一方的国家利益实现的程度小甚至为负数，而强势一方的国家利益实现的程度大；如双方实力相当，双方利益平衡点不好找，协定达成的可能性不大。

③ ［古希腊］亚里士多德：《政治学》，吴寿彭译，商务印书馆1983年版，第142页注1。

④ 王晓朝译：《柏拉图全集》（第三卷），人民出版社2003年版，第155页。

的法治理论。① 亚里士多德称法治，或者说依法统治，有两层含义：一是要恪守业已颁布的法律，二是要大家遵从的法律必须是制定良好的法律。② 这两句也成为后世学者对法治概念内核描述时，常引用的被奉为经典的论述。

之后，法治理论在西方继续发展，直至今日遍布整个世界。古今中外的名家学者，或是气势磅礴，或是小心推论，对法治都做了自己的解读。时至今日，"法治"已变成了法学研究中最繁复、最混乱的概念之一。③ 但这也正是法治凸显的一个最好例证。几乎所有法律问题的讨论，从根儿上讲，都绕不开与"法治"的关联。完全梳理前人对法治本质内涵的揭示，本就是不可能完成的任务，因而尽可能多地列举学者的论证文字也就成为意义不大的事情。本书如果想用一个标题揭示法治的内涵，就如同水中捞月；于是借助个别学者的观点并引出自己的主题，才是眼前的明月光。本书选择三个角度来揭示法治内涵中的透明度规则：一个是国际组织的观点；一个是西方学者的观点；还有一个是当代中国国际法学者的观点。念及本书的研究范围，这些观点集中于对国际法治的内涵揭示。④

"国际法治的概念是法治这一法律目标在国际法上的自然延伸"⑤。由于国际法律秩序的杂乱无章和现实政治的影响，较之国内法层面，国际法治的内容并不完美，对其的论述也不甚繁荣。⑥ 但也正是由于凌乱的国际法律秩序和盘枝错节的国际政治形势，出于现实需求，国际社会对国际法治的探讨日渐增多，其中不仅包括众学者，也包括许多国际组织，比如说下面提到的联合国。

---

① 高鸿钧等：《法治：理念与制度》，中国政法大学出版社 2002 年版，第 70 页。古希腊学者所处年代亦参见本书。

② 参见［古希腊］亚里士多德《政治学》，高书文译，中国社会科学出版社 2009 年版，第 170 页。

③ 参见刘杨《法治的概念策略》，《法学研究》2012 年第 6 期。

④ 国际法治是指国际社会各行为体共同崇尚和遵从人本主义、和谐共存、持续发展的法律制度，并以此为基点和准绳，在跨越国家的层面上约束各自的行为、确立彼此的关系、界定各自的权利和义务、处理相关事务的模式与结构。这一概念见何志鹏《国际法治：一个概念的界定》，《政法论坛》2009 年第 4 期。关于国际法治与国内法治的联系和区别，详见郑永流《法治四章——英德渊源国际标准和中国问题》，中国政法大学出版社 2002 年版，第 161—163 页。

⑤ 何志鹏：《国际法治：一个概念的界定》，《政法论坛》2009 年第 4 期。

⑥ See Patrick Robinson, "Affirming the International Rule of law", *European Human Rights Law Review*, 2012 (1).

2004 年 8 月 3 日，联合国发布一份名为《冲突中和冲突后社会的法治和过渡司法》的秘书长报告，其中对于法治给出了定义。"法治是本组织使命的核心概念，这个概念指的是这样一个治理原则：所有人、机构和实体，无论属于公营部门还是私营部门，包括国家本身，都对公开发布、平等实施和独立裁断，并与国际人权规范和标准保持一致的法律负责。这个概念还要求采取措施来保证遵守以下原则：法律至高无上、法律面前人人平等、对法律负责、公正适用法律、三权分立、决策参与、法律上的可靠性、避免任意性以及程序和法律透明。"① 在 2012 年 9 月 24 日联合国大会第六十七届会议决议通过的《国内和国际法治问题大会高级别会议宣言》中，"可预测性""可预见的法律框架""透明""透明度"等更多的表达用于阐述法治的概念和具体表现。②

帕特里克·罗宾逊（Patrick Robinson）结合法治的表现方面，逐一分析了这些表现在国际法治中的具体体现。概而述之，他认为，国际法治应该包括以下几个方面：（1）每个人，包括自然人、国家（含国家的司法人员和公共当局）、国际组织，受法律平等保护；（2）每个人平等承担法律责任；（3）每个人的诉求由可以得到更高位的宪法保障的独立司法来决定；（4）以上这些原则运用于一个体系中，这一体系的核心是尊重人固有的尊严和民主治理的基本价值观。③ "法律应遍布于所有上述领域的角落和缝隙，从个人权利和民主价值观的保护，到环境保护，再到国家间的经贸关系。"④

何志鹏教授从国际法治的运作标准来界定其内涵，认为国际法治的运

---

① See United Nations Security Council, Secretary – General's Reports, *The Rule of Law and Transitional Justice in Conflict and Post – conflict Societies*, p. 4, http：//www. un. org/zh/sc/documents/sgreports/2004. shtml. The rule of law is a concept at the very heart of the organizations mission. It refers to a principle of governance in which all persons, institutions and entities, public and private, including the State itself, are accountable to laws that are publicly promulgated, equally enforced and independently adjudicated, and which are consistent with international human rights norms and standards. It requires, as well, measures to ensure adherence to the principles of supremacy of law, equality before the law, accountability to the law, fairness in the application of the law, separation of powers, participation in decision – making, legal certainty, avoidance of arbitrariness and procedural and legal transparency.

② 参见联合国《国内和国际法治问题大会高级别会议宣言》，第 1—4 页，http：//daccess – dds – ny. un. org/doc/UNDOC/GEN/N12/478/65/PDF/N1247865. pdf？OpenElement。

③ See Patrick Robinson, "Affirming the International Rule of law", *European Human Rights Law Review*, 2012（1）.

④ Ibid.

作方式应当是"全球善治",而善治的具体运作标准具体表现为以下四个方面：(1) 民主而透明的国际立法进程；(2) 自觉而普遍的国际守法状态；(3) 严格而有效的国际法监督体制；(4) 权威而公正的国际司法机制。①

联合国报告将法律和程序的透明置于法治的范围，而何志鹏教授认为透明的国际立法进程是法治具体运作的标准之一。帕特里克虽没有直接点出透明度是法治的内涵，但是一再强调"尊重人固有的尊严和民主治理"这一基本价值观是法治的内核，而法治在国内法层面的体现依靠的是明确的政府体制中的制定法和判例法的一目了然，而国际法治规则本身的杂乱无章、晦涩难懂，使得国际法治的画面清晰度并不明显。进而实质展示了透明度规则在国际法治中的重要性，这又和前述两个观点的直接表述吻合。

故而，透明度规则是法治理念的必然产物，更是国际法治理论的内涵和迫切需求。正是因为，在国际条约、国际习惯法和强行法等国际法治理下的国际法律秩序杂乱无章，从法律规则层面看，"国际法不仅缺乏设置立法机构和法院的第二性的改变规则与审判规则，而且缺乏统一的明示法律的渊源并提供识别法律规则之一般标准的承认规则"②。于是透明度规则的确立和完善就成为当今社会推进国际法治进程的重要环节。首先进入规则制定者和学者视野的就是国际条约中的透明度规则。

（二）透明度规则在国际法治理论中的意义

透明度规则在国际法治理论中的意义，可以通过对于透明度规则的价值评判来具体分析。透明度规则的价值评判是一定的社会主体对透明度规则是否能够以及在何种程度上满足主体特定需求的主观反映，是对透明度规则的主观价值判断。③ 通俗一些讲，透明度规则的制定和实施，到底有没有价值？价值大不大？有什么样的价值？"法律秩序中充满了价值判断"，"在规范的事实构成与法律效果的联系中总是存在着立法者的价值判断"④。下面以国际投资活动为背景，对国际投资协定透明度规则的价值予以评判。

---

① 参见何志鹏《国际法治：一个概念的界定》，《政法论坛》2009 年第 4 期。
② ［英］哈特：《法律的概念》，张文显、郑成良、杜景义等译，中国大百科全书出版社 1996 年版，第 209 页。
③ 参见公丕祥主编《法理学》，复旦大学出版社 2002 年版，第 83 页。
④ ［德］魏德士：《法理学》，丁晓春、吴越译，法律出版社 2005 年版，第 52 页。

1. 透明度规则保障了国际投资者获知投资信息的自由

（1）投资者获知投资信息的权利

"法治意味着权利制度受到保障和社会自由原则的确立"，"权利的保障制度开始形成于法律对权利的宣告"①。国际投资是资本跨越国界的对外投放，② 是"投资者将其资本投放到国外进行的以盈利为目的的经济活动"③。而获取投资信息的权利就是知情权在国际投资活动中的具体表现。在国际投资活动中，投资者将资本投放到其他国家之前，必须要对投资的盈利率和存在的风险进行预先评估，之后才能决定是否投资以及投资的规模、方向、期限等。而这一切的可行性的分析，都是要建立在对东道国的投资环境有充分了解的基础上，其中对政策法律环境的考察是投资环境考察的核心。国际投资协定的缔约各方出于保护本国投资者在缔约另一方的投资权益的考量，彼此要求对方公布法律、法规和相关政策的内容，从而确认本国投资者对缔约对方的相关投资信息的知情权。这种知情权，或者获取信息权，并不同于国内法上的知情权的直接设定，如我国《消费者权益保护法》第13条的"消费者享有获得有关消费和消费者权益保护方面的知识的权利"的规定，而是一种通过对缔约各方协定义务的设定而间接得以确认。由于知情权与透明度规则的密切关系，后面用独立标题予以展开。

（2）东道国管理投资活动的权力

东道国管理本国境内外国投资活动的权力是国家经济主权基本内容之一。④ 东道国针对外国投资活动有权制定投资管理法律法规，对外国资本进入的形式、规模、产业方向和程序等实施必要的管理。外国资本流入本国境内，可以为本国经济发展带来外汇资金，先进的技术、设备和管理经验，继而推动本国产业更新发展，并且能扩大劳动力就业、提升劳动力素质。另一方面，也会对本国经济的发展带来一些负面的影响：长期国际资

---

① 徐显明：《论"法治"构成要件——兼及法治的某些原则及观念》，《法学研究》1996年第3期。

② 跨越国界之意准确讲，也包括一国领土内跨越独立经济体的关境之意，概念后面表述的"国外"实际上是"境外"之意。

③ 綦建红主编：《国际投资学教程》（第二版），清华大学出版社2008年版，第2页。

④ 参见陈安主编《国际经济法学专论》（上编 总论），高等教育出版社2002年版，第271页。

本流动会对本国资本积累产生挤出效应，可能加剧本国经济结构单一化，进而引发国际收支问题；短期资本流动也会对国内经济均衡构成威胁，影响宏观经济政策的效果，甚至出现货币危机。① 于是东道国对外资的设立和设立后的经营活动通过投资管理法律法规实施必要的管理，鼓励肯定外国投资的积极意义，通过限制禁止其某些投资活动来消除其对本国经济和社会科技发展的消极影响。这本是东道国主权范围内的事，其他国家无权干涉。但是在东道国缔结国际投资协定之后，由于接受了协定义务，对外国投资活动管理的自主权就受到协定的约束和限制。准确地讲，并不是协定限制了东道国的经济主权，而是东道国通过协定的订立对经济主权作出的自我约束。其中就包括透明度规则。

（3）保障投资者获取信息的自由是权利与权力博弈的结果

国际投资协定透明度规则直接设定的是缔约各方的义务，或者说是对缔约各方对外国投资的管理权力施加必要的约束和限制。"权利宣言与其说是法律告知公众有多少权利，不如说是法律在告知权力有多大限度。"② 透明度规则确认的投资者获取信息的权利就来自协定中对东道国的此种权力限制。也可以说，在投资者与东道国政府间，透明度规则有双向调节的功能：面对投资者，透明度规则确认投资者有获取与投资有关的法律、法规以及投资政策的信息，并提供投资者获取相关信息的途径，甚至会规定投资者参与投资政策形成过程；面对东道国政府，透明度规则设定东道国公布信息的范围、程序以及解释的义务。国际投资者获取信息的权利，由于法律规定的差异、语言文化背景、地理位置等原因，较之东道国国内投资者而言，实现的难度更大。透明度规则的设定，使获取信息的难度降低。当然，透明度规则确认的权利不是无限制的，而且这种限制要比国内法对国内投资者的限制要多；而对协定设定的对东道国主权的限制，也不是权力剥夺，是通过义务的设定来限制权力，透明度规则没有设定的，还是属于东道国行使的权力范围。投资者获取信息的自由的边界就是靠投资者获取信息权的内容界定的，而投资者获取信息权的大小，又是由国际投

---

① 参见祝国平《国际资本流动的机制与影响——基于一般均衡理论框架的研究》，经济科学出版社 2011 版，第 277—288 页。

② 徐显明：《论"法治"构成要件——兼及法治的某些原则及观念》，《法学研究》1996年第 3 期。

资协定透明度规则中东道国的义务，即权力限制来界定。权利的行使来自对权力的限制，权利的保障也是靠权力的运行来实现。透明度规则投资者获取信息的自由，在投资者获取信息权利与东道国管理外国投资权力的博弈中得到保障。

2. 透明度规则维护了国际投资市场的公平竞争秩序

（1）建造公平国际投资环境

随着资本的跨国流动逐渐成为常态，资本的竞争早已上升为国际资本竞争。国际社会一直致力于追求和维护国际资本市场的公平竞争。世界银行《2006年世界发展报告：公平与发展》中提出了公平竞争环境（a level playing field）的概念。所谓公平竞争环境是指在成为社会上活跃、政治上有影响力和经济上有生产力的角色方面，社会所有成员都享有类似的机会。[①] 报告认为公平是投资环境和还权于民的核心，并通过影响制度和具体的政策设计发挥作用。[②] 不管对于资本输入为主的国家，还是资本输出为主的国家，又或是资本输入输出均衡的国家，公平的国际投资环境，都是本国资本参与国际竞争的必然依仗，也是资本全球化背景下本国经济长期发展的必备要素。这一点，中国政府也深有体会。2011年11月28日时任国务院副总理王岐山会见参加中国外商投资企业协会第五次会员代表大会代表时强调：中国政府切实维护外资企业合法权益，营造更加公平、公正、透明的投资环境；时任商务部部长陈德铭也在会上发言称，中国政府近年来在切实保护外商投资企业的平等竞争权利方面取得了较大进展。[③] 国际投资法的目标就是建立公平的竞争秩序，其最核心的价值追求是如何为外国投资者提供保护，通过为外国投资者提供保护来建立公平的秩序。[④]

---

① See World Bank, *World Development Report* 2006: *Equity and Development*, Overview, p. 2, http://www-wds.worldbank.org/external/default/WDSContentServer/WDSP/IB/2005/09/28/000012009_20050928150847/Rendered/PDF/335910rev0ENGLISH0WDR20060overview.pdf.

② See World Bank, *World Development Report* 2006: *Equity and Development*, Overview, pp. 3-4.

③ 李高超、高天宇、孟妮：《营造更公平公正透明投资环境》，《国际商报》2011年11月29日第1版。

④ 参见张庆麟《论国际投资协定中"投资"的性质与扩大化的意义》，《法学家》2011年第6期。

（2）确保东道国的核心利益

东道国对于资本流动的管理，始终围绕着"保障国家安全、促进经济发展，提高人民生活水平"这一核心任务，无论是发达国家，发展中国家，还是较发达的新兴经济体。例如世界第一经济体的美国，为了维护美国国家利益，设立严格的外资审查制度。从 1990 年年初老布什政府援引《埃克森—弗洛里奥修正案》（*Exon - Florio Amendment*），由总统直接阻止中国航天航空技术进出口公司收购西雅图曼可公司，到华为公司 2008 年联合美国基金贝恩资本竞购 3Com 公司、2010 年竞购摩托罗拉公司移动网络业务受阻，再到 2012 年三一集团下属在美关联公司私有财产被剥夺，中国企业在美国直接投资项目因美方"国家安全"理由而受阻的案例实在太多。[①] 地球村的概念，只能表明世界各地的联系越来越紧密，却无法掩盖各个独立经济体的利益冲突。当这个世界还存在有"界碑"这一事物时，"We are family"永远只是我们旋律中的美好期许！投资东道国的核心利益保护，始终是国际社会制定每一条国际投资规则时高高在上的"明镜"，始终是东道国落实每一条国际投资规则无处不在的"调节器"。

（3）维护公平竞争秩序是建造公平投资环境与确保东道国核心利益博弈的结果

对于建造公平的国际投资环境这一点，从投资者的角度，永远是膨胀若干倍依然是"真理"；从投资东道国的角度，则有时也可能变成真理往前走了几步的"谬误"。而对于东道国的核心利益保护这一点，从投资东道国的角度，实属天经地义；从投资者的角度，则时常是无所适从后的出离愤怒，而后只能无可奈何的原因。当国际组织考察国际投资政策环境时，也发现了结论并不好给出，于是有了下面的结论：多数政府都希望吸引和便利外国投资，据以建立生产能力和进行可持续发展；与此同时，许多国家正在加强外国投资监管环境，更多地在具有战略意义的部门利用产业政策，收紧筛选和监测程序，并且严格审查跨境并购。一种持续存在的可能性是：其中一些措施是为保护主义目的而采取的。[②]我们并不容易辨

---

① 参见梅新育《"三一"为何敢告奥巴马》，《人民日报》（海外版）2013 年 3 月 9 日第 1 版。

② See UNCTAD, *World Investment Report* 2013, Key Messages x.

别"most governments"和"numerous countries"的差异，但是至少知道这中间有国家，应该是为数不少的国家，一方面希望对外国投资提供更便利的投资措施，另一方面却又实施了一些为保护本国投资而对外资予以限制的措施。

国际投资协定透明度规则的存在，就是将践行国际投资法建立公平秩序的承诺，直接落实到国际投资协定中的公平与公正待遇。诚然，正如哈特提到的：我们说到"公平"或者"不公平"时，关注的不是单个人的行为，而是个人组成的阶层被对待的方式，以及当某种负担或者利益在他们中间的分配。① 国际投资协定中的透明度规则就是要建立这样一种公平秩序：确认外国投资者与本国投资者在获取投资信息的权利是一样的，拥有份额相当的获取投资信息的机会；清楚了解东道国不公开信息的范围以及此种的不公开属于东道国核心利益，且这一点国际投资协定给出明确规定；确保外国投资者清晰地认识到其实际能力与本国投资者的差异以及差异的原因。概而述之，透明度规则不是用"保护外国投资者的公平投资"就能解释其价值的，而是用"维护公平竞争秩序"更为准确，它是建造公平投资环境与确保东道国核心利益博弈的结果。

3. 透明度规则提高了国际投资活动的效率

（1）投资者利益最大化

"天下熙熙皆为利来"②。所有投资人，不论是法人还是自然人，不论是年营业额超过千亿美元的世界500强，还是市井小贩，将自己的钱投放出去用于生产经营的目的就是增值。投资者放弃本国市场而将资本投放到其他国家，也是因为经过评估后预计国际投资的收益率更高。投资者利益最大化，不仅仅是其口中说的"金科玉律"，更是关系其生死存亡的"空气、水和食物"，投资获利无可厚非。投资者在公平的国际竞争秩序下，寻求增值空间高的投资项目，规避各种投资风险，节约生产经营成本，提高生产效率，本就是国际社会追求的目标之一。这种公平竞争下的投资才是国际经济发展的源泉和动力。但是投资者追求资本利润欲望的无限膨胀，会让他铤而走险，敢践踏一切人间法律，敢犯任何罪行，甚至冒绞首

---

① 参见［英］哈特《法律的概念》，张文显、郑成良、杜景义等译，中国大百科全书出版社1996年版，第156页。

② 出自《史记·货殖列传》"天下熙熙，皆为利来；天下攘攘，皆为利往"一句。

的危险。① 由于实行低税制，英属维尔京群岛一个面积只有 153 平方千米，人口 2.2 万人的弹丸之地，却拥有 60 多万家跨国公司。② 同样为了避税，上海正规的外贸公司变身成地下钱庄的"优质客户"③。这就需要有强制性的规则约束其投资行为，使其投资活动在规则允许的限度内。不损害其他人、组织或者国家的合法权益，这就是利润最大化的清楚的界限。这里提到的投资者利益最大化，当然指的是合法限度内的利益最大化。

（2）国际经济的良性发展

国际经济发展，应该建立在经济的良性循环基础上，目标是国际经济的整体繁荣，姑且称为"国际经济的良性发展"。这种整体繁荣并不是体现在各个经济统计的上升数值中，而是取决于世界各个组成部分的繁荣，也就是各大洲、各类型国家的共同繁荣，包括发达国家的经济繁荣，发展中国家的经济繁荣，亦包括最不发达国家的经济繁荣。当国际社会还在讨论：发展中国家的经济繁荣应该如何让发达国家承担更多法律上的，或者是道义上的帮助的时候，发达国家自身经济也出现了问题。直到今天，国际经济还未从那场席卷全球的经济危机中解脱出来。"如果全球最大的消费国与债务国，不是美国，而是其他任何国家，那么，外国央行与全球投资者早就停止其巨额借款与投资行为了"④。投资者的投资规模有所减少，但 1.35 万亿美元的数据⑤对危机背景下国际经济的良性发展依然起到至关重要的作用。国际投资的良性发展，也需要对投资实施必要的管制，管制虽增加了经济运行成本，但是如果能纠正一些资本流动内生的但是不能

---

① 出自托·约·邓宁《工联和罢工》一文中："资本逃避动乱和纷争，它的本性是胆怯的。这是真的，但还不是全部真理。资本害怕没有利润或利润太少，就像自然界害怕真空一样。一旦有适当的利润，资本就胆大起来。如果有 10% 的利润，它就保证到处被使用；有 20% 的利润，它就活跃起来；有 50% 的利润，它就铤而走险；为了 100% 的利润，它就敢践踏一切人间法律；有 300% 的利润，它就敢犯任何罪行，甚至冒绞首的危险。如果动乱和纷争能带来利润，它就会鼓励动乱和纷争。走私和贩卖奴隶就是证明。"参见 [德] 马克思著《资本论》（第一卷），人民出版社 2004 年版，第 871 页。

② 参见周卫民《低税制：英属维尔京群岛的魅力》，《中国税务报》2005 年 9 月 14 日第 7 版。

③ 参见卢杰《外贸企业为避税成地下钱庄"优质客户"》，《法制日报》2012 年 7 月 24 日第 5 版。

④ [美] 罗伯特·夏皮罗：《下一轮全球趋势》，刘纯毅译，中信出版社 2009 年版，第 141 页。

⑤ See UNCTAD, *World Investment Report* 2013, Key Messages ix.

通过其他途径修正的对资本市场的扭曲，行政、税收和限额等各种资本管制措施对于经济运行来说可能收益大于成本，并促进社会福利。[①]

（3）提高投资活动效率是投资者利益最大化与国际经济良性发展博弈的结果

透明度规则在公平竞争秩序下，提供给外国投资者所需要的各种投资相关信息，为投资者追求利益最大化提供尽可能的便利，降低了投资风险，节约了投资成本，进而促进投资效率的提升。这种效率的提升是建立在投资者的自主选择的基础上，投资依然要面对其固有的商业风险和政治风险，即并非由投资信息不透明导致的各种风险。其中的商业风险如东道国市场萎缩、原材料价格上涨；政治风险如东道国外汇管制、国有化征收。投资者出于防范这些风险的考虑，本着利益最大化的宗旨，也会采取相应的各种方法，比如资本转出、更换原材料、规避外汇管制法规、寻求本国政府的保护。即使没有上述风险，投资者依然在法律允许的限度内"八仙过海、各显其能"地寻找缝隙中可能获得的额外收益，而后千方百计地拿过来放到自己的口袋里。那时眼睛只盯着目标和自己的口袋，不会想到其他人，不会想到东道国的经济发展，更不会想到"国际经济良性发展"这一宏大目标。而投资者追求利益最大化的盲目性，使他更看重的是短期收益的多少，而忘记长期收益的可能。这时，每个短期阶段的效率不低，但是累积下来形成的整体效率却不一定高。这是资本市场固有规则的必然结果：通过利益最大化的追求提升效率，但是又对整体经济的良性运行不予理睬。"如果资本市场的固有规则最终在美国身上发挥作用，那么，当前的全球经济繁荣就会演变成全球经济衰退。"[②] 国际经济良性发展看中的是长期利益、整体利益，单个投资者的短期收益并不是主要关注点，但是客观上却能带给投资者长期稳定的收益。那么投资者在投资活动中关注到经济良性发展的整体趋势并融入其中，投资效率还有进一步提高的空间，至少政府会通过市场化的管理措施给予这种关注一定的利益回报，如再投资退税或是提供优惠贷款。透明度规则，可以通过信息服务等

---

① 参见王跃生、陶涛等《国际资本流动：机制、趋势与对策》，中国发展出版社2009年版，第215页。

② ［美］罗伯特·夏皮罗：《下一轮全球趋势》，刘纯毅译，中信出版社2009年版，第139页。

方式使更多的外国投资者进入东道国，并可以通过清晰地阐明，让投资者能以实际行动为增加东道国的就业、提高其人民生活水平而努力，使利益最大化的追求和顺应国际经济良性发展的目标融合起来。① 国际投资协定透明度规则提高投资活动效率的价值就是投资者利益最大化与国际经济良性发展博弈的结果，是二者均衡发展的产物。

4. 透明度规则体现了自由、公平和效率的均衡

在法学研究中，准确地讲，在中国的法理学教材中，关于法的价值目标有哪些，各方观点差异性很大。有学者统计了多达 21 种著作，几乎没有任何两本著作有关法的价值目标界定是一致的，其中出现次数多于四次的有九个目标，从高到低为：正义、秩序、自由、效率、平等、公平、利益、效益和人权。对每个价值目标的含义以及不同价值目标间关系的阐述，差异性更大。② 鲜活地体现了这样一句话："每个法理学研究者心中都有自己的一本法理教材。"即使只用上述的九个目标一一权衡透明度规则的价值，排列组合下来也是一道庞大的论证过程，而且意义不大。本书前面已作论述，国际投资协定透明度规则中体现最明显的三个目标是：自由、公平和效率，其他的目标不再提及。透明度规则不仅是确保投资的自由、公平和效率，而且其价值目标是自由、公平和效率的最优化均衡。参照经济学者对基本经济目标的设定，国际投资的目标有三个：一是投资者选择自己的投资方向，投资需求和满足投资需求的方式，即投资自由；二是避免造成无法容忍的投资失衡，即投资公平；三是用可供使用的资本实现尽可能高的平均收益率，即投资效率。③ 透明度规则确认的获取投资信息的自由，不仅依靠东道国管理投资权运行的保障，其实现的程度还要受制于国际投资环境和东道国的投资管制，其最终的目的是提高资本的收益率；透明度规则维护投资者的公平竞争，不仅体现通过行使投资管理权而展示出的东道国核心利益，也是在推动国际经济的良性发展；透明度规则提高投资活动效率，不仅依靠经济良性运作下的国际社会平均收益率，而且尽可能高的整体收益率离不开公平竞争秩序，也离不开东道国投资管

---

① 参见何志鹏《国际经济法的基本理论》，社会科学文献出版社 2010 年版，第 128 页。
② 参见葛洪义主编《法理学》（第三版），中国人民大学出版社 2011 年版，第 46—47 页。
③ 参见［英］J. E. 米德《自由、公平和效率》，崔之元、王文玉译，东方出版社 2013 年版，第 1 页。

理权的运行。透明度规则体现了自由、公平和效率三者的均衡，且是最优化的均衡。①

二　知情权理论

（一）知情权理论主要内容

1. 知情权的概念

知情权（right to know），也可以解读为获取信息权（right to access to information）。② 在法治社会里，知情权是一项基本权利，是法治对信息自由原则的落实，也是实现其他基本权利的手段。③

知情权分为公法领域中的知情权和私法领域中的知情权，本书所提及的为公法领域中的知情权。所谓知情权是"任何人依法获取国家机关及其他管理机构公共信息的权利。"④ 其法律特征为：普遍性、双重性、基础性和综合性。⑤

2. 知情权的构成要素

（1）权利主体和义务主体。知情权的权利主体是公众，包括公民、法人、其他组织，其中也包括外国公民、法人或是其他组织。权利主体具

---

① 由于人们对终极价值的认识不同，于是承认多重价值，并在价值评判中给予它们同样权重的做法更为合适。本书在评判透明度规则的价值时，对自由、公平、效率不分先后给予同样权重正是基于此种考虑。从这个意义上来讲，透明度规则自由、公平、效率的均衡也可以称为是三者最优化的均衡。参见许德风《论法教义学与价值判断——以民法方法为重点》，《中外法学》2008 年第 2 期。

② 有学者认为二者不同：知情权是信息获取权实现的途径，是对不以特定利益为限的一般性、普适性信息获取权的保障；而信息获取权，则仅仅旨在确保公众对于政府信息获取的可能性，它有时会受制于"知的需要"的局限而通过个别性的立法规范加以保障。参见蒋红珍《知情权与信息获取权——以英美为比较法基础的概念界分》，《行政法学研究》2010 年第 3 期。本书将知情权作为透明度规则的法学理论基础，是建立在国际投资协定的基础上的，而不论是知情权，还是获取信息权都是各缔约方国内法上的概念。从投资者获取投资信息权利的角度，并没有区分这种获取信息的权利是"普适性的"，还是受制于"知的需要"，毕竟这要深究各国国内法的具体规定，这就分散了本书的论述重点。故本书对知情权、获取信息权不做区分。

③ 参见［美］斯蒂格利茨《自由、知情权和公共话语——透明化在公共生活中的作用》，宋华琳译，《环球法律评论》2002 年第 3 期。

④ 林爱珺：《知情权的法律保障》，复旦大学出版社 2010 年版，第 36 页。

⑤ 普遍性主要是指知情权的主体和客体具有普遍性；双重性是指知情权既是一项程序性的权利，也是一项实体性的权利；基础性是指知情权是其他权利得以正确行使的先决条件；综合性是指知情权是一种积极权利和消极权利相结合的综合体。参见汪习根、陈焱光《论知情权》，《法制与社会发展》2003 年第 2 期。

有广泛性。知情权的义务主体为掌握公共信息的国家机关。因知情权主要体现的是行政法律关系，权利主体的知情权受到妨碍时，只能通过行政复议、行政诉讼程序予以救济。① （2）权利义务指向的对象。知情权的客体是国家机关掌握的公共信息，一般并不包括国家机关掌握的私人信息。范围包括立法机关信息、司法机关信息，还有行政机关信息，也就是政府信息。立法机关信息主要包括制定和修改的法律，拟制定和修改法律的讨论稿或草案；司法机关信息包括各类司法机关在司法活动中制作获取的信息；② 政府信息是政府部门在履行职责中制作获取的信息。（3）权利义务的内容。权利主体有获取国家机关公共信息的权利。这一权利可以通过感知、占用公共信息的方式实现（即消极地获取），此时以义务主体的主动公开信息的义务履行为前提；也可以通过主动申请方式向义务主体请求公开信息来实现（即积极地获取），只要符合法定条件义务主体必须予以公开。即权利主体知情权的实现以义务主体的公开信息义务的履行为前提，义务主体公开信息义务的履行是权利主体知情权实现的保障。此外，权利主体若认为在其获取信息的过程中，义务主体损害其合法权益，还可以通过行政复议、行政诉讼程序予以救济。

3. 知情权与相关权利（力）的关系

（1）知情权与国家保密权的关系。国家秘密（state secrets），③ 是关系国家安全和利益，依照法定程序确定，在一定时间内只限一定范围的人员知悉的信息。保守国家秘密是所有人对其知悉国家秘密不公开的法定义务。国家保密权是国家机关保守国家秘密的权力，也是其职责所在。知情权要求国家机关公开信息，国家保密权力要求国家机关不公开信息，如发生冲突，则相关信息属于不公开的范围，国家机关应当不予公开，权利主体的知情权无法实现。因为国家安全和利益高于知情权主体的获取信息利益，即国家秘密属于无法依据知情权获取的不公开信息。

---

① 参见林爱珺《知情权的法律保障》，复旦大学出版社 2010 年版，第 37—38 页。

② 例如 2009 年 12 月 8 日实施的《最高人民法院印发〈关于司法公开的六项规定〉和〈关于人民法院接受新闻媒体舆论监督的若干规定〉的通知》中，对须公开的各类审判信息详细列明。

③ 也有译为国家机密，美国法上的国家机密为：一旦泄露即危及美国国家安全或外交利益的政府信息；在普通司法程序中，证人不得暴露国家机密。参见薛波主编《元照英美法词典》，法律出版社 2003 年版，第 1287 页。

（2）知情权与商业秘密权的关系。商业秘密（trade secrets），指由其所有人掌握，不为他人所知且能使所有人在竞争中处于优势的有商业价值的信息，诸如：产品制法、客户名单等。① 商业秘密权是进行商事活动的主体对自身商业秘密所拥有的占有、使用、收益、处分的权利。② 国家机关有义务对于掌握的商业秘密不予公开。知情权的实现不能以损害他人的合法权益为代价，即商业秘密属于知情权获取信息的例外。但如果商业秘密的不公开会对公共利益造成重大影响，国家机关也应予以公开。

（3）知情权与个人隐私权的关系。隐私（privacy），③ 是免于公众关注以侵入或干涉某人行为或决定的状态，④ 从信息的角度就是某人不愿意公开的个人信息，或是"隐藏的个人信息"⑤。美国学者波斯纳认为隐私有三个突出含义：秘密、隐遁以及自主。⑥ 隐私权是为个人不愿公开的信息免受他人非法知悉、搜集、公开利用而对这些信息开展保护和控制的法律状态。⑦ 国家机关自然也有义务对于掌握的个人隐私不予公开。⑧ 知情权的实现不能以侵害他人的隐私为代价，隐私也属于知情权获取信息的例外。但如果个人隐私的不公开会对公共利益造成重大影响，国家机关应予以公开。

（二）透明度规则在知情权理论中的意义

1. 透明度规则保障投资者消极获取投资信息

国际投资协定的透明度，与知情权对应的信息公开是不同的：（1）协定的透明度仅涉及与投资有关的信息公开，具体范围由协定文本

---

① 薛波主编：《元照英美法词典》，法律出版社 2003 年版，第 1352 页。我国《反不正当竞争法》第 10 条第 3 款规定：本条所称的商业秘密，是指不为公众所知悉、能为权利人带来经济利益、具有实用性并经权利人采取保密措施的技术信息和经营信息。

② 参见张龙《行政知情权的法理研究》，北京大学出版社 2010 年版，第 160 页。

③ 苏力在翻译《正义/司法的经济学》一书时，译为私隐。参见［美］理查德·A. 波斯纳《正义/司法的经济学》，苏力译，中国政法大学出版社 2002 年版，第 239—354 页。

④ See Bryan A. Garner, *Black's Law Dictionary*, West Publishing Co., 2009, p. 1315.

⑤ ［美］理查德·A. 波斯纳：《正义/司法的经济学》，苏力译，中国政法大学出版社 2002 年版，第 275 页。

⑥ 同上书，第 239 页。

⑦ 参见颜海《政府信息公开理论与实践》，武汉大学出版社 2008 年版，第 208 页。

⑧ 例如 2012 年 12 月 28 日施行的《全国人民代表大会常务委员会关于加强网络信息保护的决定》（以下简称《决定》）中规定：国家保护能够识别公民个人身份和涉及公民个人隐私的电子信息（《决定》第一项）；国家机关及其工作人员对在履行职责中知悉的公民个人电子信息应当予以保密，不得泄露、篡改、毁损，不得出售或者非法向他人提供（《决定》第十项）。

内容来明确。信息公开的范围更广，只要是国家机关掌握的公共信息都包含在内，具体由各国国内法规定公开和不公开的信息范围。（2）透明度以设定缔约方彼此义务为核心内容，即国际投资协定中以国家为中心设定透明度义务，[①] 不论是否明确规定缔约方透明度义务的履行是为了满足缔约另一方投资者对投资信息的需求，都没有直接规定投资者的知情权或是获取信息的权利。换言之，投资者的获取投资信息的权利是通过国际投资协定对东道国的义务设定而间接获得的。信息公开以公开国家机关掌握的公共信息为目标，为权利主体设定了多种实现知情权的方式，有消极的也有积极的。（3）协定的透明度不会涉及投资者获取投资信息的权益受到侵害时的救济程序。信息公开却为权利主体提供了行政复议、行政诉讼等救济程序，以保障其知情权不受非法侵害。

基于知情权理论的协定透明度与信息公开的上述不同，透明度规则保护投资者合法权益可以进一步精细到保障投资者消极获取投资信息。协定中的透明度规则只能确保投资者消极获取投资信息，即通过感知、占用东道国已披露公共信息的方式获取，而不能保障投资者通过主动索取方式积极获取投资信息。加上依据协定透明度规则获取的信息范围要大大少于国家机关掌握的公共信息，且没有规定救济程序，更关键的是协定在东道国国内适用的复杂性，投资者获取投资信息应当借助于东道国国内法规定的信息公开制度来实现。

2. 透明度规则例外条款是缔约方国内法信息公开例外制度的延续

大多数含有透明度条款的国际投资协定都有透明度的例外规定，[②] 国家秘密、商业秘密、个人隐私都属于缔约方不用公开的信息，以符合缔约方国内法信息公开例外制度。缔约方可以因相关的投资信息属于例外规定而拒绝公开。于是就需要借助缔约方国内法明晰公开的投资信息与属于国家秘密、商业秘密、个人隐私的投资信息之间的界限。属于国家秘密的投资信息范围由缔约方保密法明确规定保密的范围和等级制度以及解密制度予以界定；[③] 属于商业秘密的投资信息范围依据缔约方的竞争法予以界

---

① See UNCTAD, *Transparency UNCTAD Series on Issues in International Investment Agreements II*, p. 15.

② 这里讨论的是透明度规则的知情权理论意义，不提及例外条款的具体内容，本书第三章会对透明度例外条款的内容作具体介绍。

③ 参见张龙《行政知情权的法理研究》，北京大学出版社 2010 年版，第 155 页。

定；属于个人隐私的投资信息范围则依据缔约方民法或是专门法律①予以明确。

总之，一方面，透明度规则的例外条款反映的是缔约方保护国家秘密、商业秘密以及个人隐私的需要；另一方面，透明度规则例外条款中的国家秘密、商业秘密以及个人隐私的范围也需要通过缔约方国内法作出明确规定。如同国际投资协定中各规则与缔约方国内法的关系一样，透明度规则例外条款是缔约方国内法信息公开例外制度的延续，缔约方国内法信息公开例外制度为透明度规则例外条款的落实提供制度上的保障。

本章小结

本章运用经济学、政治学、法学的理论工具分析透明度规则的意义。在经济学意义上，基于整个市场交易的信息经济学告诉我们：国际投资市场的信息不完全和不对称，需要通过国际投资协定的透明度规则来改善；基于国际投资市场的国际直接投资理论告诉我们：透明度规则不仅促进了国际直接投资的发展，还给予资本跨国流动准确性以充分的保障，并最终提升国际直接投资的效率。在政治学意义上，静止的结构现实主义推演出：透明度规则是达成国家目标的一种手段；各协定中透明度规则的差异反映了国家实力的不同；各协定透明度规则会逐步趋同。动态的国际政治格局分析出：美国推行其 BIT 范本的难度加大；在正进行的中美 BIT 透明度规则的谈判中，中国的实力的提升理应得以体现，以维护国家利益。在法学意义上，整体上讲，透明度规则体现了自由、公平和效率三者的最优化的均衡，其确立和完善是当今社会推进国际法治进程的重要环节；局部来看，透明度规则保障投资者消极获取投资信息权利的同时，例外条款也反映了东道国国内法的规定。当然，可以实现自由、公平和效率三者的最优化均衡的状态以及投资者和东道国利益平衡的程度，还要取决于具体的透明度规则的完备程度。与法学上的意义相同，透明度规则经济学上的意义以及政治学上的意义，亦都是理论推演，内容不同的透明度规则，意义实现的程度也有差异。

---

① 例如，美国1974年的《隐私权法》、1986年的《电子通信隐私法》、2000年的《儿童网上隐私保护法案》。参见张龙《行政知情权的法理研究》，北京大学出版社2010年版，第166页。

第三章　国际投资协定透明度规则的内容

本章关于国际投资协定透明度规则内容的介绍，集中于 BITs 和 FTAs。前两节分别介绍 BITs 和 FTAs 中的透明度规则内容，由于文本数量众多，采用样本文本中的内容为主，其他文本中的内容为辅的方法；第三节是 BITs 和 FTAs 中的透明度规则的关系。这三节基于国际投资协定文本，属于规则的静态分析。另外，由于美国所缔结的 BITs 对国际投资协定的影响最大，[①] 并且中美 BIT 的谈判正在进行中，故第四节以美国 BIT 范本的内容演变为例，探究国际投资协定中透明度规则内容上的发展规律。姑且算是对规则的动态把握。

第一节　BITs 中透明度规则的内容

一　BITs 样本概览

与世界贸易组织制度中透明度规则体系化不同的是，众多 BITs 中的透明度规则内容具有一定的差异性。研究采取样本 BITs 中"求同"介绍透明度规则基本内容，"放大个别差异"完整解读透明度规则的表达方式。为了体现各国 BITs 最新的内容规定，研究针对 2005 年以后签订的 BITs 文本。先选择 20 个国家作为样本国，再经两次筛选后得到 6 个 BITs 典型文本。[②] 本节内容主要以这 6 个 BITs 文本为论述依据，分为从缔约方

---

① 参见陈安主编《国际经济法的新发展与中国双边投资条约的新实践》，复旦大学出版社 2007 年版，第 12 页。

② 本书选择了澳大利亚、加拿大、中国、哥伦比亚、丹麦、埃及、德国、印度、印度尼西亚、日本、墨西哥、新西兰、俄罗斯、新加坡、南非、西班牙、叙利亚、泰国、英国、美国 20 国作为样本国家，其中亚洲国家 7 个，欧洲国家 5 个，美洲国家 4 个，澳洲国家 2 个，非洲国家 2 个。样本国家之间签订的文本首先入选，采用每个样本国家至多有两部的标准选择 BITs 文本，

透明度义务的规定和透明度规则的例外两部分介绍。样本 BITs 签订生效时间见表 3 - 1：

表 3 -1　　　　　　　　样本 BITs 签订生效时间一览

国际投资协定名称	签订时间	生效时间
中国—韩国 BIT	2005 年 3 月 22 日	2005 年 10 月 1 日
澳大利亚—墨西哥 BIT	2005 年 8 月 23 日	2007 年 7 月 21 日
美国—卢旺达 BIT	2008 年 2 月 19 日	2012 年 1 月 1 日
日本—秘鲁 BIT	2008 年 11 月 22 日	2009 年 12 月 10 日
加拿大—罗马尼亚 BIT	2009 年 5 月 8 日	2011 年 11 月 23 日
中国—加拿大 BIT	2012 年 9 月 9 日	2014 年 10 月 1 日

注：统计截止日期：2014 年 12 月 1 日。

二　缔约方的透明度义务

（一）公布

公布是协定中缔约方主动公开发布与投资有关的各类信息的义务。公布的目的是让投资者能够通过公开场合了解相关内容，帮助他正确地作出投资决策。公布是协定透明度义务中的最基本的义务，也是首要义务。如果没有投资信息的公布，信息的交换没有了内容，信息的解释失去了目标，也就不可能设定透明度其他义务。

1. 公布的信息范围

公布的信息范围包括有法律、法规、行政程序、行政裁定等。具体到各个 BITs，公布的信息范围不一致，有相同之处，也有明显的差异。

首先，几乎所有 BITs 中公布的信息范围都包括法律和法规。而缔约方公布的法律法规信息似乎是受协定透明度义务影响最小的信息内容，主要有两个原因：第一个是法律法规属于普遍适用的规定，通常需要进一步执法措施予以落实，然而这些法律法规可能没有对外国直接投资给予显著

（接上页）由于文本语言所限，共选择研究文本 18 个，它们是澳大利亚与墨西哥、加拿大与罗马尼亚、中国与加拿大、中国与韩国、哥伦比亚与印度、丹麦与摩洛哥、埃及与德国、德国与特立尼达和多巴哥、印度尼西亚与新加坡、印度与希腊、印度与墨西哥、日本与乌兹别克斯坦、日本与秘鲁、叙利亚与捷克、泰国与中国香港、英国与哥伦比亚、美国与卢旺达、美国与乌拉圭间的 BITs。再经过对文本透明度规则的内容考察，挑出文中具有代表性的 6 个。

的关注；第二个是法律法规信息的披露原本就是缔约方国内法的规定，而不受协定透明度义务的影响，不能算是确保缔约方遵守国际义务采取的进一步行动。[①]

其次，在部分 BITs 中，公布的信息范围还包括程序、行政程序、行政裁决、司法判决以及缔约一方参与的国际协定。在样本 BITs 中，美国—卢旺达 BIT 的信息范围最为宽泛，不仅包括"普遍使用的行政裁定"，而且对其含义也进行了解释。

美国—卢旺达 BIT 第 10 条 关于投资的法律和决定的公布

1. 各缔约方应保证任何有关本条约所覆盖事项的：

（a）法律、法规、程序和普遍适用的行政裁定；

（b）裁判性决定。

及时公布或者以其他方式使公众获知。

2. 本条所指"普遍适用的行政裁定"是指一项在其管辖范围内普遍适用并作为行为准则的行政裁定或解释，但不包括：

（a）在具体案件中依行政或准司法程序作出的适用于特定投资或缔约另一方特定投资者的决定或裁定；

（b）对一特定行为或做法的裁定。

以其中的行政程序为例，公布行政程序使透明度义务可能延伸到申请或续展投资授权的标准、程序以及处理程序的最后期限。这种程序上的透明度提高了外国投资者在东道国的竞争力。然而个案中具体行政程序的透明度要求会对缔约方造成较大影响，因为不仅直接涉及个案中法律法规的识别适用，还可能涉及财政支出的额外增加。[②]

最后，公布的上述信息是有限定的，比如"与本协定覆盖的任何事项有关的"[③]，或是"有关涉及投资或影响投资的"[④]，或是"对缔约另一方投资者在其境内投资可能产生影响的"。例如中国—韩国 BIT：

---

① See UNCTAD, *Transparency UNCTAD Series on Issues in International Investment Agreements I*, p. 23.

② Ibid. , pp. 23 – 24.

③ See USA – Rwanda BIT, Article 10.1 "respecting any matter covered by this Treaty".

④ See Australia – Mexico BIT, Article 6 "on investment that pertain to or affect investment".

中国—韩国 BIT 第 11 条第 1 款

　　缔约方应及时公布或通过其他方式使公众获得对缔约另一方投资者在其境内投资可能产生影响的法律、法规、程序、行政规章和普遍适用的司法裁决以及国际协定。

　　这些表述使得公布的信息范围的边界很模糊：如果宽泛地解释，有关环境、税收、就业信息也在缔约方公布的信息范围之内；若狭义解释，信息范围只能限定为直接适用于投资事项的信息。于是公布信息的具体范围取决于不同术语在协定适用时的实际解释。[①]

　　2. 公布的时间要求以及方式和程序

　　协定对公布的时间没有严格限定：有的对公布的时间没有要求，[②] 有的提出"及时的"予以要求。[③] 协定中没有公布时间的要求，东道国可能会倾向于认为，即使它们还没有公布当地法律法规，仍对外国投资者具有约束力；而协定中规定及时公布的，东道国也不会认为法律法规一旦生效就必须立即公布。基于现有的沟通体系，以及开放经济环境下竞争的本质，时间常常是现代投资关系的精髓。[④] 那么给公布设一个时间要求，应该是协定上的应有内容，但协定文本并没有体现这一点。

　　至于公布的方式和程序也没有明确规定，只是规定了公布或通过其他方式使投资者或缔约另一方获取与投资相关的各类信息，而这些方式应该是易于获取信息的方式。例如加拿大—罗马尼亚 BIT：

加拿大—罗马尼亚 BIT 第 16 条第 2 款

　　各缔约方应在切实可行范围内，确保与本协定涵盖的任何事项有关的法律、法规、程序和普遍适用的行政裁决及时公布或以其他方式提供，以便让利害关系人和缔约另一方能了解它们。

---

　　① See UNCTAD, *Transparency UNCTAD Series on Issues in International Investment Agreements I*, pp. 28 – 29.

　　② For example, Australia – Mexico BIT, Article 6.

　　③ For example, Canada – Romania BIT, Article XVI. 2 "promptly".

　　④ See UNCTAD, *Transparency UNCTAD Series on Issues in International Investment Agreements I*, pp. 48 – 49.

总之，各协定中缔约方公布投资信息的义务，在公布的信息范围、时间要求等方面都有一些差异，体现的是各方博弈的结果。信息范围越细致，对主要身份为东道国的发展中国家提出的要求也就越高。但事实上，发展中国家法制化水平有限，其在国内履行公布信息义务的难度原本就高于发达国家；而且公布的信息范围越广，提出的时间和程序条件越苛刻，都会大幅度增加发展中国家的财政支出，无疑会加重它们发展经济、融入国际资本市场的负担。导致国际投资市场的信息不对称和不完全的因素很多，只强调缔约方的公布义务，不去考虑缔约方的制度能力以及财政能力，会导致部分能力不足的缔约方的消极实施。在没有更好的解决办法之前，协定术语采用模糊化的表述，给缔约方实施时一定的解释空间，也算是在技术上对这一问题暂时的解决方法。

（二）磋商和信息交流

磋商和信息交流是缔约双方通过定期或是不定期的磋商机制交流与投资有关的法律信息、投资机会等的义务。许多协定中都规定有磋商和信息交流机制，包括一些没有单独透明度条款的协定。于是之所以将磋商和信息交流归为透明度规则的理由，就需要先予以说明。将其归入透明度规则的理由有三个：第一个是从透明度的含义来讲，缔约方交流相关信息是披露信息、实现透明度的重要环节之一；第二个是部分有透明度条款的协定，将磋商和信息交流纳入透明度条款中；[①] 如果说第一个理由有通过扩张解释透明度概念将透明度规则夸大化之嫌，第二个理由有以偏概全的倾向，那么第三个理由就可以打消这些疑虑，即联合国贸发会议（UNCTAD）关于透明度的研究报告中，明确将信息的交流当作缔约方的透明度义务。[②]

磋商和信息交流直接体现缔约双方主动的信息互动，当缔约双方同意开展合作和交换信息，这很可能是加强对于外国投资透明度的信号。一个国家愿意参与磋商机制可以被视为其愿意提供投资信息，并确保投资政策的透明度。这种类型的透明度规则的主要目标是促进投资流动。[③] 例如中国—韩国 BIT 第 13 条的规定：

① 例如：中国—加拿大 BIT 就将磋商机制纳入第 17 条"法律、法规与政策的透明度"中。

② See UNCTAD, *Transparency UNCTAD Series on Issues in International Investment Agreements I*, pp. 5, 36.

③ Ibid., p. 36.

中国—韩国 BIT 第 13 条 磋商

1. 缔约方的代表为下列目的将举行不定期会议：

（1）审查本协定的执行情况；

（2）交换法律信息和投资机会；

（3）提出促进投资的建议；

（4）研究投资相关的其他问题。

2. 任一缔约方提议就本条第一款事项进行磋商，缔约另一方将即刻给予回应，该磋商将轮流在北京和首尔举行。

　　根据这一条款的规定，缔约各方承诺进行磋商和信息交流。然而，应当注意的是，同透明度条款要求将投资有关的法律、法规和程序等信息予以披露不同，磋商和信息交流并不是强制性透明度义务。具体而言，条文虽规定应当为交换法律信息和相关事宜举行会议，但没有特定的规则要求交换的法律信息必须具备的内容；磋商机制的存在可以被看作是鼓励透明度的一种手段。①

　　（三）信息的提供

　　信息的提供是协定中规定在缔约另一方提出信息需求时，缔约方应提供相关信息的义务，是对缔约另一方的信息提供要求的回应，属于被动的信息提供，用于弥补缔约方主动提供信息的不足。有的协定关于信息提供的表述简单明确，如中国—加拿大 BIT 规定：应要求，向缔约另一方提供特定法律与政策的副本，② 信息提供的途径是召开会议；有的协定关于信息提供的表述宽泛模糊，如日本—秘鲁 BIT 规定：每一缔约方应根据缔约另一方的要求，及时对具体问题作出回应，并提供缔约另一方协定规定的各类信息，包括与缔约各方签订协定有关的投资信息，③ 信息提供的途径是磋商机制。而规定最全面的，还是美国—卢旺达 BIT：

美国—卢旺达 BIT 第 11 条第 1 款 联络点

---

① See UNCTAD, *Transparency UNCTAD Series on Issues in International Investment Agreements I*, pp. 36–37.

② 中国—加拿大 BIT 第 17 条第 1 款第（2）项。

③ See Japan – Peru BIT, Article 9.2.

（a）缔约方应当指定一个或多个联络点便于双方就本条约所涉事项进行沟通。

（b）应缔约另一方的要求，联络点应确定负责相关事项并提供协助的部门或人员，便于必要时与要求方进行沟通。

……

第 3 款 信息的提供

（a）应缔约另一方要求，缔约一方应及时提供信息并回复，关于要求方认为其现行或即将采取的措施可能会严重影响本条约的执行或要求方在本条约下的权益的问题。

（b）本款下的任何要求或信息应当通过相关联络点提供给另一方。

（c）相关措施是否符合本条约不受本款下提供的任何信息的影响。

事实上，协定中缔约方提供信息的范围以及途径的差异性在实际履行时表现并不明显。因为不论是简单明确的表述，还是宽泛模糊的表达，信息提供义务实际履行的情况，需要缔约双方通过沟通来解决，而沟通只需要有信息提供机制就可以了，至于提供信息的范围和途径并不重要，这些都可以在沟通中予以解决。

（四）投资信息的解释

投资信息的解释是协定中规定的，应缔约另一方的要求，缔约方解释相关的投资信息的义务。解释是缔约另一方针对缔约方出台的与投资有关的法律、法规、政策以及各种投资措施所提出问题和疑惑的解释，是缔约方对提供信息的补充说明。解释的前提是缔约另一方提出要求，解释的目的是使缔约另一方能够知晓缔约方法律、政策等投资信息的内涵，回答其提出的各种问题，打消顾虑，保持双方良好的投资合作关系。

相比较而言，规定缔约方解释投资信息义务的协定并不多，以样本协定为例，6 个协定中，只有美国—卢旺达 BIT、中国—加拿大 BIT 两个协定有此规定。而且都是只规定缔约方的解释义务，关于解释的程序并没有规定。从协定的履行来看，在协定中设不设缔约方的解释义务并不重要，只要双方磋商机制的运行没有问题，缔约另一方要求缔约方解释投资信息的目的就可以实现。

（五）提供评论机会

有部分新签订的 BITs 中鼓励缔约方提前公布计划采取的措施，以便公众能提前获知投资信息，并可以对措施评论。准确来讲，提供评论机会是协定中鼓励缔约方采取的透明度做法，并非缔约方的义务，毕竟缔约各方应当之前有"尽可能"[①] 的限定。提供评论机会是协定中鼓励缔约方在计划采取的投资措施实施前，给予公众和缔约另一方对相关措施进行评论机会的透明度做法。它是以缔约方提前公布投资相关措施为前提的，有助于缔约方的投资措施能够有效吸收公众和缔约另一方，特别是缔约另一方投资者的合理建议，进而促使出台的措施更具合理性。

提供评论机会和提前公布措施是属于协定中密切配合的透明度做法，提前公布措施是提供评论机会的前提，使公众或者缔约另一方评论措施有了可能性。评论机会的提供对象以利害关系人和缔约另一方为限，例如中国—加拿大 BIT：

中国—加拿大 BIT 第 17 条第 3 款

鼓励缔约各方：

（1）提前公布其计划采取的任何措施；以及

（2）向利害关系人及另一缔约方提供对其计划采取的措施进行评论的合理机会。

但有协定并没有此种限制，即评论机会的提供对象是公众，例如日本—秘鲁 BIT：

日本—秘鲁 BIT 第 9 条第 4 款

除非紧急情况或纯粹性质轻微，缔约各方政府应按照缔约方的法律和法规，在通过、修订或废除影响本协定所涵盖的任何事项的普遍适用的法规前，致力提供给公众进行评论的合理机会。

为了更清晰地呈现不同 BITs 中缔约方透明度义务的差异，下面列表对样本协定中关于上述内容的主要差异予以分类说明，而后进行简要总

[①]　See USA – Rwanda BIT, Article 11.2（b），"To the extent possible, each Party shall".

结。见表 3 - 2：

表 3 - 2 **样本 BITs 中透明度义务的主要差异**

BITs 名称	透明度义务			
	公布信息的范围	交换与提供信息的途径和范围	解释的途径和范围	提供评论机会
美国—卢旺达 BIT	法律、法规、程序和普遍适用的行政裁定；裁判性决定；尽可能提前公布计划采取的任何措施①	通过联络点，现行和即将采取的缔约另一方认为会严重影响其利益的各种措施②	通过联络点，现行和即将采取的缔约另一方认为会严重影响其利益的各种措施③	缔约方应尽可能地给利害关系人和缔约另一方合理机会就该措施提出评论④
加拿大—罗马尼亚 BIT	法律、法规、程序和普遍适用的行政裁定⑤	信件联络，与协定中个别条款不相符的任何措施⑥	无	无
日本—秘鲁 BIT	法律、法规、行政程序、行政裁定和司法判决以及国际协定⑦	及时磋商，关于提供信息的各种问题⑧	无	在采取、修改或废除相关措施前给予公众合理评论的机会⑨

① See USA – Rwanda BIT, Article 10. 1 " (a) laws, regulations, procedures, and administrative rulings of general application; and (b) adjudicatory decisions", Article 11. 2 (a) "To the extent possible, each Party shall: publish in advance any measure referred to in Article 10 (1) (a) that it proposes to adopt".

② See USA – Rwanda BIT, Article 11. 1 (a) " Each Party shall designate a contact point or points to facilitate communications between the Parties on any matter covered by this Treaty". Article 11. 3 (a) "any actual or proposed measure that the requesting Party considers might materially affect the operation of this Treaty or otherwise substantially affect its interests under this Treaty".

③ See USA – Rwanda BIT, Article 11. 1 (a), Article 11. 3 (a).

④ See USA – Rwanda BIT, Article 11. 2 (b) "provide interested persons and the other Party a reasonable opportunity to comment on such proposed measures".

⑤ See Canada – Romania BIT, Article XVI. 2 "laws, regulations, procedures, and administrative rulings of general application".

⑥ See Canada – Romania BIT, Article XVI. 1. "exchange letters", "any existing measures that do not conform to the obligations in paragraph 3 of Article II (Establishment, Acquisition and Protection of Investment), Article III [Most – Favoured – Nation (MFN) Treatment and National Treatment after Establishment] or paragraphs 1 and 2 of Article V (Other Measures)".

⑦ See Japan – Peru BIT, Article 9. 1 "laws, regulations, administrative procedures and administrative rulings and judicial decisions of general application as well as international agreements".

⑧ See Japan – Peru BIT, Article 9. 2 "promptly respond to specific questions and provide that other Contracting Party with information on matters set out in paragraph 1, including that relating to contract each Contracting Party enters into with regard to investment".

⑨ See Japan – Peru BIT, Article 9. 4 "endeavour to provide, except in cases of emergency or of purely minor nature, a reasonable opportunity for comments by the public before the adoption, amendment or repeal of regulations of general application that affect any matter covered by this Agreement."

续表

BITs 名称	透明度义务			
	公布信息的范围	交换与提供信息的途径和范围	解释的途径和范围	提供评论机会
澳大利亚—墨西哥 BIT	法律、法规①	无	无	无
中国—韩国 BIT	法律、法规、程序、行政规章和普遍适用的司法裁决以及国际协定②	举行不定期会议，法律信息和投资机会③	无	无
中国—加拿大 BIT	法律、法规与政策；鼓励提前公布其计划采取的任何措施④	召开会议，交换法律信息、提供特定法律与政策的副本⑤	召开会议，特定法律与政策⑥	向利害关系人及另一缔约方提供对其计划采取的措施进行评论的合理机会⑦

通过表格的列举，可以看到：此部分内容美国—卢旺达 BIT、中国—加拿大 BIT 的规定最完整；美国—卢旺达 BIT 与美国 2004BIT 范本的规定完全一致；同样是中外投资协定，较之中国—韩国协定，中国—加拿大 BIT 的文本内容更为详尽和具体。

除了上述主要的透明度义务外，在个别协定中还对缔约方规定了其他透明度义务。其中代表性有：美国—卢旺达 BIT 中对行政程序以及复议和诉请程序透明度的规定，⑧ 还有中国—加拿大 BIT 中对于缔约另一方投资者获悉内容的规定。⑨

---

① See Australia – Mexico BIT, Article 6 "laws, regulations".
② 中国—韩国 BIT，第 11 条第 1 款。
③ 中国—韩国 BIT，第 13 条第 1 款。
④ 中国—加拿大 BIT，第 17 条第 1 款、第 3 款。
⑤ 中国—加拿大 BIT，第 18 条第 1 款、第 17 条第 1 款第（2）项。
⑥ 中国—加拿大 BIT，第 18 条第 1 款、第 17 条第 1 款第（3）项。
⑦ 中国—加拿大 BIT，第 17 条第 3 款第（2）项。
⑧ See USA – Rwanda BIT, Article 11.4, Article 11.5.
⑨ 中国—加拿大 BIT 第 17 条第 2 款：对于与投资准入条件相关的法律、法规与政策，包括申请与注册程序、评估与审批标准、处理申请及作出决定的时间表，以及对决定的复议或申诉程序，每一缔约方均应确保能够为另一缔约方投资者所知悉。

三　透明度规则的例外

透明度义务的核心内容是缔约方披露与投资相关的信息。如同双边贸易协定中的一般例外、安全例外条款一样，BITs 中也有例外条款。在外国直接投资规模不断扩大的背景下，其给东道国带来的负面影响也越来越受到关注；更多的投资东道国在签订 BITs 时，强调投资保护政策不能以牺牲东道国政府的合法的利益需求为代价。① 透明度规则中也同样存在这种问题，缔约方的信息提供和披露义务的设立，也需要符合其对自身合法利益和其他市场运行主体合法利益维护的考量，于是各 BITs 中规定有透明度的例外条款也就容易理解了。

透明度的例外条款是在协定中规定的情况出现时，缔约方不再承担提供和披露信息义务的有关条款。例外条款算是对缔约方透明度义务的免除，以消除透明度义务的履行对缔约方造成的某些不利影响；虽然这些不利影响可以通过对透明度义务本身的规定（如信息的范围）进行限制来予以消除，但是各 BITs 也通过例外条款实现这一目标。②

各 BITs 关于透明度规则的例外条款规定的角度和内容并不一样，但大致可以分为安全例外、信息披露例外两部分。两种例外条款的主要区别如下：（1）出发点不同。安全例外是出于对缔约方的根本安全利益的保护的需要；信息披露例外是出于对缔约方执行法律、保护公共利益和私人合法利益保护的需要。（2）免于披露的信息范围不同。安全例外是针对缔约方认为的信息，信息的范围由缔约方主观认定，信息的范围不固定；信息披露例外主要是针对由缔约方国内法规定具有保密性的信息，有一定的客观认定标准，信息的范围相对固定。不过与公共利益有关的信息例外，不论是"根本安全利益"还是"公共利益"的内涵及认定都带有缔约方的主观色彩，成为缔约方拒绝披露信息的"尚方宝剑"。缔约方滥用透明度安全例外条款、信息披露例外条款无疑会使信息披露义务的实现难度增加。在文本表述不清晰、也不可能表述清晰的情况下，信息披露义务更多依靠的是缔约方的自觉和互信，其实际效果不是其他人能控制的。投

---

① See UNCTAD, *Bilateral Investment Treaties* 1995 – 2006: *Trends in Rulemaking*, p. 142.

② See UNCTAD, *Transparency UNCTAD Series on Issues in International Investment Agreements* I, p. 50.

资者也罢，研究者也罢，能做的也只有回归到文本的内容。样本 BITs 中的例外条款详见表 3 - 3：

表 3 - 3　　　　　　　　　　样本 BITs 中透明度的例外条款

BITs 名称	透明度的例外条款	
	安全例外（分布位置）	信息披露例外（分布位置）
美国—卢旺达 BIT	条约不应被解释为要求缔约一方提供或允许获得其认定不利于其根本安全利益的信息（第 18 条根本安全第 1 款)①	条约不应被解释为要求缔约国提供或允许获得机密信息，该信息的披露将妨碍法律的执行或违背公共利益，或者对特定公共或私人企业的合法商业利益造成损害（第 19 条信息的披露)②
加拿大—罗马尼亚 BIT	本协定中任何规定均不得被理解为：要求缔约方提供或允许获得其认定披露后将违背其根本安全利益的信息［第 16 条适用与一般例外，第 6 款(a) 项］③	本协定中任何规定均不得被理解为要求缔约方提供或允许获得这样的信息，此类信息披露后将阻碍法律执行或有违缔约方保护内阁机密、个人隐私或金融机构的金融事务和个人顾客账户信息保密性的法律（第 16 条适用与一般例外，第 7 款)④
日本—秘鲁 BIT	无	前两款不得解释为要求缔约国披露机密信息，该信息的披露会妨碍执法或违背公共利益，或者侵犯个人隐私或合法商业利益（第 9 条透明度第 3 款)⑤
澳大利亚—墨西哥 BIT	无	无

① See USA – Rwanda BIT, Article 18. 1 "Nothing in this Treaty shall be construed：1. to require a Party to furnish or allow access to any information the disclosure of which it determines to be contrary to its essential security interests".

② See USA – Rwanda BIT, Article 19 "Nothing in this Treaty shall be construed to require a Party to furnish or allow access to confidential information the disclosure of which would impede law enforcement or otherwise be contrary to the public interest, or which would prejudice the legitimate commercial interests of particular enterprises, public or private".

③ See Canada – Romania BIT, Article XVII. 6 "Nothing in this Agreement shall be construed：(a) to require any Contracting Party to furnish or allow access to any information the disclosure of which it determines to be contrary to its essential security interests".

④ See Canada – Romania BIT, Article XVII. 7 "Nothing in this Agreement shall be construed to require a Contracting Party to furnish or allow access to information the disclosure of which would impede law enforcement or would be contrary to the Contracting Party's law protecting Cabinet confidences, personal privacy or the confidentiality of the financial affairs and accounts of individual customers of financial institutions".

⑤ See Japan – Peru BIT, Article 9. 3 "The provisions of paragraphs 1 and 2 shall not be construed so as to oblige either Contracting Party to disclose confidential information, the disclosure of which would impede law enforcement or otherwise be contrary to the public interest, or which would prejudice privacy or legitimate commercial interests".

续表

BITs 名称	透明度的例外条款	
	安全例外（分布位置）	信息披露例外（分布位置）
中国—韩国 BIT	无	协定不要求缔约一方提供或允许获得任何机密或有产权的信息，包括与特定的投资者或投资有关的信息，披露后会妨碍法律的执行、违背保护机密的法律或损害特定投资者的合法商业利益的信息（第12条透明度第2款）①
中国—加拿大 BIT	本协定中任何规定均不得被理解为：要求缔约方提供或允许获得其认定披露后将违背其根本安全利益的信息［第33条 一般例外第5款第（1）项]②	本协定中任何规定均不得被理解为要求缔约方提供或允许获得这样的信息，此类信息披露后将阻碍法律执行或有违缔约方保护内阁机密、个人隐私或金融机构的金融事务和个人顾客账户信息保密性的法律［第33条 一般例外第6款第（1）项]③

　　各协定中例外条款对比，有两个明显的表现：（1）各协定例外条款规定的趋同化：透明度例外条款的内容，不论是安全例外条款还是信息披露条款，各协定中的表述基本一致，中国—加拿大 BIT、加拿大—罗马尼亚 BIT 表述完全一致，体现各协定在此问题上的分歧较小。（2）条款的分布位置不同：中国—韩国 BIT、日本—秘鲁 BIT 的信息披露例外条款位于透明度条款中；中国—加拿大 BIT、加拿大—罗马尼亚 BIT 安全例外条款、信息披露例外条款均位于一般例外条款中；美国—卢旺达 BIT 的安全例外条款、信息披露例外条款分别位于专设的根本安全、信息披露两条中。从透明度条款的一款规定，到一般例外条款的两款规定，再到独立的两个条文分开规定，体现出透明度例外条款越来越均匀分布于协定的各个部分。规定表述的趋同化表明透明度例外条款内容上已趋于固定；条款分布的差异化，体现的是各协定对透明度例外条款的关注度的不同，很明显美国—卢旺达 BIT 对透明度例外条款的安排显示出对其更高的重视程度。

　　综合各协定关于透明度义务、例外条款两部分内容的规定，有两个突出的表现：一是这6个文本中，以澳大利亚—墨西哥 BIT 最简单，美国—

① 中国—韩国 BIT 第12条第2款。
② 中国—加拿大 BIT 第33条第5款第（1）项。
③ 中国—加拿大 BIT 第33条第6款第（1）项。

卢旺达 BIT 最详尽。前者只是笼统地表述出缔约各方的透明度义务，而后者完整清晰地对透明度规则的各个方面作了规定；二是美国—卢旺达 BIT 的规定与美国 2004BIT 范本一字不差，而中国—加拿大 BIT、加拿大—罗马尼亚 BIT 内容的部分重合，包括诸如"内阁机密"的表述都带有鲜明的加拿大 BIT 范本的痕迹。北美各国推行的 BIT 范本对现今 BITs 内容的发展影响越来越大。"近年来，美国和加拿大签订的 BITs 高度关注透明度，透明度义务的内容和理念已经逐渐变革。"①本节的内容无疑证实联合国贸发会议对透明度规则制定趋势的此种把握是正确的。

第二节　FTAs 中透明度规则的内容

一　FTAs 样本概览

FTAs 是两个或者两个以上缔约方为促进彼此间商品和服务贸易自由化以及刺激贸易和投资流动创造有利条件而签订的协定。"通过更广泛的协议综合处理国际经济活动的贸易和投资要素，往往能更好应对现实中越来越多的国际贸易和投资联系。"② 近年来，各国的 FTAs 订立的速度加快，大有取代 BITs 的趋势。FTAs 中的大量条款也针对缔约方间的投资关系，因而也是调整投资关系的重要协定。当透明度规则的研究视角转向国际投资协定时，FTAs 的透明度规则就成为必须查究的重要内容之一。与 BITs 不同的是，FTAs 中的透明度规则同时适用缔约方间的贸易、服务以及投资三个领域，而本书仅从投资角度界定 FTAs 中的透明度规则。与上节相同，选出 6 个 FTAs 典型样本，③ 本节内容主要以 6 个文本为论述依据，亦分为对缔约方透明度义务的规定和透明度规则的例外两部分介绍。④ 样本 FTAs 签订生

---

① See UNCTAD, *Bilateral Investment Treaties* 1995 – 2006: *Trends in Rulemaking*, p. 143.

② See UNCTAD, *World Investment Report* 2012, Overview xx.

③ 文本的选择，主要是针对上节 6 个 BITs 的签订国。虽生效于 20 世纪 90 年代，但考虑到 NAFTA 的影响力，亦将其选入典型样本。

④ 再次需要说明的是，FTAs 作为调整两国经贸关系的综合性协定，内容涵盖范围较广，而本书是以国际投资协定的透明度规则为研究范围，因而本节介绍 FTAs 中的透明度规则仅以文本中的"序言""总则""投资""最终条款"、适用于整个协定的"透明度条款""例外条款"等内容为限，协定中的"货物贸易""服务贸易""知识产权保护""竞争""争端解决机制"等内容里的透明度规则不在研究范围。

效时间见表 3 - 4：

表 3 - 4　　　　　　　样本 FTAs 签订生效时间一览

国际投资协定名称	签订时间	生效时间
NAFTA	1992 年 8 月 12 日	1994 年 1 月 1 日
新加坡—哥斯达黎加 FTA	2010 年 4 月 6 日	2013 年 7 月 1 日
加拿大—巴拿马 FTA	2010 年 5 月 14 日	2013 年 4 月 1 日
美国—韩国 FTA	2010 年 12 月 3 日	2012 年 3 月 15 日
中国—冰岛 FTA	2013 年 4 月 15 日	2014 年 7 月 1 日
中国—瑞士 FTA	2013 年 7 月 6 日	2014 年 7 月 1 日

注：统计截止日期：2014 年 12 月 1 日。

二　缔约方的透明度义务

（一）公布

缔约各方应确保与协定涉及事项相关或者可能影响协定实施的法律、法规、普遍适用的行政裁决等信息迅速公布，或者通过其他方式公开上述信息。各 FTAs 的表述基本一致，差异性主要体现在两个方面：一是在公布的信息范围上，中国—瑞士 FTA 还包括缔约方的司法判决和各自参与的国际协定；[①] 二是在提供信息的对象上，中国—冰岛 FTA、中国—瑞士 FTA 并没有指明信息公布和提供的对象，[②] 美国—韩国 FTA、新加坡—哥斯达黎加 FTA、加拿大—巴拿马 FTA 中明确指出信息公布和提供的对象是利害关系人和缔约另一方。[③] 为行文简洁流畅，以中国—瑞士 FTA 和新加坡—哥斯达黎加 FTA 为例：

中国—瑞士 FTA 第 1.5 条 第 1 款

缔约双方应公布，或以其他方式公开提供可能会影响本协定实施的法律、法规、司法判决、普遍适用的行政裁决和各自参与的国际协定。

---

① 中国—瑞士 FTA 第 1.5 条第 1 款。

② 中国—冰岛 FTA 第 123 条第 1 款，中国—瑞士 FTA 第 1.5 条第 1 款。

③ See USA - Korea FTA, Article 21. 1. 1；Singapore-Costa Rica FTA, Article 15. 3. 1；Canada-Panama FTA, Article 9. 13. 1、Article 20. 02. 1.

新加坡—哥斯达黎加 FTA 第 15.3 条第 1 款

缔约各方应当确保与本协定覆盖任何事项有关的法律、法规、程序和普遍适用的行政裁决及时公布或以其他方式使缔约另一方和利害关系人能获知。

另外鼓励信息的提前公布制度，样本协定中多数均未提及。新加坡—哥斯达黎加 FTA 提到一句，即"缔约各方尽可能提前公布建议通过的法律"①，在美国—韩国 FTA 中的规定则相对具体，其中美国—韩国 FTA 第 21.1 条第 2 款与 NAFTA 第 1802 条第 2 款完全一样，两个协定相差近二十年，但是 NAFTA 影响依然存在：

美国—韩国 FTA 第 21.1 条第 2 款

缔约各方应当尽可能：

（a）提前公布其计划采取的任何措施；以及

（b）向利害关系人及缔约另一方提供对其计划采取的措施进行评论的合理机会。

第 3 款

就依据本条第 2 款第（a）项公布的涉及本协定涵盖任何事项的中央政府层面普遍适用的拟议法规而言，缔约各方：

（a）应当在一个单独的全国发行的官方刊物中公布拟议法规，并且应当鼓励通过其他途径发行；

（b）在大多数情况下应尽可能在公众评论期限截止前不少于 40 天公布拟议法规；

（c）在公布中应当包括拟议法规制定目的和理由的解释。

虽然在"尽可能"短语的限定下，信息的提前公布，只能算是鼓励措施，并非强制性义务，但是这也是如何要求缔约方事先通知的一个例子。法律法规草案公布的目的，是为了提供给投资者一个评论机会，以便

---

① See Singapore - Costa Rica FTA, Article 15.3.2.

表达他们对投资计划的看法，进而影响缔约方的投资决策过程。① 这仍是对缔约方提出了高标准的透明度要求，实力较弱的国家因担心这种规定对其决策过程带来不利影响而选择不规定此项规定，因而有此规定的 FTAs 并不多。不过与这些 FTAs 的不规定相反的是，正如上例，美国—韩国 FTA 第 21.1 条第 3 款对缔约方中央政府层面普遍适用的拟议法规的公布使用的是"应当"，即属于强制性义务，对提前公布的途径、期限和内容都提出了要求。

（二）信息的交流和通知

缔约各方通过信息沟通渠道的建立，进行投资法规以及相关措施的信息交流，或是通过沟通渠道向另一方通知投资信息的变化。中国签订的协定只是强调信息的交流，其他协定强调信息交流更强的主动性，即缔约方主动的信息通知。例如，中国—瑞士 FTA 规定的是，缔约双方通过联络点相互交流境外投资措施以及投资法规方面的信息，或是沟通协定中任何事项。

中国—瑞士 FTA 第 9.1 条　投资促进

缔约双方认识到促进跨境投资和技术流动作为实现经济增长和发展的一种手段的重要性。在这方面的合作可包括：

（1）确定投资机会；

（2）促进境外投资措施方面的信息交流；

（3）投资法规方面的信息交流；

（4）协助投资者了解缔约双方的投资法规和投资环境。

……

第 14.2 条　联络点

为方便缔约双方之间就本协定的任何事项进行沟通，特指定以下联络点：

（1）对于中国：中华人民共和国商务部（MOFCOM）；

（2）对于瑞士：联邦经济总局（SECO）。

---

① See UNCTAD, *Transparency UNCTAD Series on Issues in International Investment Agreements I*, pp. 26 - 27.

NAFTA 则规定的是：当缔约方认为实际采取的措施可能严重影响协定的实施或严重影响协议中另一方的利益，应最大程度地通知另一方。[1]

信息的通知是缔约方与协定有关的信息发生变化时，应通知缔约另一方的义务，属于信息的主动提供，用于强调缔约方维护信息透明度的主动性。

信息通知这种类型的透明度义务主要目的是监督缔约各方是否遵守国际投资协定的实质性义务。这是因为，当缔约方的法律法规发生变化时，主动通知缔约另一方，不仅让缔约另一方知晓此种变化，而且还能够监督缔约方的变化是否违背其缔约承诺。当然，信息通知义务不能代替公布义务，相反，协定中的信息通知义务常常被认为是通过公布信息提高透明度的补充手段。[2]

（三）信息的提供

应另一方请求，缔约方应尽可能就相关事宜立即提供信息，并对相关问题作出回应，这属于另一方要求后信息的被动提供。其他协定中，将信息的通知和信息的提供联系在一起，无论之前是否通知，当另一方提出请求时，"应当及时、免费提供相关信息"[3]，应当及时提供现有的或拟将采取的可能影响协定实施的各种措施的有关信息。[4] 而中国签订的协定中并没有将两者联系起来。以新加坡—哥斯达黎加 FTA 为例：

新加坡—哥斯达黎加 FTA 第 15.4 条 通知和信息提供

1. 当缔约方认为实际采取的措施可能严重影响本协定的实施或严重影响本协定中另一方的利益，应最大程度地通知另一方。

2. 应另一方要求，缔约方应当及时、免费提供信息，并且回复有关实际问题或拟议措施，而不论另一方之前是否已通知该措施。

3. 至于该措施是否与本协定相符，并不受本条下的任何通知和信息提供的影响。

---

① See NAFTA, Article 1803. 1.

② See UNCTAD, *Transparency UNCTAD Series on Issues in International Investment Agreements I*, p. 45.

③ See Singapore – Costa Rica FTA, Article 15. 4. 2.

④ See USA – Korea FTA, Article 21. 2, Canada – Panama FTA, Article 20. 03. 2.

　　新加坡—哥斯达黎加 FTA "通知和信息提供" 的规定与 NAFTA 第 1803 条完全一致，再次体现 NAFTA 对其他国家间缔结的 FTAs 影响重大。

　　至于信息提供的方式，中国签订的协定采用的是界定 "已提供信息"，间接指出信息提供方式。除了主动提供之外，将已经通过向世界贸易组织适当通报的方式为公众所获得，或可以在相关缔约方的官方、公共免费登录网站上获得均称为信息已提供。①

　　（四）特定案件行政程序符合规定

　　受 NAFTA 的影响，美国—韩国 FTA、新加坡—哥斯达黎加 FTA、加拿大—巴拿马 FTA，都对缔约方特定案件的具体行政程序提出具体要求，表述与 NAFTA 基本一致。②

NAFTA 第 1804 条　行政程序

　　为了让影响本协定事项的所有措施以一致的、公平的和合理的方式得以实施，缔约方应当保证，其在特定案件中对第 1802 条中的缔约另一方的特定人、货物或服务执行措施的行政程序：

　　（a）在可能的情况下，当程序启动时，应当按照国内法的程序给受直接影响的缔约另一方的人员合理通知，包括程序性质的描述，启动程序的法定机构的陈述，以及对任何争议问题的一般概述。

　　（b）在时间、程序性质和公众利益允许的情况下，以上关系人在做出最终行政行为前得到合理机会说明其观点及其依据的事实。

　　（c）符合国内法规定。

　　针对投资而言，上述规定可解读为：为了使公布的法律、法规、普遍适用的行政裁决等信息能得到一致、公平以及合理的方式实施，缔约方应当保证在特定案件中对特定投资者执行措施的行政程序：（1）尽可能当程序启动时，按照国内法程序给受直接影响的另一方投资者合理通知，包括程序的性质、主管机关的声明及争议问题的一般概况；（2）作出最终行政行为前，在时间、程序性质和公众利益允许的情况下，投资人有合理

---

　　① 中国—冰岛 FTA 第 123 条第 3 款，中国—瑞士 FTA 第 1.5 条第 3 款，

　　② See NAFTA, Article 1804；USA – Korea FTA, Article 21.3；Singapore – Costa Rica FTA, Article 15.5；Canada – Panama FTA, Article 20.04.

机会说明其观点及其依据的事实；行政程序符合缔约方的国内法规定。

（五）复议和诉请①程序符合规定

同样受 NAFTA 的影响，美国—韩国 FTA、新加坡—哥斯达黎加 FTA、加拿大—巴拿马 FTA，都对缔约方的行政复议程序和诉请程序提出具体要求，表述与 NAFTA 基本一致。②

NAFTA 第 1805 条　复议和诉请

1. 各缔约方为及时审查之目的，以及在允许的情况下，为纠正有关本条约所涵盖事项的最终行政行为的目的，应建立或维持司法、准司法或行政法庭或程序。这类裁判机关应是公正的，独立于行政执法机关，且不应与该事项的裁决结果具有实质性利益关系。

2. 缔约方应当保证，在以上程序中争议所涉当事方享有以下权利：

（a）获得合理表达意见的机会；及

（b）根据国内法的要求，在证据和笔录的基础上做出决定。

3. 缔约方保证复议和诉请决定根据其国内法的规定得到相关行政机关的执行。

这些协定在对缔约方行政程序提出要求后，又对缔约方的行政复议程序和诉请程序提出具体要求。当投资者认为缔约方行政机关的行政行为侵犯其合法权益的，可以通过行政复议程序以及行政诉请程序予以救济。此项规定将透明度要求推进到缔约方的司法、准司法或行政法庭或程序，亦属于高标准的透明度要求。

---

① 诉请，协定中的原文为 appeal，多翻译为上诉。按照《元照英美法词典》的解释：在美国，上诉是指请求上级法院对下级法院的裁决或请求法院对行政机关的裁决进行审查，以纠正其错误或推翻其不公正之裁决的行为（参见薛波主编《元照英美法词典》，法律出版社 2003 年版，第 82 页。）在这里指的是请求法院对行政机关的裁决进行审查，翻译为上诉并不为错，但是考虑到我国的上诉词义较窄，为了不发生歧义，本书译为诉请。中国缔结协定的中文版中采用"上诉"表述的，引用时从其规定。

② See NAFTA, Article 1805；USA - Korea FTA, Article 21. 4；Singapore - Costa Rica FTA, Article 15. 6；Canada - Panama FTA, Article 20. 05.

三　透明度规则的例外

与 BITs 的透明度规则的例外条款不一样，FTAs 对信息披露例外都予以规定且内容基本一致，但明确可适用于投资领域的安全例外条款只有美国—韩国 FTA 中有：

　　　　美国—韩国 FTA 第 23.2 条　根本安全
　　本协定的任何规定不得解释为：
　　（a）要求缔约方提供或允许获得其认定披露会违背其根本安全利益的任何信息；

究其原因，部分 FTAs 其他章节中的安全例外条款并没有出现在投资一章，而透明度一章也没有规定。不过仔细推敲这些 FTAs 中货物贸易一章的规定，事实上同样适用于投资领域。①

对于美国—韩国 FTA 第 23.2 条（a）项而言，根本安全利益的认定，以及是否违背根本安全利益的认定，取决于缔约方自己。只要是缔约方认定披露会违背其根本安全利益，就可以拒绝披露任何信息而不再承担透明度义务。这样规定，是为了最大限度地满足缔约方的国家安全利益需求。

信息披露例外的含义在 FTAs 中的表达基本与 BITs 相同，指协定中的任何内容都不应要求缔约方披露妨碍执法的、违反法律或违反公众利益或损害任何公私经营者合法商业利益的信息。② 只不过有协定特别表达了缔约方不应披露任何可能损害投资者竞争地位的商业机密。③ 以新加坡—哥斯达黎加 FTA 为例：

　　　　新加坡—哥斯达黎加 FTA 第 11.9 条第 2 款
　　尽管有第 11.4 条（国民待遇）和第 11.5 条（最惠国待遇），缔约一方出于信息搜集和统计目的，可以要求缔约另一方的投资者或缔约另一方投资者的投资提供关于投资的相关信息。缔约一方应当对可

---

① 中国—冰岛 FTA 第 12 条第（1）项、中国—瑞士 FTA 第 2.7 条。
② 中国—冰岛 FTA 第 124 条；中国—瑞士 FTA 第 1.6 条；USA – Korea FTA, Article 23.4。
③ See USA – Korea FTA, Article 11.13.2; Singapore – Costa Rica FTA, Article 11.9.2.

能损害缔约另一方投资者或者投资者投资竞争地位的商业机密采取保护措施不予披露，但是，基于公平和善意适用法律而获得或披露相关信息的除外。

除了缔约方的透明度义务以及透明度规则的例外，美国—韩国 FTA 的透明度一章中还用大篇幅提及反腐败，表达双方共同致力于消除国际贸易和投资中的腐败和贿赂行为。[①]

第三节　BITs 和 FTAs 中透明度规则的关系

一　BITs 和 FTAs 中透明度规则的冲突

BITs 和 FTAs 中透明度规则的相同点是两类协定都体现出透明度规则的细致化规定；协定中都包括公布、信息的交流、信息的提供；例外条款也都大致分为安全例外、信息披露例外。特别是美国、加拿大签订的 FTAs，基本都包含完整的投资协定所具有的一整套制度。[②] 几乎就是将其 BIT 范本的透明度规则挪到签订的 FTAs 中。

BITs 和 FTAs 中透明度规则的主要冲突有：

（1）透明度条款的分布位置不同。在各 BITs 中，透明度条款属于单独条款，在归类上自成一体，例如中国—韩国 BIT 第 11 条透明度，澳大利亚—墨西哥 BIT 第 6 条法律透明度，美国—卢旺达 BIT 第 11 条透明度，日本—秘鲁 BIT 第 9 条透明度，加拿大—罗马尼亚 BIT 第 16 条透明度，中国—加拿大 BIT 第 17 条法律、法规与政策的透明度；FTAs 中则不同，有些透明度条款位于"总则"中，如中国—瑞士 FTA 第 1.5 条透明度，或是位于"最后条款"中，如中国—冰岛 FTA 第 123 条透明度，有些则自成一章，如 NAFTA 第 18 章法律的公布、通知和管理，新加坡—哥斯达黎加 FTA 第 15 章透明度，美国—韩国 FTA 第 21 章透明度。

（2）透明度条款的功能不同。在 BITs 中，透明度条款适用于整个协

---

① See USA – Korea FTA, Article 21.6.

② 参见陈安主编《国际经济法的新发展与中国双边投资条约的新实践》，复旦大学出版社 2007 年版，第 13 页。

议；在 FTAs 中，透明度条款不能适用于 FTAs 中所有的条款，其功能的大小还要由 FTAs 明确规定。

（3）透明度规则的一致性程度不同。BITs 中透明度规则只针对投资关系，规则单一且具有一致性，即适用于整个协定；而 FTAs 中有透明度规则的章节较多，协定内透明度规则复杂且具有不一致性。例如，加拿大—巴拿马 FTA 中适用投资领域的透明度规则就有两部分，第 9 章投资第 9.13 条透明度以及第 20 章透明度，前者只针对投资一章，而后者针对整个协定。

（4）透明度规则的具体内容也有一定的差异。突出表现在，相同的缔约方之间签订的 BIT 和 FTA 中涉及投资的透明度规则具有差异性，下面以中国和冰岛两个国家为例，见表 3-5：

表 3-5　　中国—冰岛 BIT 和中国—冰岛 FTA 透明度规则的比较

中国—冰岛 BIT 透明度规则	中国—冰岛 FTA 透明度规则
第 12 条　磋商 1. 缔约双方代表为下述目的应不时进行会谈： （1）审查本协定的执行情况； （2）交换法律情报和有关投资机会情报； （3）提出促进投资的建议； （4）研究与投资有关的其他事宜。 2. 若缔约任何一方提出就本条第一款所列的任何事宜进行磋商，缔约另一方应及时作出反应。磋商可轮流在北京和雷克雅未克举行	第 8 章　投资 第 91 条 信息交流 双方应在下列方面促进信息交流渠道的建立并为全方位的沟通和交流提供便利： （1）投资政策法律以及经济贸易和商业信息； （2）探讨建立投资促进机制的可能性；以及 （3）为潜在投资者和投资合作方提供国家信息。 第 12 章　最终条款 第 123 条 透明度 1. 各方应确保与本协定涵盖事项相关的法律、法规及普遍适用的行政决定迅速公布，或通过其他方式使另一方获得上述信息。 2. 应另一方要求，一方应尽可能就第一款所提及的事宜立即提供信息，并对相关问题作出回应。 3. 当本条项下的信息已经通过向世界贸易组织适当通报的方式为公众所获得，或可以在相关方的官方、公共和可以免费登录的网站上获得时，该信息可被视为已经提供。 第 124 条 保密信息 本协定的任何规定不得要求任何一方披露妨碍其法律实施，或违背其公共利益，以及损害特定公私企业合法商业利益的保密信息

中国—冰岛 BIT 中的透明度规则仅规定通过磋商机制交换情报；中国—冰岛 FTA 中不仅有信息交流，还有单独的透明度条款，还有透明度例外条款，即保密信息一条。而二者共同规定的信息交流（情报交换）这一部分，表述也有明显的差异：中国—冰岛 BIT 只笼统提到"交换法律情报和有关投资机会情报"；而中国—冰岛 FTA 则细化为投资政策法律

以及经济贸易和商业信息、探讨建立投资促进机制的可能性、为潜在投资者和投资合作方提供国家信息三个方面。

正是基于 BITs 和 FTAs 中透明度规则上述差异性，国际投资协定的透明度规则研究，不可或缺的是对二者透明度规则冲突的解决。

二 BITs 和 FTAs 中透明度规则冲突的解决

BITs 和 FTAs 作为国际投资协定中最主要的两类投资协定，正如前述，它们中的透明度规则有相同之处，也有差异性。当两个缔约方间只存在 BITs 和 FTAs 中的一个，那么至少不会存在透明度规则的协定外不一致，只需解决签订的 FTAs 内部各部分透明度规则的差异；但当两个缔约方间既签订有 BITs 又签订有 FTAs 时，规则的协定外不一致就需要在协定中予以解决。当然，之前 FTAs 内部透明度规则的差异也需要先解决。不管是 FTAs 内部透明度规则的差异，还是外部的透明度规则的不一致，各缔约方都交给了它们之间签订的 FTAs 来解决。

（一）FTAs 内部透明度规则差异的调和

FTAs 中界定的内容含括范围较大，总则、最后条款、透明度、货物贸易、服务贸易、知识产权保护、投资、竞争、争端解决机制等中都会有透明度规则。仅就投资领域的透明度规则而言，至少可能存在于总则、最后条款、透明度、投资各部分中。如果出现规定不一致，FTAs 会有两种调和方法。一种是当整个 FTAs 的透明度条款位于总则或是"透明度"专章中，透明度条款会直接规定："本条的规定与其他章中有关透明度的规定不一致，以后者为准，"[1] 从而其他章中的透明度规则得以适用。另一种是"透明度"专章中没有规定，而是在"投资"一章中规定"本章的规定与其他章的规定不符的，以其他章为准，"[2] 于是"投资"一章的透明度规则如出现与其他章，包括"透明度"一章中的规定不一致的，以其他章为主。至此，FTAs 中有关投资领域的透明度规则适用问题得以解决。

（二）BITs 和 FTAs 透明度规则的协调

BITs 和 FTAs 透明度规则的协调，依靠的是 FTAs 中规定的它自身与

---

[1] 中国—瑞士 FTA 第 1.5 条第 4 款；Singapore – Costa Rica FTA, Article 15.7。

[2] See USA – Korea FTA, Article 11.2.1；Canada – Panama FTA, Article 9.03.1.

其他国际协定的关系来解决。各缔约方在 FTAs 中也采用了不同的方法，这些方法大致可以分两类：一类是明确以 FTAs 为准的确定性方法；一类是只提解决依据而无结论的非确定性方法。

采用第一类方法，缔约双方在确认彼此在其他国际协定中的权利和义务的同时，会规定：如果 FTAs 与其他协定有不一致之处，以 FTAs 为准，FTAs 另有规定的除外。[①] 不论结果是以 FTAs 为准，还是以其他协定为准，都是由 FTAs 的条文直接规定。当 BITs 和 FTAs 透明度规则不一致时，亦是依据 FTAs 条文的直接规定，两类协定规则的协调问题得以确定性解决。

第二类非确定性方法又有两种方法：一种规定 FTAs 与其他协定有不一致之处，缔约一方可提出磋商请求；缔约另一方应提供充分的机会与请求方磋商，以期找到一个缔约双方都满意的符合国际公法习惯解释规则的解决方案。[②] 这种解决方法仍是依靠传统的缔约方间的磋商机制，"一个缔约双方都满意的符合国际公法习惯解释规则"能否找到，是这种方法能否发挥作用的关键。另一种方法是规定 FTAs 不得解释为减损缔约方之间的任何提供了更优惠投资待遇的国际法律义务。[③] 适用 FTAs 还是其他协定，关键是看哪个规定赋予的投资待遇更优惠。如果判断投资待遇高低的标准只是客观的数据也倒罢了，但事实上判断投资待遇好坏的主客观标准原本就颇多，"哪个规定赋予的投资待遇更优惠"可能是"公婆之理"后的无法得出结论的方法。因而，第二类的两种方法都属于非确定性方法，BITs 和 FTAs 透明度规则的协调还依赖缔约方间的磋商机制。只不过第一种在磋商时，是站在缔约方的角度，而第二种更多是以投资者待遇为考量点而已。

作为缔约方签订的 BITs 和 FTAs，透明度规则融合的实现，需要 FTAs 内部规则差异的调和以及 FTAs 外部与 BITs 规则的协调，而最终是要通过缔约方在磋商机制中对协定进行解释来达成。"解释时应注重探求缔约双方缔约时的共同意思。"[④] 虽然"探求"没有硬性规则，但却是所有国际协定规则适用时的必经之路。

---

① See Singapore – Costa Rica FTA, Article 1. 3. 2; Canada – Panama FTA, Article 1. 04. 2;

② 中国—瑞士 FTA 第 1. 3 条；中国—冰岛 FTA 第 4 条。

③ See USA – Korea FTA, Article 1. 2. 2.

④ 李浩培：《条约法概论》，法律出版社 2003 年版，第 361 页。

三　融合的国际投资协定透明度规则

不论是 BITs 还是 FTAs，其中的透明度规则的融合构成国际投资协定透明度规则的"全景图"，界定的是缔约方在"透明度"事项上应承担的义务，并间接规定了缔约另一方及其投资者所应享有的各项权利。也就是对国际投资协定涉及的三个当事方，即东道国、投资母国以及投资者参与国际投资活动时有关透明度权利义务的分配。

具体来讲，透明度规则意味着参与国际投资活动的当事方在投资活动中，可以从其他当事方获得所需要的足够信息，以便做出明智的决策，并且履行义务、兑现承诺。可以这么说，透明度规则既是一种义务，也是对各当事方参与投资活动要求的一部分。[1] 因而，透明度规则首先围绕的对各当事方义务的设定和要求的提出，这一点至少体现在国际投资协定的表述上。而这种义务的设定或是要求的提出，都是以相关当事方的对应权利的存在为前提的，义务的发展也是以权利的发展为条件；同样的，权利的存在和发展也是以义务的存在和发展为条件，即二者是相互依存的关系。[2] 由于这种相互依存关系，亦即权利义务的相对性，下面从各方的透明度义务的角度，对国际投资协定透明度规则的内容进行总结。

（一）投资东道国的透明度义务

国际投资协定透明度义务历来集中在提供足够的信息给投资者，使其获取投资相关信息，以提高投资的可预测性并保持东道国与投资者之间的持续稳定的投资关系。[3]

投资者在投资过程中，获取信息的范围很广泛：现行法律，拟议的监管框架以及可能会影响投资的政府政策，其中不仅包括那些直接关系到外国投资者投资的有关财务事项规定，如资本转移的限制、设立费用、营业执照、税收，也包括一些一般性的规定，如环境、健康和社会福利的法律和政策。这都对东道国的透明度义务的履行提出了高标准的要求。当把东道国现有的透明度义务扩大到程序方面，特别是政府的决策以及行政机关

---

① See UNCTAD, *Transparency UNCTAD Series on Issues in International Investment Agreements I*, p. 3.

② 参见张文显《法哲学通论》，辽宁人民出版社 2009 年版，第 273 页。

③ See UNCTAD, *Transparency UNCTAD Series on Issues in International Investment Agreements II*, p. 5.

活动中的程序，包括在与投资者打交道时其对程序透明度的渴望，又对东道国透明度义务履行提出了更高的要求。① 除了投资者以及站在保护本国投资者立场上的投资母国，会关注东道国透明度义务的履行，投资母国站在自身利益的角度也会关注其透明度义务的履行，特别是可能影响到税收领域政策（例如免税区）的东道国相关信息披露。② 也就是说，哪怕是在一个具体投资中，东道国透明度义务履行的"监督者"不仅有投资者，还会有投资母国，透明度规则并非"一纸空文"。

具体的透明度义务的设定，对东道国来讲，有积极因素，也有消极影响。积极因素包括：有助于宣传东道国的投资环境和投资机会，从而吸引外国投资；透明度是"良好投资管理"这一广义概念的一项重要指标，假如东道国的商业环境欠缺透明度，可能会提高公司信息成本，降低工作效率，③ 反之，商业环境的透明，可以节约信息成本，提高公司效率，从而加强投资者对东道国经济的参与；基于国际投资协定中投资待遇的互惠互利，东道国的本国投资者对缔约另一方的投资也可以获取投资信息的便利，这一点对于身份正由东道国为主转向东道国且投资母国的新兴经济体尤为重要。透明度义务的履行对东道国的消极影响有：因外国直接投资的无障碍进入，对国家的相关产业以及经济的协调发展造成冲击，可能使经济利益受损；对东道国，特别是法制化水平较低的发展中国家的制度环境提出严峻考验，近期对这些国家诸如"司法不公、缺乏正当程序、未履行应尽的透明度义务"等的指责，④ 未能抓住主要的原因——实际是它们制度能力的不足，并非有意而为之；相关投资信息的搜集、制作、公布甚至透明度义务对行政程序的要求，都会增加东道国的财政支出。

国际投资协定透明度规则如何规定，才能在东道国经济的良性发展与投资者合法权益的保护中间找到一个平衡点，才能做到在既发挥透明度义务设定的积极意义的同时，又能降低其带来的消极影响，这需要国际社会在互利合作的基础上，通过不懈努力逐步实现。

---

① See UNCTAD, *Transparency UNCTAD Series on Issues in International Investment Agreements II*, p. 5.

② See UNCTAD, *Investment Promotion Provisions in International Investment Agreements*, p. 19.

③ Ibid. , p. 15.

④ See UNCTAD, *Transparency UNCTAD Series on Issues in International Investment Agreements II*, p. 15.

（二）投资母国的透明度义务

透明度义务的设定，重视的是投资者的愿望，即希望能全面了解东道国境内可能影响到投资条件和投资环境的各类信息，因而国际投资协定中的透明度义务的承担者是缔约方中身份为东道国的一方。正如部分协定中规定的"可能会影响缔约另一方的投资者在前一缔约方境内的投资有关的……"①，即将透明度义务施加给"前一缔约方"，也就是协定中作为东道国身份的一方。但是也有协定将透明度义务施加给缔约各方，例如：缔约各方应该确保协定覆盖的任何事项的有关信息向利害关系人以及缔约另一方公布或者以其他方式使他们能够获取。② 这时透明度义务要求缔约双方都有披露信息的责任，无论是东道国还是投资母国。于是协定中的透明度义务也是投资母国承担的义务，这样规定的受益人是潜在的和现有的投资者。③

投资母国透明度义务的设定对它来讲，并不会带来更多的积极或是消极影响，只是在缔约各方义务设定上保持平衡。另外，不管在一项具体的投资中缔约方的身份如何，都可以对缔约另一方提出透明度要求。投资母国透明度义务的设定，最大限度地确保投资信息的透明度，更有利于资本在缔约各方间流动。

此外，国际投资协定透明度规则的传统焦点是投资者保护以及国家义务，但是个别新缔结的国际投资协定中开始出现把投资者的责任纳入"透明度"的组成部分，暂且称为投资者的透明度责任。在这些协定中，投资者的透明度责任主要体现在两个方面：一个是协定中规定投资者必须遵守东道国的法律法规，当东道国的法律法规要求披露信息时，位于该国境内的外资企业就应当遵守这一要求，从而间接承担透明度责任；另一个

---

① See Finland – Guatemala BIT, Article 15. 1 "Each Contracting Party shall promptly publish, or otherwise make publicly available, its laws, regulations, procedures and administrative rulings of general application as well as international agreements which may affect the investments of investors of the other Contracting Party in the territory of the former Contracting Party".

② See USA – Panama FTA, Article 18. 2. 1 "Each Party shall ensure that its laws, regulations, procedures, and administrative rulings of general application respecting any matter covered by this Agreement are promptly published or otherwise made available in such a manner as to enable interested persons and the other Party to become acquainted with them".

③ See UNCTAD, *Transparency UNCTAD Series on Issues in International Investment Agreements II*, p. 17.

是部分协定通过授权东道国向投资者搜集信息的方式将投资者的透明度责任纳入，属于投资者直接承担透明度责任。这一规定可以协助东道国审查潜在投资者；东道国还可以依据这一规定，主张东道国受质疑的行动是对投资者未披露信息的合法回应，从而免除自己应承担的法律责任。[1] 对这一部分内容，本书不再论述。[2]

第四节　国际投资协定透明度规则的内容演变
——以美国 BIT 范本为例[3]

一　美国 BIT 范本的发展概况

20 世纪 70 年代，随着国际直接投资的增加，发达国家和发展中国家在投资活动中实现互利互惠，但同时它们潜在的投资目标也经常发生冲突。美国认为市场机制能够有效地分配投资资源，推行无限制的投资政策将会促进国际经济的稳定发展，而投资东道国的投资管制促使美国开始考虑其投资保护政策。[4] 出于此种考虑，1981 年美国开始启动 BIT 计划。[5]

---

[1]　See UNCTAD, *Transparency UNCTAD Series on Issues in International Investment Agreements II*, pp. 30 – 32.

[2]　协定中投资者的透明度责任，不论是直接的还是间接的，最终基本都是投资者遵守东道国法律法规的结果。所谓投资者的透明度责任就是细致规定投资者遵守东道国法律法规而已，基本没有特殊性。因而，这一内容本书不予论述。此外，投资者的透明度责任与本书的论证推进关联度不大，且该主题亦很宏观，本书无意且无力论证。之所以在此简单介绍的原因，在于对可能是本书视域的一个新问题没有提及，或不解释未论证的理由，会有"论证不够全面"之嫌，因而稍加提及。

[3]　从现有的文本静态分析国际投资协定透明度规则之后，把握透明度规则的内容演变的规律，就成为本章必不可少的内容。这种演变应该是基于同一个国家在不同时期协定透明度规则的比较。穷尽所有国家而后总结内容演变规律的方法在理论上可行，却由于文本缺失，在技术上行不通。于是选择某一典型国家为样本，理出其透明度规则的演变规律才具有可行性。这个国家必须具有代表性，其不同时期的协定影响力大，且不同时期的透明度规则清晰明确，符合这些条件的就只有美国了。更为关键的是，本书最后的落脚点是中美 BIT 谈判中的透明度规则，总结美国 BIT 范本透明度规则内容的演变规律，作为国际投资协定透明度规则内容演变规律的典型代表，在研究上有意义且更具合理性。

[4]　See Parica McKinsty Robin, "The BIT Won't Bite: The American Bilateral Investment Treaty Program" *American University Law Review*, Vol. 33, 1984.

[5]　See Jeswald W. Salacuse & Nicholas P. Sullivan, "Do BITs Really Work?: An Evaluation of Bilateral Investment Treaties and Their Grand Bargain", *Harvard International Law journal*, Vol. 46, 2005.

1982 年 1 月 11 日，美国政府公布了第一个 BIT 范本，为美国签订促进和保护海外直接投资协定提供了谈判框架。① 美国国务院、美国贸易代表办公室（The Office of the United States Trade Representative，USTR）共同负责 BIT 的政策和谈判。②

从 1984 年起，美国开始使用 BIT 范本进行投资协定的谈判；范本采用公开讨论，大约每 5 年或 10 年在国务院国际经济政策咨询委员会（The Advisory Committee on International Economic Policy，ACIEP）建议下更新。③ 美国国务院、美国贸易代表办公室连同其他美国政府机构，于 2004 年 11 月完成美国 BIT 范本的再次更新。新范本包含的规定，是美国政府解决《两党贸易促进授权法案》（2002）的投资谈判目标发展而来，其中纳入许多美国现有的 BITs 中的规定。该范本与自 2002 年法案已签订的各 FTAs 的投资章节大致相似。④ 跟 1994 范本相比，2004 范本内容变化较大，美国 2005 年以后签订的 BITs 几乎都是 2004 范本的"复印件"。

2012 年 4 月美国完成 BIT 范本的最近一次更新，⑤ 即最新版的 2012BIT 范本。2012 范本基本保持了 2004 范本的内容，特别是延续了 2004 范本的对投资者充分保护与维护政府基于公众利益调控能力之间的精准平衡。同时也有一些有针对性的重要变化，以改善对美国企业的保护，提高透明度，加强对劳工权利和环境的保护。⑥

美国 BIT 范本计划的基本目标有三个：（1）保护那些在海外的国家投资，即对于投资者的权益尚未通过现有的协定（如现代友好通商航海条约，或 FTAs）予以保护的国家；（2）鼓励采用以市场为导向，以公开、透明、非歧视的方式对待私人投资的国内政策；（3）支持与这些目

———————

① See Parica McKinsty Robin, "The BIT Won't Bite: The American Bilateral Investment Treaty Program" *American University Law Review*, Vol. 33, 1984.

② See U. S. Department of State, *Updated U. S. Model Bilateral Investment Treaty*, http://2001 – 2009. state. gov/e/eeb/rls/othr/38602. htm.

③ See Matt Webb, *The Model BIT: A Framework for Intellectual Property Agreements*, http://www. bilaterals. org/? the – model – bit – a – framework – for&lang = en.

④ See U. S. Department of State, *Updated U. S. Model Bilateral Investment Treaty*, http://2001 – 2009. state. gov/e/eeb/rls/othr/38602. htm.

⑤ See U. S. Department of State, *Bilateral Investment Treaties and Related Agreements*, http://www. state. gov/e/eb/ifd/bit/index. htm.

⑥ See Office of the Spokesperson, U. S. Department of State, *Model Bilateral Investment Treaty*, http://www. state. gov/r/pa/prs/ps/2012/04/188199. htm.

标一致的国际法标准的制定。① 这三个目标始终指引着美国历次范本的更新，也推进了范本中包括透明度在内的各种规则的内容发展。

二　美国 BIT 范本透明度规则对其他国际投资协定透明度规则的影响

在美国启动 BIT 计划之前，国际投资协定中的"德国式"BITs 并没有具体的透明度规则。当美国 20 世纪 80 年代初的几个范本中出现法律法规公布和信息交换的内容后，一些国际投资协定突破"德国式"BITs 固有内容，也开始明确列出公布规则或是信息的交换。比如 1988 年中国—澳大利亚 BIT 中的关于法律政策公布的规定，而 1991 年马来西亚—阿联酋 BIT 第 2 条的规定更是和美国 1984BIT 范本第 2 条第 7 款的公布规则一字不差。② 可以说，美国 BIT 范本对外资保护的高水准直接催生了国际投资协定透明度规则的出现。特别是与美国贸易投资往来密切的加拿大、日本、澳大利亚等国，推出各自 BIT 范本中也有与美国 BIT 范本类似的透明度规则，使含有透明度规则的国际投资协定明显增多。

美国公布的 2004BIT 范本，其对透明度的要求已超过世贸组织 GATS 的规定，例如，GATS 在信息的公布时间上允许缔约方在法律文件生效的同时公布；而美国 2004BIT 范本则要求缔约方应尽可能提前公布计划采取的措施。③ 这一规定不仅直接指导美国随后签订的 BITs，也对其他国际投资协定的透明度规则影响明显。2008 年日本—秘鲁 BIT、2012 年中国—加拿大 BIT 都采用类似表述鼓励缔约各方提前公布与投资相关的措施。④

可见，美国 BIT 范本中的透明度规则不仅开创国际投资协定的先例，而且不同时期 BIT 范本的透明度规则，对其他国际投资协定透明度规则都有重要影响。因而，虽由于美国 2012BIT 范本公布时间不长，还没有其他国际投资协定透明度规则参照其中新规定的实例，但是随着时间的推移，

　　① See U. S. Department of State, *Bilateral Investment Treaties and Related Agreements*，http：//www. state. gov/e/eb/ifd/bit/index. htm.

　　② See UNCTAD, *Transparency UNCTAD Series on Issues in International Investment Agreements I*，p. 38.

　　③ 参见张辉《美国国际投资法理论和实践的晚近发展——浅析美国双边投资条约 2004 年范本》，《法学评论》2009 年第 2 期。

　　④ 日本—秘鲁 BIT 第 9 条第 4 款、中国—加拿大 BIT 第 17 条第 3 款。

一些新签订的国际投资协定也会在协定中对美国 2012BIT 范本中透明度规则的新规定作出一定回应。

三　美国 BIT 范本中透明度规则的内容演变

下面从最具代表性的 1984、1994、2004 以及 2012 四个范本来介绍美国 BIT 范本透明度规则的内容变化。

（一）1984 范本中的透明度规则

1984 范本仅有两个条款涉及透明度规则，其中规定：缔约双方应当把有关于或影响到各种投资的一切法律、法规、行政做法和程序以及各种裁判性决定，公布周知;① 一致同意，应任何一方的要求，应当迅速磋商解决有关条约的一切争端，或讨论有关条约解释上或实施上的任何问题。②

（二）1994 范本透明度规则的变化

较之 1984 范本，1994 范本改动较大，虽然透明度规则的条款数量没变，但条款的位置发生变化，表述与 1984 范本稍有不同。对于公布，给行政做法和程序加了"普遍适用"的限定词，同时对公布提出了"及时"要求，增加了公布之外"或者以其他方式使公众获知"的规定。③ 对于磋商，增加了对"有关条约实现目的的问题"的磋商。④

（三）2004 范本透明度规则的变化

如果相对于范本其他规则的变化，1994 范本透明度规则的变化可以说"差异细微"的话，那么 2004 范本透明度规则的变化则称得上是"规则重树"。涉及透明度规则的条文多达七条，直接与 BIT 中所有内容相关的就有第 10 条"关于投资的法律和决定的公布"、第 11 条"透明度"、第 15 条"特别手续和信息要求"、第 18 条"根本安全"和第 19 条"信

---

① See 1984 U. S. Model BIT, Article II. 7 "Each Party shall make public all laws, regulations, administrative practices and procedures, and adjudicatory decisions that pertain to or affect investments".

② See 1984 U. S. Model BIT, Article V. "The Parties agree to consult promptly, on the request of either, to resolve any disputes in connection with the Treaty, or to discuss any matter relating to the interpretation or application of the Treaty".

③ See 1994 U. S. Model BIT, Article II. 5 "Each Party shall ensure that its laws, regulations, administrative practices and procedures of general application, and adjudicatory decisions, that pertain to or affect covered investments are promptly published or otherwise made publicly available".

④ See 1994 U. S. Model BIT, Article VIII "The Parties agree to consult promptly, on the request of either, to resolve any disputes in connection with the Treaty, or to discuss any matter relating to the interpretation or application of the Treaty or to the realization of the objectives of the Treaty".

息披露"①。在结构上完全突破了 1984、1994 范本的框架，对于以往的各缔约方签订的 BITs 而言，可以说是有史以来最为完备的透明度规则。

内容上的变化有：（1）将公众获知的信息范围，扩大为"法律、法规、程序和普遍适用的行政裁定以及裁判性决定"。"程序"少了"行政"二字，增加了普遍适用的行政裁定，并解释了"普遍适用的行政裁定"的含义。②（2）在单设的"透明度"条款中，开辟了一片透明度规则的新天地，新增加的内容有：为便于及时沟通，缔约各方设立联络点，明确联络官员和部门；应当尽可能提前公布计划采取的任何措施，并提供利害关系人和缔约另一方对措施进行评论的合理机会；对另一方的要求应及时提供信息予以回复；保证在特定案件中对特定合格投资或另一方投资者执行措施采取的行政程序合法，并给投资者合理通知，在做出最终行政行为前投资者有合理机会说明其观点及其依据的事实；对缔约方的行政复议程序和诉请程序也提出具体要求。③（3）缔约方应当对损害投资者竞争地位的保密信息采取保护措施不予披露，但是，基于公平和善意适用法律而获得和提供相关信息的除外。④（4）增加透明度的例外条款：安全例外中，规定不得要求缔约方提供或允许获得有可能违背其根本安全利益的信息；⑤ 信息披露例外中，规定不得要求缔约方披露有可能妨碍法律执行或违背公共利益，或者可能损害特定公私企业合法商业利益的机密信息。⑥

（四）2012 范本透明度规则的变化

2012 范本透明度规则完全继承了 2004 范本的条文结构，变化没有 2004 范本那么明显，更新后的范本其他条款未变，只在透明度条款中作了部分调整：（1）将联络点的内容更改为缔约方定期对透明度实践的磋商。但是，第 5 款信息提供中依然提到"通过相关联络点提供信息"，因而磋商机制还是主要通过联络点进行，只不过并不强调缔约方联络点的具

---

① 第 20 条"金融服务"中的透明度以及第 29 条"仲裁程序的透明度"因只针对特定范围，并不适用于整个 BIT，所以不算在内，本书也不予以关注。

② See 2004 U. S. Model BIT, Article 10. "普遍适用的行政裁定"是指一项在其管辖范围内普遍适用并作为行为准则的行政裁定或解释，但不包括：（a）在具体案件中依行政或准司法程序作出的适用于特定投资或缔约另一方特定投资者的决定或裁定；（b）对一特定行为或做法的裁定。

③ See 2004 U. S. Model BIT, Article 11.

④ See 2004 U. S. Model BIT, Article 15. 2.

⑤ See 2004 U. S. Model BIT, Article 18. 1.

⑥ See 2004 U. S. Model BIT, Article 19.

体设立和人员明确的义务;①（2）增加了对缔约方中央政府层面拟议法规的具体要求，对拟议法规公布的刊物、公众评论的期限、公布的内容、评论的处理、实质修改说明等提出细致要求;②（3）增加对缔约方中央政府层面普遍适用法规的具体要求，包括对法规公布的刊物以及公布内容的要求;③（4）增加缔约方标准制定中的义务，规定缔约方应当允许缔约另一方的人员参与其中央政府机构标准或技术法规的制定过程中，且给予的参与条件不低于给予其国内人员的条件。对于非政府标准机构的标准和合格评定程序制定也提出了类似的建议。④

美国代表性 BIT 范本透明度规则内容分布可见表 3 - 6：

表 3 - 6　　　　美国代表性 BIT 范本透明度规则内容分布比较

范本名称 规则内容	1984 范本	1994 范本	2004 范本	2012 范本
公布	√	√	√	√
提前公布			√	√
磋商	√	√	√	√
拟议法规的要求				√
普遍适用法规的要求				√
信息的提供			√	√
行政程序的要求			√	√
复议和诉请的要求			√	√
标准制定的要求				√
例外条款			√	√

四　美国 BIT 范本透明度规则发展规律

（一）从无名条款到有名条款

1984 范本、1994 范本并没有为每一个条文命名，透明度条款的内容与其他条款共用一条，主要规定的是投资者的保护。从 2004 范本起，美

---

① See 2012 U. S. Model BIT, Article 11.1, Article 11.5 (b).
② See 2012 U. S. Model BIT, Article 11.3.
③ See 2012 U. S. Model BIT, Article 11.4.
④ See 2012 U. S. Model BIT, Article 11.8.

国开始对每一个条文命名，于是有了如"关于投资的法律和决定的公布""透明度"等条款名称。给每一条起一个概括性名称，使条文内容的一目了然，更利于缔约另一方以及相关投资者快速把握每一条透明度规则的主旨。而且同其他缔约方签订的 BITs 不同的是，将一般透明度条款规定法律法规的公布的做法，调整为分设公布、透明度两个独立条款。仅在条款名称上，就足以看出美国范本对透明度规则的重视。

（二）条款数量由少到多

从 1984 范本的两条两款，到 2004 范本的五条十款，再到 2012 范本的五条十三款的规定，涉及透明度规则的条款数量越来越多。条款数量的增加，一方面在形式上体现出规则的细化，但另一方面也加大了缔约另一方以及投资者理解范本规则的难度。一般国际投资协定中，缔约方须各退一步以寻求利益平衡，妥协的结果是协定中条文的化繁为简，如同早期的1984 美国范本。而四个美国范本条款数量由少到多，且数量增加得很快，反衬出美国异常鲜明地行进在由简入繁的道路上。

（三）从单一义务到多义务

在内容上，对缔约方透明度义务的设立从单一义务到多义务。1984范本只设立了公布制度和磋商制度；而 2004 范本增加信息提供制度、对缔约方行政程序的要求、复议和诉请过程中的要求以及透明度的例外条款，此外还规定有尽可能提前公布相关措施的制度；再到 2012 范本的中央政府层面拟定法规制定的透明度要求，普遍适用法规的透明度要求，标准和技术法规的透明度要求。"透明度"的含义在内容上被美国范本规定得越来越透明。

（四）一直在推行高标准的外资保护政策

在目标上，一直在推行美国高标准的外资保护政策。当其他缔约方签订的协定中，透明度规则仅有"促进双方信息交流"几个单词的时候，美国 1984 范本已将缔约双方应当公布的信息范围具体到"关于或影响到各种投资的一切法律、法规、行政做法和程序以及各种裁判性决定"。当其他协定中提到缔约方应公布法律、法规的时候，1994 美国范本早已要求公布应"及时"。当其他协定中终于有独立的透明度条款的时候，2004美国范本已将透明度规则渗透到缔约方国内的具体行政行为、行政复议程序以及行政诉讼程序。当其他协定中透明度规则的制定开始借鉴 2004 美国范本的时候，2012 范本又对缔约方中央政府层面的拟议法规、普遍适用法规、标准和技术法规的制定提出了具体要求，甚至对非政府标准机构的标准和合格评定程序制定提出建议。美国历次范本的透明度规则，一直在坚持推行美国高标准的外资保护政策。这一目标的实现，除了寻求外资在缔约东道国的国民待遇，还要清除东道国管理体制上对外资进入和经营设置的各种障碍。① 美国历次范本透明度规则的更新，就是在一层一层地扫除这些障碍，进而一步步推进美国高标准的外资保护政策。

如果说命名条款、增加条款数量是美国范本直观的、形式上的发展规律；那么缔约方单一义务到多义务的设立，就是美国范本具体内容上的发展规律；而美国步步推进其高标准的外资保护政策，才是美国范本实质性的发展规律。不管是形式上的发展规律，还是内容上的发展规律，发展路径的选择依据始终是美国政府对外资的高标准保护。

美国 BIT 范本透明度规则发展规律并不能代表国际投资协定整体规律，但是由于其范本的国际影响力，以及正在进行的中美双边投资协定的谈判，其发展规律的探究就显得意义重大。况且，在协定中用明确的条约义务取代模糊的习惯国际法的做法，美国是最积极的支持者，② 是力推透明度规则的国家。因而，至少在透明度规则上，美国 BIT 范本的发展规律也体现出国际投资协定的一种发展趋势。

诚然，这些发展规律主要是建立在对范本本身的解读上。如果深究美国的资本流动政策，以及美国依据范本签订 BITs 的数量和缔约另一方的国家类型，包括透明度规则在内的范本内容就多少有些政治意味，体现的是结构现实主义的国家实力。它对国际投资协定的贡献也就是"规则至上"背后的"美国至上"的附属品罢了。这些暂且不论，留待对中国BITs 透明度规则总结之后再提，让美国 BIT 范本中透明度规则的实质意图与中国签订国际投资协定透明度规则的利益考量，交织于"中美 BIT谈判"这一共同主题之下。美国 BIT 范本透明度规则的内容演变，就当作"花开两朵，先表一枝"的这枝花。

---

① See Jeswald W. Salacuse & Nicholas P. Sullivan, "Do BITs Really Work?: An Evaluation of Bilateral Investment Treaties and Their Grand Bargain", *Harvard International Law journal*, Vol. 46, 2005.

② See Zachary Elkins & Andrew T. Guzman & Beth Simmons, "Competing for Capital: The Diffusion of Bilateral Investment Treaties, 1960 – 2000", *University of Illinois Law Review*, 2008.

本章小结

本章以样本协定为主，从 BITs、FTAs 透明度规则的内容，以及二者的异同点和冲突的解决上介绍分析国际投资协定透明度规则的内容。就 BITs 和 FTAs 之间的差异而言，二者在透明度条款的分布位置及其功能，透明度规则的一致性程度，具体内容的表述上都有明显的区别。二者冲突的解决，各缔约方都交给了它们之间签订的 FTAs，即在 FTAs 中规定具体的解决方法。很明显，不存在一套可以直接适用于每个国家的透明度规则，能力建设和文化因素对信息的传播和交流起着重要作用。[①] 本书研究视域的国际投资协定都是综合性的，缔约方一般为两个或是为数不多的数个，内容已是有限的缔约各方博弈后的结果，并表现为各协定内容的差异性，已基本能反映缔约各方的利益需求。因而不同于世界贸易组织的多边机制，国际投资协定不需要在透明度规则中设立差别待遇，也不需要给发展中国家设立一个合理的过渡期。进一步讲，透明度规则直接考验缔约方的制度能力，而每个缔约方对于自身的制度能力都有清晰的认识。对于制度能力相差较大的两个缔约方（比如一方是发达国家，另一方是最不发达国家），其中制度能力较差的最不发达国家不会接受一个过分高于自身制度能力的透明度规则。"量身定做"的透明度规则，已不再需要差别待遇来寻求实质公平。本章另一个结论是，美国 BIT 范本发展路径的选择依据始终是美国政府对外资的高标准保护，但是范本并不一定完全照搬到美国缔结的 BITs 和 FTAs 中。对于中美 BIT 谈判而言，美国现有的 2012BIT 范本只是公开于世界范围的美国主张，中国依然有"讨价还价"的空间。

[①] See OECD, *Public Sector Transparency and the International Investor*, p. 49.

第四章 国际投资协定透明度规则的实施

在介绍国际投资协定透明度规则的内容之后，本章论述国际投资协定透明度规则的实施，即缔结的国际投资协定生效后，透明度规则在代表性的国际投资争端解决机制和缔约方国内的适用问题。第一节先考察透明度规则在 ICSID 裁决案件中的适用；当发现仲裁庭将透明度当作是判定公平与公正待遇的标准之一后，第二节对透明度规则和公平与公正待遇进行比较，并梳理透明度规则在国际投资争端解决中适用应有的轨迹；而后第三节分析透明度规则与缔约方国内法的关系，考察其在缔约方国内法中的实施。

第一节 国际投资协定透明度规则在 ICSID 裁决案件中的适用

一 核心案件案情

（一）Metalclad 公司诉墨西哥政府案[①]

1990 年墨西哥政府授权 COTERIN[②] 公司在位于 San Luis Potosi 州 Guadalcazar 城的 La Pedrera 地区（以下分别简称 SLP 州、G 城、LP 地区）兴建并经营有毒废物中转站。1993 年 1 月 23 日 COTERIN 公司获得国家生态研究所（National Ecological Institute, INE）[③] 颁发的在 LP 地区兴建有毒废物垃圾填埋场的联邦许可证。同年，美国公司 Metalclad 与 COTERIN 公司签订了购买 COTERIN 公司（包括兴建有毒废物垃圾填埋场项目在内）的选择性合同，4 月 23 日合同进入 6 个月的选择期。5 月 11 日，

---

① 案情根据裁决书［Award of ICSID Case No. ARB（AF）/97/1］整理而得。

② Confinamiento Tecnico de Residuos Industriales, S. A. de C. V. 的缩写。

③ INE 是墨西哥环境、国家能源及渔业联邦秘书处下辖的独立机构，具有审批资格。

COTERIN 公司获得 SLP 州政府颁发的建设垃圾填埋场的国有土地使用许可证。许可证的条件是该项目符合有关主管机关所提出的规范和技术要求，并且许可证不预先判断申请人的权利或所有权，且没有授权工程、建筑或者业务活动的开展。8 月 10 日，INE 颁发给 COTERIN 公司经营垃圾填埋场的联邦许可证。9 月 10 日 Metalclad 公司行使其选择权，购买了 COTERIN 公司，含垃圾填埋场项目及相关的许可证。1994 年 10 月 26 日，G 市政府以没有市政建设许可证为由，下令停止一切建造活动，项目建设突然被终止。11 月 15 日 Metalclad 公司恢复建设，并提交市政建设许可证的申请。1995 年 1 月 31 日，INE 颁发给 Metalclad 公司附加的联邦施工许可证，准其为有毒废物及其他附属设施，如垃圾填埋场管理楼和实验室，建设最终处置设施。3 月，垃圾填埋场建设完成，并举行了开业典礼，但是由于遭到示威者的围堵，使得垃圾填埋场未能正常开业。11 月 25 日，Metalclad 公司与墨西哥政府签订了有条件允许垃圾填埋场经营的协议，协议规定 Metalclad 公司需要有详细的计划并出资环保活动及保护当地的物种。12 月 5 日 G 市政府拒绝了 Metalclad 公司的市政建设许可申请。1996 年 5 月至 1996 年 12 月 Metalclad 公司与 SLP 州政府一直试图解决垃圾填埋场的经营问题，但是未能成功。1997 年 1 月 2 日，Metalclad 公司认为因 G 市政府对申请的拒绝，墨西哥政府违反了 NAFTA 第十一章的规定，向 ICSID 提起了仲裁申请。9 月 23 日 SLP 州州长签发珍稀仙人掌自然保护区生态法令，禁止保护区内的所有工业活动，包括 Metalclad 公司的垃圾填埋场项目，Metalclad 公司也相应地增加了仲裁请求。2000 年 8 月 30 日，案件有了裁决结果，裁定墨西哥政府因违反 NAFTA 第 1105 条最低标准待遇[①]条款以及第 1110 条征收补偿条款，支付给 Metalclad 公司 16685000 美元的赔偿。至此，长达三年的仲裁案件以墨西哥政府败诉告终。

（二）Tecmed 公司诉墨西哥政府案[②]

Tecmed 公司是一家根据西班牙法律成立的商业公司，1996 年 2 月通过拍卖获得了墨西哥 Sonora 州 Hermosillo 市的一处垃圾填埋场。Tecmed 公司为了垃圾填埋场的运行，组建了 Cytrar 公司。随后 Tecmed 公司向审

---

① 即 NAFTA，Article 1105：Minimum Standard of Treatment，包括"公平和公正待遇"。

② 案情根据裁决书［Award of ICSID Case No. ARB（AF）/00/2］整理而得。

批机构 INE 提交垃圾填埋场的经营许可申请，此项申请被要求必须每年更新，在期限届满前 30 日内提出下一年申请。1998 年 12 月审批机构拒绝延长经营许可，垃圾填埋场关闭。Tecmed 公司声称 Hermosillo 市新政府推动的反对垃圾填埋场的市民运动是导致其关闭的重要原因，经营许可申请的拒绝是审批机构武断行使自由裁量权的结果。墨西哥政府违反了西班牙—墨西哥 BIT 第 2 条、第 3 条等的规定，应当承担赔偿责任。墨西哥政府对此观点予以了反驳，认为并不存在随意审批的情况，垃圾填埋场的出售只包括土地、基础设施以及设备，并不包括垃圾填埋场的授权和经营许可。仲裁庭经过审理，2003 年 5 月 29 日作出裁决：墨西哥政府违反西班牙—墨西哥 BIT 第 4 条第（1）项、第 5 条第（1）项，应支付 Tecmed 公司总计 5533017.12 美元的赔偿。

（三）Azurix 公司诉阿根廷政府案①

1996 年阿根廷布宜诺斯艾利斯省对饮用水分配以及污水处理设施项目，采取特许经营的方式进行私有化改制，并为此组建了一个新的监管机构（Organismo Regulador de Aguas Bonaerense，ORAB）。后美国 Azurix 公司在招标中获胜，组建的 Azurix Buenos Aires S. A.（ABA）公司成为项目的特许权受让人。双方签署协议，ABA 公司获得 30 年的项目特许运营期，项目于 1999 年 7 月 1 日移交。②而后在特许权协议履行中，收费、价格等的概念与当初招标中政府提供给投标人的信息不一致，而且 ABA 公司在确定无表用户的收费标准时，迟迟因管理机构的懈怠无法确定与执行。ABA 公司宣布终止特许权协议并申请破产。Azurix 公司 2001 年 9 月 19 日向 ICSID 提交仲裁申请，认为阿根廷政府对 Azurix 公司投资于饮用水分配以及污水处理设施项目的处理，违反了其在 1991 年美国—阿根廷 BIT 中的义务。义务的违反，不仅是由于阿根廷政府自身的疏忽造成的，还包括阿根廷政府分支机构的行为和疏忽。③ Azurix 公司对其违反美国—

---

① Azurix Corp. v. Argentine Republic, Award of ICSID Case No. ARB/01/12, https://icsid. worldbank. org/ICSID/FrontServlet? requestType = GenCaseDtlsRH&actionVal = ListConcluded. 本案的后续案情较复杂：仲裁裁决作出后，阿根廷提出撤销裁决的申请，2007 年 11 月 ICSID 专门委员会先作出维持裁决的结论；而最终裁决 2009 年 9 月 1 日被 ICSID 专门委员会以裁决否认基本证据等理由撤销。但由于撤销裁决书并未涉及美国阿根廷 BIT 中第 2 条第 7 款，本书不予提及。

② See Award of ICSID Case No. ARB/01/12, para. 41.

③ See Award of ICSID Case No. ARB/01/12, para. 3.

阿根廷 BIT 的具体条文——罗列，其中包括第 2 条第 7 款，即阿根廷政府未能做到法律、法规、行政做法和程序以及各种裁判性决定的透明，因而影响了 Azurix 公司的投资决策。要求阿根廷政府赔偿因此而给公司造成的损失，并采取有效措施避免进一步损害的发生。① 对于 ABA 公司的破产原因；Azurix 公司认为是由于政治性体制管理，导致其被迫宣布终止协议并申请破产；阿根廷政府认为破产原因是 ABA 公司自身造成的，终止经营权是因为特许权受让人未能遵守特许协议。② 经审理，2006 年 7 月仲裁庭一致裁决阿根廷政府赔偿 Azurix 公司共计 165240753 美元。③

（四）Parkerings 公司诉立陶宛政府案④

Parkerings 是一家挪威公司，1999 年 4 月 14 日，Parkerings 在立陶宛的全资子公司 BP 公司与立陶宛 Egapris 公司组成 Egapris 联盟，参与 Vilnius 城市停车系统建设项目（包括两处多层停车场的建设）的投标。1999 年 8 月 19 日，Egapris 联盟中标。12 月 28 日，Vilnius 市政府发布了一份备忘录，汇总了截至 1999 年 12 月 27 日立陶宛有效的法律，12 月 30 日 Egapris 联盟同 Vilnius 市政府签订了协议。协议中规定 BP 公司和 Egapris 公司对 Egapris 联盟的行为承担连带责任。BP 公司提出兴建 Pergales 影院停车场项目，后被市发展部要求改址到 Gedimino 大道。2000 年立陶宛地方收费法和关于停车卡费的法令分别修订，建设项目也一直遭到立陶宛的文化和环境保护部门的反对。2001 年 1 月 4 日市政府仍坚持 Gedimino 大道项目。然而，3 月 12 日立陶宛国家古迹保护委员会发表不利于项目的意见之后，3 月 22 日市政府通过决议，改变原有态度，放弃 Gedimino 大道项目，由自己独立兴建 Pergales 影院停车场项目。后 BP 公司与市政府多次交涉未果。2004 年 1 月 21 日，Vilnius 市政府以未能在规定时间内完成多层停车场的建设等为由终止与 Egapris 联盟所签协议。Vilnius 市政府随后要求建设方归还款项的起诉也得到立陶宛地方法院的认可。2005 年 3 月 11 日，Parkerings 公司向 ICSID 提交仲裁申请，认为 Vilnius 市政府以及

---

① See Award of ICSID Case No. ARB/01/12, para. 9.

② See Award of ICSID Case No. ARB/01/12, para. 43.

③ See Award of ICSID Case No. ARB/01/12, para. 442.

④ Parkerings – Compagniet AS v. Republic of Lithuania, Award of ICSID Case No. ARB/05/8, https：//icsid. worldbank. org/ICSID/FrontServlet? requestType = GenCaseDtlsRH&actionVal = ListConcluded.

立陶宛政府的行为违反了 1992 年的挪威—立陶宛 BIT 第 3 条等中规定的
Parkerings 公司作为投资者应享有的权利，必须追究立陶宛政府的责任。
立陶宛政府认为自己并没有妨碍投资者的合法预期，也没有违背其保护投
资者的责任。经审理，2007 年 9 月 11 日仲裁庭一致裁决驳回 Parkerings
公司的所有权利主张。

二 仲裁庭对透明度规则的适用

（一）透明度规则在 Metalclad 公司诉墨西哥政府案中的适用

在 Metalclad 公司诉墨西哥政府案中，仲裁庭在论证墨西哥政府违反
NAFTA 第 1105 条最低标准待遇条款时，主要引用的是 NAFTA 第 102 条
目标条款作为评判标准，即"（1）通过更详尽具体阐述协定中包括国民
待遇，最惠国待遇和透明度在内的原则和规则，本协议的目标有：……；
（2）各缔约方应依据第 1 款的目标以及国际法的适用规则解释和适用
本协定"。

于是仲裁庭采取法律解释方法，先论证 NAFTA 目标条款适用于整个
条约，包括最低待遇标准条款，再对透明度下定义，而后得出墨西哥政府
因未达到透明度，而违反了最低标准待遇条款。具体的论证如下：

首先列举了《维也纳条约法公约》第 31 条、第 26 条、第 27 条等[1]
多个条款，作为其法律解释和裁决上的条约法依据。[2] 将 NAFTA 序言第
六段"缔约方明确同意为商务规划与投资，确立一个可预测的商业框
架"，以及第 1802 条第 1 款"各缔约方应保证，关于本协定涵盖的任何
法律、法规、程序以及普遍适用的行政裁决，必须迅速公布或以其他方式
公之于众"，纳入其适用法律的范围。[3]

而后分析 NAFTA 第 102 条目标条款中对于案件审理具有显著意义的

---

① 第 31 条第 1 款：条约应依其用语按其上下文并参照条约之目的及宗旨所具有之通常意
义，善意解释之。第 31 条第 2 款（a）项：就解释条约而言，上下文除指连同序言及附件在内之
约文外，并应包括全体当事国间因缔结条约所订与条约有关之任何协定。第 31 条第 3 款（c）
项：应与上下文一并考虑者尚有适用于当事国间关系之任何有关国际法规则。第 26 条：凡有效
之条约对其各当事国有拘束力，必须由各该国善意履行。第 27 条：一条约当事国不得援引其国
内法规定为理由而不履行条约。

② See Award of ICSID Case No. ARB（AF）/97/1，para. 70.

③ See Award of ICSID Case No. ARB（AF）/97/1，para. 71.

就是"透明度"，并对透明度给出定义。① 接着分析认为，墨西哥政府允许 Metalclad 公司为垃圾填埋许可证而购买 COTERIN 公司，以及 SLP 州政府许可证的颁发同样意味着对垃圾填埋的政治支持。② 致使 Metalclad 公司相信项目的建设和经营已获得联邦和州政府的许可。③ G 市政府要求项目必须取得市政建设许可证之前，没有任何清晰规则告知投资者到底要不要申请此项许可证。当 Metalclad 公司基于对联邦官员的信赖认为申请是可以获准的，并边等待申请边实施项目建设时，却被市政府拒绝。仲裁庭认为市政府仅以市政建设许可而否决项目许可证的权利信心不足。④ 直至 SLP 州颁发生态法令，而永久地、有效地阻止了 Metalclad 公司投资项目。⑤

最后，此争议点上仲裁庭认为，墨西哥政府没能为商务规划与投资，确立一个可预测的商业框架，而且州政府和市政府的行为，也就是墨西哥政府的行为，违反了 NAFTA 第 1105 条最低待遇标准第 1 款的规定，没有依据国际法，给予美国投资者投资相应的公平与公正待遇。属于典型的以国内法规定为理由而不履行条约的行为。⑥

（二）透明度规则在 Tecmed 公司诉墨西哥政府案中的适用

在 Tecmed 公司诉墨西哥政府案中，仲裁庭认为投资者投资时有充分理由相信经营在现有选址可持续一段时间，即使同意迁址至墨西哥政府指定的另一个地点后，作为经营者的 Cytrar 公司也有理由基于协议以及诚信原则，相信许可证将持续有效，可以在现址经营至迁址日期。⑦整个过程，作为审批机构的 INE 的态度和做法缺乏透明度，Cytrar 公司未能从审批机构收到关于许可证的续期无法获准的清晰信号。⑧ 仲裁庭认为，正是由于审批机关的行为和意图始终缺乏透明度，才导致投资者的垃圾填埋场无法经营而被迫关闭。⑨ 因而，墨西哥政府违反了西班牙—墨西哥 BIT 第 4 条

---

① See Award of ICSID Case No. ARB（AF）/97/1，para. 76.
② See Award of ICSID Case No. ARB（AF）/97/1，para. 78.
③ See Award of ICSID Case No. ARB（AF）/97/1，para. 85.
④ See Award of ICSID Case No. ARB（AF）/97/1，para. 94.
⑤ See Award of ICSID Case No. ARB（AF）/97/1，para. 96.
⑥ See Award of ICSID Case No. ARB（AF）/97/1，para. 100.
⑦ See Award of ICSID Case No. ARB（AF）/00/2，para. 160.
⑧ See Award of ICSID Case No. ARB（AF）/00/2，para. 162.
⑨ See Award of ICSID Case No. ARB（AF）/00/2，para. 164.

第（1）项的公平与公正待遇。①

（三）透明度规则在 Azurix 公司诉阿根廷政府案中的适用

不同于前述案例，在 Azurix 公司诉阿根廷政府案中，关于美国阿根廷 BIT 第 2 条第 7 款的问题，仲裁庭作了集中而又简短的论证。针对 Azurix 公司认为 ORAB 没有公布法规并缺乏独立性因而违反了这一条的主张，仲裁庭认为，虽然已认定政治化的特许权协议是违反公平与公正标准的一个因素，但是另一方面认为阿根廷政府提出在零售价格指数的情况下予以研究协议的要求是合理的。事实上，这里讨论的是一个应用规章制度中的行为，而非制度的公布。毫无疑问，ORAB 若能公布相关规则是值得称道的改善，但是缺少它，还不足以认定阿根廷政府违反了美国—阿根廷 BIT 第 2 条第 7 款。② 仲裁庭是以阿根廷政府违反了第 2 条第 2 款投资者的公平与公正待遇，而非第 7 款的透明度，最后作出阿根廷政府应赔偿的裁决结果。③

（四）透明度规则在 Parkerings 公司诉立陶宛政府案中的适用

在 Parkerings 公司诉立陶宛政府案中，对于 Parkerings 公司关于"立陶宛政府没有披露其打算修改法律的意图，行为的前后不一致以及完全缺乏透明度是典型的武断行为"的观点，④ 仲裁庭认为在当时立陶宛正处于政治经济体制转型期的情况下，在立陶宛的外国投资者仍相信会在稳定的法律环境中进行投资的想法本来就是愚蠢的。⑤ 特别是在有法律专家的条件下，Parkerings 公司无法展示市政府未将信息提供给公众的情形，即使市政府的备忘录对 BP 公司来讲有误，也不能认定其行为武断。⑥ 仲裁庭最终得出立陶宛政府并没有违反挪威—立陶宛 BIT 第 3 条的公平和合理待遇。

三 对仲裁庭适用透明度规则的分析

（一）直接涉及透明度规则的案件

在 Metalclad 公司诉墨西哥政府案中，仲裁庭是用国际投资协定中的

---

① See Award of ICSID Case No. ARB（AF）/00/2，para. 174
② See Award of ICSID Case No. ARB/01/12，para. 378.
③ See Award of ICSID Case No. ARB/01/12，para. 442.
④ See Award of ICSID Case No. ARB/05/8，para. 293.
⑤ See Award of ICSID Case No. ARB/05/8，para. 306.
⑥ See Award of ICSID Case No. ARB/05/8，para. 307，para. 309.

透明度目标来解读具体条款；而在 Azurix 公司诉阿根廷政府案中，仲裁庭是直接分析国际投资协定中透明度条款的适用。

Metalclad 公司诉墨西哥政府案中，仲裁庭虽然确定适用的法律时，提到了 NAFTA 透明度规则，即第 1802 条第 1 款，但是在说理论证中，却再也没有提到这一条文。而是围绕着第 102 条来解读 1105 条的最低标准待遇到底是什么，而后就对本案有意义的透明度下了一个概念。实际上，仲裁庭这种论证本身也受到质疑。墨西哥政府向加拿大大不列颠哥伦比亚最高法院上诉，请求撤销裁决。法院则认为"透明度"仅仅是协定的一个目标，而不是对最低标准待遇的检验，NAFTA 仲裁庭将对第 1105 条的分析集中在透明度的概念上是不恰当的。因此，仲裁组基于此得出的"拒绝许可为征收"的认定是错误的，亦是无效的。不过法院并未撤销裁决，理由是它并未发现仲裁组有关生态法令构成征收的认定是"明显不合理的"①。从透明度规则适用的角度，与其说仲裁庭是在适用透明度规则审理，还不如说是借用透明度的概念来审理更准确。

在本案这一部分的裁决书中，仲裁庭的论证思路颇费周折。目标是认定墨西哥政府违反了第 1105 条最低标准待遇，可是如何确定其内容含义并用来解读案情呢？于是先是找到了总则中的第 102 条目标条款中的"透明度"，甚至找到了 NAFTA 序言第六段的"可预测的商业框架"，也提到了第 1802 条第 1 款的透明度规则。如果在这里能换一个角度，直接用透明度规则来解读案情，应该就不会招致各种非议。可惜，仲裁庭迷宫式的论证还在继续。用数条《维也纳条约法公约》解释第 102 条目标条款适用于整个 NAFTA，因而也适用第 1105 条。现在只需要解决如何将透明度适用于具体案情就可以了。如果这时能借助透明度规则，虽然之前走了些弯路，但也算是及时纠正。可是仲裁庭偏偏不走寻常路，给透明度下了个概念，用这个概念的内容来分析案情。如果一开始仲裁庭就适用自己提出的透明度规则，分析墨西哥政府在项目许可证发放时，未能公布市政建设许可证这一发放程序，因而违反了 NAFTA 规定的缔约方应该将相关程序公之于众的规定，就不需要绕这么一大圈。仲裁庭放弃具体的透明度规则，而去解读抽象的透明度概念的论证思路令人费解。

---

① 参见金慧华《国际投资与环境保护——从 Metalclad 公司诉墨西哥政府案想起的》，《福建政法管理干部学院学报》2005 年第 3 期。

在 Azurix 公司诉阿根廷政府案中，仲裁庭是在——回应申诉投资者的主张，将美国—阿根廷 BIT 的相关条款——分析，其重点是第 2 条第 2 款的公平与公正待遇，而后简要分析了第 2 条第 7 款的透明度条款。与第一个案件的仲裁庭相比，本案的仲裁庭思路简单扼要，就是直接分析不适用的原因。可是仲裁庭的两句分析理由却明显有矛盾。仲裁庭先说，"事实上这里讨论的是一个应用规章制度中的行为，而非制度的公布"，只看这一句并没有问题。但是接着又讲"ORAB 若能公布相关规则是值得称道的改善，但是缺少它，还不足以认定阿根廷政府违反了第 2 条第 7 款"①。到底 ORAB 的行为是消极应用规章制度的行为，还是不公布规则的行为？抑或是虽未公布规则但是不足以认定其违反透明度规则？不足以认定的理由是什么？只能说，在本案中，仲裁庭的分析简单但是不明了，不适用透明度规则的理由并不能令人信服。

两个案件的共同点都是直接涉及透明度规则的适用；不同之处看似在于，第一个案件适用而第二个案件不适用。但事实上，第一个案件借用的只是透明度的概念而已。两个案件还有一个共同点，即案件都是以公平与公正待遇为主。一个是认为透明度构成公平与公正待遇的核心，所以需要解释；另一个是认为政府违反公平与公正待遇但是并没违反透明度规则。上述的相同点也好，不同点也罢，都表现出两个仲裁庭对透明度规则适用的漠视。这两个案件，一个涉及 NAFTA，它构建了当时最完备的透明度规则；一个涉及美国—阿根廷 BIT，它体现的是美国 1994BIT 范本，亦是当时规定最严谨的透明度规则的 BITs 之一。然而，就是这样，透明度规则也未能得以正确适用。

（二）只提及透明度概念的案件

准确来讲，在 Tecmed 公司诉墨西哥政府案中，仲裁庭并没有涉及透明度规则，只是提及透明度的概念而已，并把透明度当作公平与公正待遇的标准。其裁决思路是：由于审批机关的行为和意图始终缺乏透明度，才导致投资者投资失败，因而违反了西班牙—墨西哥 BIT 中的公平与公正待

---

① Tribunal considers that, in view of the facts, what is at issue here is the conduct in the application of the regulatory framework rather than its publicity. There is no doubt that publication of ORAB's regulations would have been a desirable improvement, but the lack of it as argued by the Claimant is not sufficient to conclude that Article II (7) has been breached.

遇。类似的情况还有 Maffezini 先生诉西班牙政府案①。在该案中，仲裁庭认为在与投资者贷款交易中，西班牙政府因缺乏透明度，而违反了阿根廷—西班牙 BIT 第 4 条第（1）项公平与公正待遇。②

在另一个核心案件，Parkerings 公司诉立陶宛政府案中，也只是提及透明度的概念而未涉及透明度规则。与 Tecmed 公司诉墨西哥政府案不同的是，该案是将透明度作为政府行为武断的判定标准，而武断又是公平和合理待遇的判断标准。但是两个案件论证的思路和目标是一样的，都是用透明度来衡量协定中的公平与公正待遇或类似待遇。

实际上，这样的案例还有一些。它们提及透明度时，也不是适用两个国家之间协定中的透明度规则，同样是把透明度当作公平与公正待遇的内容或标准之一，或是将透明度与善意、持续等抽象词汇放在一起。如 Arif 先生诉摩尔多瓦政府案裁决书中，仲裁庭认为公平与公正待遇对于缔约方来讲，应该是需要透明度，避免侵扰、武断、歧视对待。③ 在 Deutsche Bank AG 公司诉斯里兰卡政府案裁决书中，仲裁庭认为发现斯里兰卡政府动机不纯、非善意、缺乏透明度，所以违反了公平与公正标准。④ Bosh and B&P 公司诉乌克兰政府案裁决书中，更是用了程序不当、缺乏透明度、侵扰、强迫、非善意、滥用权力、武断、歧视和不一致等多个词汇形容。⑤ 仲裁庭裁决案件时依据习惯国际法为主的思维模式依然很严重。如果对因不公开审理无法获取裁决书的案件忽略不计，透明度规则在 ICSID 仲裁案件审理中的适用并不乐观。

综上，就研究的个案而言，国际投资协定的透明度规则，在投资者—东道国争端解决机制中的适用受阻，即不管涉案国际投资协定中有无具体的透明度规则，仲裁庭基本直接适用协定中的公平与公正待遇条款。而造成这一情况的主要原因有：

---

① Emilio Agustín Maffezini v. Kingdom of Spain, Award of ICSID Case No. ARB/97/7, https://icsid. worldbank. org/ICSID/FrontServlet? requestType = GenCaseDtlsRH&actionVal = ListConcluded.

② See Award of ICSID Case No. ARB/97/7, para. 83.

③ See Mr. Franck Charles Arif v. Republic of Moldova, Award of ICSID Case No. ARB/11/23, para. 557.

④ See Deutsche Bank AG v. Democratic Socialist Republic of Sri Lanka, Award of ICSID Case No. ARB/09/2, para. 491.

⑤ See Bosh International, Inc. and B&P, LTD Foreign Investments Enterprise v. Ukraine, Award of ICSID Case No. ARB/08/11, paras. 212 – 217.

（1）部分国际投资协定中明确规定，对于缔约一方投资者而言，提起投资者—东道国争端仲裁机制，只能针对公平与公正待遇，而不能针对透明度规则，或只能针对部分透明度规则。例如：中国—加拿大 BIT 就规定：缔约一方投资者可以对缔约另一方违反第 4 条最低待遇标准中的公平与公正待遇提请仲裁，但不能对缔约另一方违反第 17 条法律、法规与政策的透明度提请仲裁。① 又如美国—卢旺达 BIT 规定：缔约一方投资者可以对缔约另一方违反第 5 条最低待遇标准中的公平与公正待遇，以及第 10 条关于投资的法律和决定的公布提请仲裁，但是不能对缔约另一方违反第 11 条透明度提请仲裁。② 于是一条重要的透明度规则——法律法规等的公布，适格投资者是不能根据中国—加拿大 BIT 的规定提请仲裁的；而根据美国—卢旺达 BIT 规定就可以。

（2）在投资争端解决中，投资者将公平与公正待遇当成"无所不包的安全条款"，包括透明度义务在内的协定中的具体义务都可能被认定为违反公平与公正待遇。③ 对于投资者而言，这一绝对待遇标准，既比国民

---

① 中国—加拿大 BIT 第 20 条缔约一方投资者的诉请第 1 款：缔约一方的投资者可依据本部分就另一缔约方违反如下义务的行为的诉请提请仲裁：（1）违反第 2 条至第 7 条第 2 款，第 9 条，第 10 条至第 11 条，第 14 条第 4 款，或第 16 条所规定的义务，如果该违反与投资者或投资者之涵盖投资相关，且第（2）分款不适用于该投资者或投资者之涵盖投资；（2）违反第 10 条或第 12 条所规定的义务，如果该违反与在另一缔约方领土内金融机构中的缔约一方投资者相关，或与该投资者在另一缔约方领土内的金融机构中的涵盖投资相关，并且由于该违反的原因或源于该违反，该投资者或投资者的涵盖投资遭受了损失或损害。

中国—加拿大 BIT 第 4 条最低待遇标准：

（1）任一缔约方应按照国际法，赋予涵盖投资公平和公正待遇并提供全面的保护和安全。

（2）第 1 款"公平公正待遇"和"全面的保护和安全"的概念并不要求给予由被接受为法律的一般国家实践所确立之国际法要求给予外国人的最低待遇标准之外或额外的待遇。

（3）一项对本协定的其他条款或其他国际协定条款的违反，不能认定对本条款的违反。

② See USA – Rwanda BIT, Article 24. 1（a）

In the event that a disputing party considers that an investment dispute cannot be settled by consultation and negotiation：（a）the claimant, on its own behalf, may submit to arbitration under this Section a claim

（i）that the respondent has breached

（A）an obligation under Articles 3 through 10,

（B）an investment authorization, or

（C）an investment agreement；and

（ii）that the claimant has incurred loss or damage by reason of, or arising out of, that breach.

③ 参见徐崇利《公平与公正待遇标准：国际投资法中的"帝王条款"》，《现代法学》2008 年第 5 期。

待遇、最惠国待遇这些相对待遇标准用起来方便，也无须顾忌具体义务设定的不明确，只要多加一条"缔约另一方违反公平与公正待遇"的申诉主张就行了。

（3）公平与公正待遇可以拓宽仲裁庭的裁决空间，有助于其充分行使自由裁量权，因而造成部分仲裁庭滥用公平与公正待遇标准，用其修正其他绝对待遇规则。①

既然透明度规则在投资者—东道国争端解决机制中的实施受阻同公平与公正待遇有关，那么本书有必要在下节中，对国际投资协定中的透明度规则同公平与公正待遇之间的关系予以澄清。算是解决透明度规则在国际投资争端解决机制中实施的一个问题。

本节最后以列表统计涉及透明度规则或透明度概念的 ICSID 裁决案件，见表 4-1：

表 4-1　　　　涉及透明度规则或透明度概念的 ICSID 裁决案件一览

案件当事方	案件编号	投资范围	提起时间	裁决时间	投资者母国	决定发布	结论
Metalclad v. 墨西哥	ICSID Case No. ARB (AF) /97/1	危险废物处理	1997年	2000年	美国	2000年8月30日裁决发布	裁决支持投资者
Emilio Agustin Maffezini v. 西班牙	ICSID Case No. ARB/ 97/7	化学制品业	1997年	2000年	阿根廷	2000年11月13日裁决发布，2001年1月31日裁决修正发布	裁决支持投资者
Tecmed v. 墨西哥	ICSID Case No. ARB (AF) /00/2	危险废物处理	2000年	2003年	西班牙	2003年5月29日裁决发布	裁决支持投资者
Azurix Corp. v. 阿根廷	ICSID Case No. ARB/ 01/12	供水和污水处理特许经营权	2001年	2006年	美国	2006年7月14日裁决发布，2009年9月1日撤销裁决	裁决支持投资者
Parkerings - Compagniet AS v. 立陶宛	ICSID Case No. ARB/ 05/8	停车场建设	2005年	2007年	挪威	2007年9月11日裁决发布	裁决支持国家

---

① 参见徐崇利《公平与公正待遇标准：国际投资法中的"帝王条款"》，《现代法学》2008年第5期。

续表

案件当事方	案件编号	投资范围	提起时间	裁决时间	投资者母国	决定发布	结论
Bosh International, Inc. and B & P, LTD Foreign Investments Enterprise v. 乌克兰	ICSID Case No. ARB/08/11	酒店及配套设施建设	2008年	2012年	美国	2012年10月25日裁决发布	裁决支持国家
Mr. Franck Charles Arif v. 摩尔多瓦	ICSID Case No. ARB/11/23	免税商店	2011年	2013年	法国	2013年4月8日裁决发布	裁决支持投资者

资料来源：ICSID 官网 https：//icsid. worldbank. org/ICSID/Index. jsp. UNCTAD 官网 http：//iiadbcases. unctad. org/cases. aspx. 统计截至 2013 年 11 月 10 日。

第二节　公平与公正待遇和透明度规则

一　国际投资协定中的公平与公正待遇

最早提到公正待遇的国际文件是 1948 年《关于国际贸易组织哈瓦那宪章》（*The 1948 Havana Charter for an International Trade Organisation*），在其第 11 条第 2 款中，提到"确保一成员国对来自另一成员国的企业、技能、资本、工艺技术给予正义与公正待遇"[1]。后来因为一些主要发达国家未能批准该宪章，致使战后有关贸易和投资的第一次多边努力以失败告终。[2] 在准备该宪章的过程中，"公正"以及"公平与公正待遇"（fair and equitable treatment）开始出现在美国对外签订的 FCN 中。[3] 从 20 世纪 60 年代末开始，发达国家与发展中国家协商签订了大量的 BITs，其中的大部分都规定了公平与公正待遇。[4] 直到今天，绝大多数的国际投资协定

---

[1]　英文原文为"to assure just and equitable treatment for the enterprise, skills, capital, arts and technology brought from one Member country to another"。

[2]　See OECD, *Fair and Equitable Treatment Standard in International Investment Law*, p. 3, http://www. oecd. org/daf/inv/internationalinvestmentagreements/33776498. pdf. 2013 年 11 月 25 日。

[3]　See OECD, *Fair and Equitable Treatment Standard in International Investment Law*, p. 4.

[4]　Ibid., p. 5.

中都有公平与公正待遇的规定，① 但公平与公正待遇的具体标准，始终没有得到清晰的解读。

（一）国际投资协定中公平与公正待遇的标准

公平与公正待遇的标准可以在国际投资协定的各种各样的上下文表述中寻找。② 主要有以下几种情况：

第一种，也是最常见的一种，协定中单独提出公平与公正待遇，前后没有限定词，也没有加解释，如中国—德国 BIT 中规定的"缔约一方的投资者在缔约另一方的境内的投资应始终享受公平与公正的待遇"③。又如澳大利亚—墨西哥 BIT 中的"缔约一方投资者在缔约另一方的境内的投资以及相关活动应始终符合公平与公正待遇以及应享有充分的保护和安全"④。

第二种，是美国 1994BIT 范本采取的不低于国际法的表述。即"任一缔约方应始终给予相关投资公平与公正待遇以及充分的保护和安全，并在任何情形下给予的待遇不低于国际法的要求"⑤。这一规定出现在美国之后一段时期签订的 BITs 中，如美国—克罗地亚 BIT。⑥

第三种，将国际法作为公平与公正待遇的依据。如中国—法国 BIT 中规定的"任一缔约方应当根据普遍接受的国际法原则给予缔约另一方的投资者在其境内或海域内所作的投资公平和公正待遇"⑦。又如墨西哥—瑞士 BIT 中规定"缔约一方投资者的投资在缔约另一方的境内始终应根据国际法给予公平与公正待遇，且应享有充分的保护与安全"⑧。

第四种，用补充条款解释公平与公正待遇和最低待遇标准的关系。如中国—墨西哥 BIT 第 5 条第 1 款先规定：任一缔约方应根据国际法给予缔约另一方投资者的投资包括公正和公平待遇以及完全的保护和安全的待

---

① 参见徐崇利《公平与公正待遇标准：国际投资法中的"帝王条款"》，《现代法学》2008年第 5 期。

② See Kenneth J. Vandevelde, "A Unified Theory of Fair and Equitable Treatment", *New York University Journal of International Law & Politics*, Vol. 43, 2010.

③ 中国—德国 BIT 第 3 条第 1 款。

④ Australia – Mexico BIT, Article 4. 1.

⑤ 1994 U. S. Model BIT, Article II. 3 (a).

⑥ See USA – Croatia BIT, Article II. 3 (a).

⑦ 中国—法国 BIT 第 3 条第 1 款。

⑧ Mexico – Switzerland BIT, Article 4 (1).

遇。接着第 2 款解释道：本条规定将给予外国人的国际法最低待遇标准作为给予缔约另一方投资者投资的最低待遇标准。"公正和公平待遇"和"完全的保护和安全"这两个概念并不要求给予由国家实践和法律确信所确立之国际法要求给予外国人的最低待遇标准之外或额外的待遇。违反本协定的其他条款或其他国际协定的条款，不构成对本条的违反。① 相似的例子还有美国—乌拉圭 BIT，只不过其中采用"习惯国际法"的表述，而且对公平与公正待遇给出了更多的解释性文字。②

后三种都将公平与公正待遇同国际法联系起来，学者分别称为附加规定、包含规定以及习惯国际法规定加以区分，分别代表着公平与公正待遇高于国际法、包含于国际法以及不超过习惯国际法三种情况。③

算上早期的 BITs 经常将公平与公正待遇同特定的实质性标准——最常见的非歧视联系起来，即给予缔约另一方投资者的公平与公正待遇，不低于给予本国或是任何第三国投资者的待遇。④ 仅在各国签订的 BITs 中，公平与公正待遇的标准就有五种，如果这种分类再仔细些，统计的范围再扩大一些，算上其他的国际投资协定，那么标准会更多。

（二）解释中混乱的公平与公正待遇标准

国际投资协定中的公平与公正待遇的标准的多样化，在实践中给了投资争端案件的当事方、仲裁庭以及研究投资政策的国际组织和学者以广阔的天地。各方本意是通过解释实现标准的统一，结果却事与愿违，解释中的公平与公正待遇标准变得更加模糊不清。

OECD 2004 年发布的一份名为《国际投资法中的公平与公正待遇》研究报告，将各方对公平与公正待遇标准的解释归纳为主要有三类：一是用习惯国际法的最低标准来衡量；二是根据包含其他渊源具有更广泛意义的国际法标准来衡量，其他渊源如国际法的一般原则和国际投资协定中普遍规定的投资保护义务；三是该标准是国际投资协定中的一个独立自主的

---

① 　中国—墨西哥 BIT 第 5 条。

② 　See USA – Uruguay BIT, Article 5.

③ 　See Ian A. Laird, "Betrayal, Shock and Outrage – Recent Developments in NAFTA Article 1105", *Asper Review of International Business and Trade Law*, Vol. 3, 2003.

④ 　See Kenneth J. Vandevelde, "A Unified Theory of Fair and Equitable Treatment", *New York University Journal of International Law & Politics*, Vol. 43, 2010.

概念，与国际法没有明确联系。①

2012 年各种投资争端裁决确认时，公平与公正待遇仍是仲裁庭采用的国际投资协定中最重要的条款。② 而在新近裁决的案件中，上述的各类解释仍被不同的仲裁庭坚持，而且解释时并未与案件依据的 BITs 文本表述联系起来。如 Deutsche Bank AG 诉斯里兰卡案中，仲裁庭虽已注意到德国—斯里兰卡 BIT 的公平与公正待遇标准已被当作独立概念时，仍认为：如同以往大量仲裁庭和评论家所言，公平与公正待遇标准的内容与习惯国际法最低标准待遇的内容并没有实质差别。③ 几乎每一个仲裁庭在提到公平与公正待遇标准时，都会在或肯定或否定之前仲裁庭观点的基础上，结合仲裁庭自己的理解制定出标准的具体内容。有学者结合国际投资仲裁案件仲裁庭对公平与公正待遇的解读，反向地归纳了公平与公正待遇在裁决书中有如下内容：（1）违反正当程序；（2）专断的或歧视性行为；（3）损害合法期待；（4）缺乏透明度；（5）未提供稳定的和可预见的法律和商务框架；（6）实施强制和侵扰行为；（7）以不正当之目的使用权力；（8）东道国政府部门超越权限行事；（9）未尽适当审慎之义务；（10）不当得利；（11）非善意。④ 不同的仲裁庭在确定公平与公正待遇标准时，不过是基于自己的理解，在这十一个，或者不止十一个表述中，挑选自己裁决依据所需的"食材"罢了。

（三）应谨慎采用公平与公正待遇作为裁决案件的依据

投资争端解决机制中，投资者对东道国的指责常常借助两国政府签订的 BIT 中的公平与公正待遇；而被诉的东道国政府会反驳认为"投资者对自己的投资失败在找借口，企图让东道国政府为其投资损失买单"。正如前述，多数仲裁庭把争议解决的重心放在了解读公平与公正待遇的标准上。当仲裁庭认为公平与公正待遇是一个自主独立的外资待遇标准时，关于投资者的投资活动到底有没有得到"公平"或是"公正"的对待，完全取决于仲裁庭的自由裁量，适用《维也纳条约法公约》的解释条款也

---

① See OECD, *Fair and Equitable Treatment Standard in International Investment Law*, p. 2.

② See UNCTAD, *Recent Developments in Investor - State Dispute Settlement* (*ISDS*), p. 12, http://unctad. org/en/PublicationsLibrary/webdiaepcb2013d3_ en. pdf.

③ See Award of ICSID Case No. ARB/09/2, paras. 418 - 419.

④ 详见徐崇利《公平与公正待遇标准：何去何从?》，载曾华群主编《国际经济新秩序与国际经济法新发展》，法律出版社 2009 年版，第 328—343 页。

只是这一"自由心证"过程的一个工具而已。当仲裁庭认为公平与公正待遇是一个与国际法有关联的概念时，先要解读案件有关的国际法或习惯国际法是什么（这一步也可能被省略）；而后解读案件的公平与公正待遇应是高于国际法，还是被国际法包含，还是受习惯国际法最低标准所限；再然后解读挑选的认定公平与公正待遇的各项标准。仲裁庭的专业素养受到了严峻的考验，对于这项"不可能完成任务"的任何失误，似乎都应该得到原谅。而且不可避免的是，漫长的释法过程中常常会有造法的痕迹。

开始有研究机构和学者开始挑选、简化仲裁庭的这些标准，将公平与公正待遇标准简化为两个：包含不得拒绝司法、不得专断在内的适当注意和程序正当；① 或是狭义理解为一个：一种对公开和有原则行为需求的理解，即对国家诚信行事的需求。② 但是适当注意、程序正当、国家诚信行事中的任何一个，依然解决不了公平与公正待遇标准的确定性，还是容易被投资者随意作为索赔的依据，使东道国陷入累讼。③

因而，在国际投资协定中有具体的义务条款时，就不应适用公平与公正待遇裁决案件，在没有具体的义务条款时也应当慎用公平与公正待遇。有学者认为解决这一问题可以采用两种措施："一是把公平与公正待遇理解为无差别待遇，二是把公平与公正待遇作为私人非诉事项。"④ 在对公平与公正待遇"无法列出一份固定的最后清单"的当下，⑤ 谨慎采用公平与公正待遇或是将其作为私人非诉事项是一个明智的选择。

二 公平与公正待遇和透明度规则的关系

仲裁庭解读公平与公正待遇标准时，只有一小部分裁决提到透明度。⑥ 当这些仲裁庭把"透明度"引入公平与公正待遇标准中，或是反向

① See OECD, *Fair and Equitable Treatment Standard in International Investment Law*, p. 40.

② See Kenneth J. Vandevelde, "A Unified Theory of Fair and Equitable Treatment", *New York University Journal of International Law & Politics*, Vol. 43, 2010.

③ 参见余劲松《外资的公平与公正待遇问题研究——由 NAFTA 的实践产生的几点思考》，《法商研究》2005 年第 6 期。

④ 余劲松：《外资的公平与公正待遇问题研究——由 NAFTA 的实践产生的几点思考》，《法商研究》2005 年第 6 期。

⑤ See OECD, *Fair and Equitable Treatment Standard in International Investment Law*, p. 40.

⑥ Ibid.

提出东道国政府"缺乏透明度"时，借用的是透明度作为抽象词汇的概念，或自行解读，或依据法律词典，或基于之前的裁决意见对概念予以解释。透明度和公平与公正待遇的关系，可能是认定公平与公正待遇的标准之一；但是当协定中有明确具体的透明度规则时，透明度应被界定为国际投资协定中独立条款下的义务，① 不能算是公平与公正待遇的内容之一。

而实践中对于体现透明度具体义务的国际投资协定的透明度规则，仲裁庭却视而不见，引而不用。因而透明度规则在投资争端解决机制中的适用，需要厘定公平与公正待遇和透明度规则二者之间的关系。

（一）公平与公正待遇和透明度规则的差异

为避免纯理论的枯燥解读，本书以美国—卢旺达 BIT 中的公平与公正待遇和一条透明度规则的规定为例。美国—卢旺达 BIT 第 5 条第 1 款规定：任一缔约方应按照习惯国际法，赋予涵盖投资公平和公正待遇并提供全面的保护和安全。第 10 条第 1 款规定：各缔约方应保证任何有关本条约所涉事项的：（a）法律、法规、程序和普遍适用的行政裁定；（b）裁判性决定及时公布或者以其他方式使公众获知。公平与公正待遇和透明度规则的差异主要表现在：

1. 设立目的不同

待遇是投资者的投资以及投资活动受到对待的方式和态度。公平与公正待遇的设立目的在于，体现美国和卢旺达对另一方投资者在本国的投资活动所持的态度以及对待具体投资活动的方式。规则是对投资活动的秩序的安排。透明度规则的设立目的在于，直接对两国参与到具体投资活动的秩序进行规定。

2. 创设的义务不同

公平与公正待遇只规定缔约双方给予对方投资的待遇标准，是抽象的规定，并不创设具体的义务；透明度规则是具体的条款规定，创设具体的义务，即两国政府应承担"法律、法规、程序和普遍适用的行政裁定以及裁判性决定及时公布或者以其他方式使公众获知"的义务。

3. 发挥的作用不同

公平与公正待遇作为一个基本标准，确定整个美国—卢旺达 BIT 的基调，也可以作为解释协定中特别规定的辅助因素，还可以填补协定以及有

---

① See OECD, *Fair and Equitable Treatment Standard in International Investment Law*, p. 40.

关国内立法的漏洞。① 当然填补作用是有限的，毕竟公平与公正待遇的具体内容不是在裁决书中，而是经过各国的默示同意才能产生，所以只在国际投资协定中没有规定的时候方能起到拾遗补阙的作用。② 透明度规则只是规定缔约双方的公布法律法规等的义务，其发挥的作用也仅限于条文中的内容，无法用来解释协定中的其他条款，更无法填补协定中可能存在的漏洞。

4. 可操作性的程度不同

公平与公正待遇作为抽象的标准，没有明确具体的义务设定，不具有可操作性。例如，卢旺达对美国的一家公司在卢旺达的合资项目予以处罚，但就处罚行为本身而言，无法判定是否违反了公平与公正待遇。投资者若只依据公平与公正待遇主张权利，寻求赔偿机会渺茫。如果能拿出卢旺达政府对于其他国家投资者的相同行为未予处罚的证据，才能证明卢旺达违反了公平与公正待遇。即公平与公正待遇不具有可操作性，适用必须结合有明确标准的待遇规定，如国民待遇、最惠国待遇，或是设定有具体义务的规定。透明度规则属于具体义务设定的规定，相比较而言具有操作性，如果投资者以卢旺达政府未公布处罚的相关法规为由，要求赔偿因此而产生的损失，无须借助任何其他条款其主张也有可能成立。③

（二）公平与公正待遇和透明度规则的联系

二者之间的联系在于，公平与公正待遇确定整个国际投资协定的主旨精神，而透明度规则是具体体现该精神的条款。这里需要指出的是，BITs的全称既然叫"促进和保护相互投资的协定"，那么公平与公正待遇作为最能体现其名称的条款之一，势必会由各个具体的条款来解读，但不能因此就说公平与公正待遇高于具体的条款。为防止仲裁庭的任意解读，一些缔约方在规定公平与公正待遇时，加上了这样一句限定语"一项对本协定的其他条款或其他国际协定条款的违反，不能认定是对本条款的违

---

① 参见余劲松《外资的公平与公正待遇问题研究——由 NAFTA 的实践产生的几点思考》，《法商研究》2005 年第 6 期。

② 参见徐崇利《公平与公正待遇标准：国际投资法中的"帝王条款"》，《现代法学》2008年第 5 期。

③ 之所以用"可能成立"的表述，是因为透明度规则的适用与否是由仲裁庭决定，适用不具有必然性。

反"①。把限定语用到这里，就是说即使有证据证明东道国政府违反透明度规则，也不能以此为由认定其违反了公平与公正待遇。所以，公平与公正待遇和透明度规则的联系，只存在精神上公平与公正待遇得到透明度规则的具体说明，不存在条款适用上违反透明度规则就是违反公平与公正待遇的逆推结论。

综上，公平与公正待遇和透明度规则是有一定联系的，但又区别明显的两个概念。前述核心案例都是将透明度作为公平与公正待遇的判定标准之一，借用的是透明度的概念，而未适用协定中的透明度规则。作为协定中具体规定各缔约方信息披露权利和义务的行为准则，在可以适用的情况下，透明度规则理应得到优先适用。

三 透明度规则在国际投资争端仲裁机制中适用的应有轨迹

2013 年 7 月 11 日，联合国国际贸易法委员会（UNCITRAL）通过《联合国国际贸易法委员会投资人与国家间基于条约仲裁的透明度规则》（*UNCITRAL Rules on Transparency in Treaty – based Investor – State Arbitration*，以下简称《仲裁透明度规则》）。该规则是经过近三年谈判后，联合国国际贸易法委员会仲裁工作组突破性的成果。它是一套创新的程序规则：一套对于投资人与国家间的投资争端的仲裁，向公众开放程序的规则。② 这个规则是针对仲裁过程中的透明度规则，原本并不在本书的研究范围内，但因其中的适用范围一条对国际投资协定透明度规则在投资者—东道国投资争端仲裁机制中的适用有一定借鉴作用，因而本标题将结合《仲裁透明度规则》的适用范围的规定，并参照《解决国家与他国国民间投资争端公约》，用四种情况和两个问题来分析透明度规则在国际投资争端仲裁机制中运行的应有轨迹。

（一）透明度规则在四种情况中适用的应有轨迹

第一种情况，国际投资协定中没有明确的透明度规则，例如德国—埃及 BIT。这时投资者以东道国法律缺乏透明度为由提出申诉并作为索赔理

---

① 中国—加拿大 BIT，第 4 条第 3 款。

② 商务部：联合国国际贸易法委员会通过了《投资人与国家间基于条约仲裁的透明度规则》并修订了《联合国国际贸易法委员会仲裁规则》，http://www.mofcom.gov.cn/article/i/jyjl/m/201307/20130700200194.shtml。

由时，不应采用没有具体比照标准的公平与公正待遇，并解读是否透明度属于公平与公正待遇的标准，而后解读透明度的应有概念以及用透明度解析案情。应当先比照条文中的国民待遇和最惠国待遇，看东道国国内法有无针对本国投资者的透明度规则，或是有无签订其他协定中针对其他国投资者的透明度规则。如果有，并且适用相应的透明度规则不属于国民待遇和最惠国待遇的例外情况，就可以依据国民待遇、最惠国待遇适用东道国本国或是其他协定中的透明度规则。如果没有，在征得争端双方同意后，可以依据协定中的公平与公正待遇裁断争端。① 如果争端双方无法达成此种同意，投资者对于东道国法律缺乏透明度的主张则不能成立，索赔要求应予驳回。

第二种情况，国际投资协定中虽有明确的透明度规则，但是协定中规定投资者不能依据透明度规则提请仲裁，只能先判断是否可以依据国民待遇和最惠国待遇借助其他透明度规则，如果是否定答案的话，按照第一种情况依据公平与公正待遇裁决案件。

第三种情况，国际投资协定中有透明度规则，同时协定中规定投资者可以依据透明度规则提请仲裁，但规则不具体，只有一条一款的关于法律公布条款，例如澳大利亚—墨西哥 BIT。② 这时投资者以东道国法律缺乏透明度为由提出申诉并作为索赔理由时，应直接要求投资者提供东道国政府未公开相关法律，以及未公开与自己损失之间因果关系的证据。如果投资者尽到举证责任，应当支持投资者的主张；如果投资者举证不能，其要求应予驳回。如果投资者以协定中没有的透明度规则提出要求，比如对行政程序透明度的规定，则按照第一种情况处理即可。

第四种情况，国际投资协定中有一套相对具体明确的透明度规则且规定投资者可以依据透明度规则提请仲裁，此时借助国民待遇和最惠国待遇扩大适用透明度规则的可能性较小，例如美国 2012BIT 范本。投资者以东道国法律缺乏透明度为由提出申诉并作为索赔理由时，如果投资者尽到相应举证责任，应当支持投资者的主张；如果投资者举证不能，其要求应予

---

① 参照《华盛顿公约》第 42 条第 3 款 "仲裁庭在双方同意时按公允及善良原则对争端作出裁决" 的规定。

② See Australia – Mexico BIT, Article 6.

驳回。

　　（二）适用中需解决的两个问题

　　即使上述透明度规则运行的应有轨迹，已将仲裁庭对透明度规则解释的空间以及仲裁庭自由裁量权的行使给予控制，但透明度规则运行中还需要解决这两个问题。

　　第一个问题是仲裁庭对透明度规则的解释问题。解释应按照争端协定以及《维也纳条约法公约》解释条文的规定进行解释。具体来讲，仲裁庭对透明度规则中的概念，如"普遍适用的行政裁决""及时"等词语进行解释时，首先应该以协定中的解释性规定为准，如果协定中没有，应按照《维也纳条约法公约》第31条、第32条的解释规则进行解释，即应依其用语按其上下文并参照协定之目的及宗旨所具有之通常意义予以善意解释；解释时还要与上下文一并考虑双方之后订立的与协定解释和规定适用有关的协定、意思一致的惯例以及相关国际法规则，以及协定的准备材料及缔结情况这些补充解释材料。①

　　第二个问题是仲裁庭自由裁量权行使问题。仲裁庭行使自由裁量权，应考虑到协定的一整套透明度规则，既要考虑到协定中对缔约方透明度义务的规定，也要关注案件本身有无透明度规则的例外条款，而且还要考量争端各方对于公平、高效解决其争议的利益。此外，对于仲裁庭自由裁量权的控制还需要一整套的仲裁透明度机制，这也是《仲裁透明度规则》出台的意义之一。在仲裁程序启动时公布案件信息以及告知仲裁文件的公布等规则，提供给公众了解整个仲裁程序的机会，也有助于外界对整个仲裁活动的监督，约束仲裁庭任意行使自由裁量权。

　　透明度规则在投资争端仲裁机制中应有的运行轨迹见图4-1。

---

　　① 诚然，《维也纳条约法公约》这两个条文也存在问题要解决：按照词语的通常意义解释的原则及与之相关的准备材料在解释中的相互地位；按照词语的通常意义解释和目的解释是否可以折中调和。但是这不是本部分论证的主要意图，为明确主题不再赘述，相关内容可详见李浩培《条约法概论》，法律出版社2003年版，第355—361页。

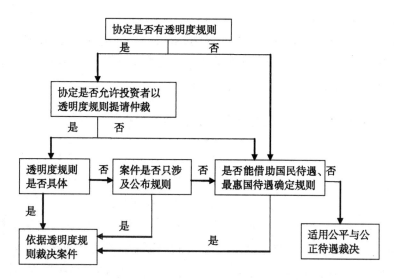

图 4 - 1 透明度规则在投资争端仲裁机制中的运行轨迹

第三节 国际投资协定透明度规则在国内法中的贯彻

一 国际法与国内法关系理论概要

关于国际法与国内法的关系，学者有不同的理论构建，从早期的二元论、一元论，到 20 世纪 50 年代出现的自然协调论，以及近年来国内法学研究者提出的法律规范协调论以及利益协调论，观点林林总总，论证洋洋洒洒。① 实际上，这些理论都是要解决国际法，抑或说，国际法中的国际条约在国内法的适用问题，具体回答清楚两个问题：第一，国际条约能否直接适用于国内？第二，国际条约与国内法发生冲突时如何解决？法学理论研究对立法活动、司法活动的贡献，有目共睹。但是，至少在中国，学者的理论观点不能直接作为法院判决的依据。若法官审理的案件涉及国际条约和国内法的关系问题，如何来确定案件适用的法律？部分国家采用本

---

① 有关国际法与国内法关系的理论，《国际法与国内法关系研究》一书作了较为详尽的介绍和评述，本书不再赘述，详见万鄂湘主编《国际法与国内法关系研究》，北京大学出版社 2011年版，第 4—59 页。

国宪法规定"条约优于一般国内法"的方式来解决，① 中国宪法缺乏明文规定，是由一些民商事单行法律法规的规定予以解决。② 国际投资协定透明度规则与缔约方国内相关法律的关系，就是依据各缔约方国内法律直接规定的国际条约与国内法的关系来解决。

二　国际投资协定与各国国内法的关系

（一）美国

根据美国《联邦宪法》第 6 条第 2 款的规定，条约如同联邦法律，是"国土的最高法律"（supreme Law of the Land）的一部分，不论任何州的宪法或法律是否与之相左，各州法官均受之约束。在后来的法律实践中，将条约分为自动执行条约和非自动执行条约，并在解决条约和联邦法律的冲突时采用"后法优先规则"③。与国际法上的条约不同，在美国法中，条约仅指根据美国《联邦宪法》第 2 条第 2 节第 2 款经参议院的建议和同意而缔结的协定，没有提交参议院建议和同意的国际协定，被称为"行政协定"④。美国对外缔结的贸易协定就属于行政协定，而将 BITs 和 FTAs 归入贸易协定的范围内。⑤ 因而，美国签订的国际投资协定与国内法的关系，也就是贸易协定与国内法的关系。美国贸易协定的通过部分采用的是快速通道的方式。⑥ 不论是不是通过快速通道通过的国际投资协定，其是否可以直接适用实际上是解释的问题：因为在实践中，一般需要美国支付金钱的协定、规定关税的协定、需要改变美国现行国内法的协

---

① 参见王勇《条约在中国适用之基本理论问题研究》，北京大学出版社 2007 年版，第 135 页。

② 参见袁发强《宪法对冲突法的影响》，法律出版社 2007 年版，第 287 页。

③ 自动执行条约不需要立法转化为国内法，一经生效自动成为美国有效国内法得以执行；非自动执行条约，只有通过立法转化为国内法才能得以执行，而两者之间的区别并不是很清晰。See Congressional Research Service Library of Congress, *Treaties and other International Agreements: The Role of the United States Senate*, 106th Congress 2d Session, 2001, p. 4, http://www.gpo.gov/fdsys/pkg/CPRT-106SPRT66922/pdf/CPRT-106SPRT66922.pdf.

④ See Congressional Research Service Library of Congress, *Treaties and other International Agreements: The Role of the United States Senate*, 106th Congress 2d Session, 2001, p. 1.

⑤ The Office of the United States Trade Representative (USTR), *Trade Agreements*, http://www.ustr.gov/trade-agreements.

⑥ 即国会必须在规定期限内通过协定，且禁止国会修改协定的内容。See Congressional Research Service Library of Congress, *Treaties and other International Agreements: The Role of the United States Senate*, 106th Congress 2d Session, 2001, pp. 37-38.

定、处分美国财产的协定、任命政府委员会的协定都是非自动执行的协定；而规定领事权利的协定、规定最惠国待遇的协定都是自动执行的协定。① 国际投资协定既涉及改变美国现行的国内法，又有最惠国待遇的规定。于是在法院审理时，国际投资协定能否直接适用，就变成了法官对具体涉及条款解释后的结果。如果存在一种以上合理的解释，则其中更有利于私权的解释会被采用，而且法官会重视政府作为"法庭之友"的声明中所给予的解释，以及在可行的情况下，注重参议院在给予建议和同意时所表示的理解。②

（二）日本

根据日本国《宪法》第73条的规定，日本内阁执行缔结条约的事务，但必须在事前或者根据情况在事后获得国会的承认。须经国会承认的条约，包括：包含法律事项的国际约束；包含财政事项的国际约束；有关国家间关系之政治上的重要国际约束。但与国家及国民的权利、义务和其他实质的法律关系无关之细小的、技术的约定，称为实施条约的行政协定，则无须国会的承认。③ 日本参加的大部分国际条约，特别是贸易协议都是以行政协定的形式完成的，国际投资协定也是一样。④ 根据日本国《宪法》第98条第2款的规定："日本国缔结的条约及已确立的国际法规，必须诚实遵守之。"按照日本政府在议会中的说明，这条规定使日本政府、立法、司法机关以及国民在国内都受其约束。⑤ 因而，日本法院在审理案件时可以直接适用国际投资协定的规定。如果和日本国内法发生冲突，结合日本国《宪法》第98条第2款并根据第98条第1款"宪法为国家的最高法规"的规定，国际投资协定的效力等级低于日本国《宪法》，但高于其他国内法。但是由于历史和现实等的原因，在司法实践中，法院对国际法持"保守"态度，对国际条约一般采用间接适用。⑥

---

① 参见李浩培《条约法概论》，法律出版社2003年版，第321页。

② 参见［英］安东尼·奥斯特《现代条约法与实践》，江国青译，中国人民大学出版社2005年版，第156页。

③ 参见［日］阿部照哉、池田政章、初宿正典、户松秀典编著《宪法》（上），周宗宪译，中国政法大学出版社2006年版，第259、323页。

④ 参见万鄂湘主编《国际法与国内法关系研究》，北京大学出版社2011年版，第93页。

⑤ 参见李浩培《条约法概论》，法律出版社2003年版，第318页。

⑥ 参见万鄂湘主编《国际法与国内法关系研究》，北京大学出版社2011年版，第94—95页。

（三）英国

英国不但是最好的二元论例子，而且为所有英联邦国家追随，这些国家相当于所有国家的 1/3。① "根据英国宪法，条约的任何规定不能具有国内法效力，除非立法已经作出这样的规定。"② 立法主要采用以下三种形式将条约转化为国内法：有议会的一项法令将条约并入英国法律；由议会的一项法令赋予履行将来条约义务的所有必要权力；由议会的一项法令规定一个框架，在该框架之内可以制定赋予某类条约以国内法效力，典型的代表就是双边协定。③ 由于国际投资协定也不是英国的最高法律，即使它们已经被并入，议会作为最高权力机关仍然可以制定与协定义务不一致的立法，④ 甚至以后的议会法令可以废除协定的效力，其等级地位低于议会制定法。⑤ 所以，国际投资协定在英国法院案件审理中的适用都是采用间接适用的方式，投资者个人不能直接依据国际投资协定提出主张。

（四）德国

在德国，那些不涉及欧洲统一或者移交部分权力的国际条约对国内法的作用是单独由《联邦基本法》第 59 条第 2 款规定的。⑥ 根据第 59 条的规定：凡规定联邦共和国政治关系或涉及联邦立法事项之条约，应以联邦法律形式，经是时联邦立法之主管机关同意或参与。行政协议适用有关联邦行政之规定。因而，国际投资协定是经德国联邦法律加以规定并取得在德国法律上的效力，因而它们并没有高于联邦法律的地位，而且根据"后法优于前法"的原则，在后的联邦法律优于在前的国际投资协定。⑦ 德国法院在适用国际投资协定时，前提是其在国内有效并具备可适用性，即一个法律规范必须在规范内容和规范构成两方面适合法律适用，尤其要

---

① 参见［英］安东尼·奥斯特《现代条约法与实践》，江国青译，中国人民大学出版社 2005 年版，第 143 页。

② 同上书，第 148 页。

③ 参见［英］安东尼·奥斯特《现代条约法与实践》，江国青译，中国人民大学出版社 2005 年版，第 148—151 页。

④ 同上书，第 151 页。

⑤ 参见万鄂湘主编《国际法与国内法关系研究》，北京大学出版社 2011 年版，第 119 页。

⑥ 参见［德］W. G. 魏智通主编《国际法》（第五版），吴越、毛晓飞译，法律出版社 2012 年版，第 89 页。

⑦ 参见万鄂湘主编《国际法与国内法关系研究》，北京大学出版社 2011 年版，第 129 页。

有足够的确定性。① 如果一般法院对某个国际投资协定的规则是否具有国内有效性有疑问，则须提交联邦宪法法院裁决，法院在解释国际投资协定具体规则时，也同样应适用国际法上的解释规则。②

（五）中国

中国宪法中没有明文规定国际条约在中国国内法中采取何种方式适用，也没有规定国际条约与国内法的相互地位。所以，"国际条约优先于国内法"仅限于有此规定的特定法律法规。对于中外投资协定与中国国内法的关系而言，即由《民法通则》第142条第2款予以规定。

《民法通则》第142条第2款规定："中华人民共和国缔结或者参加的国际条约同中华人民共和国的民事法律有不同规定的，适用国际条约的规定，但中华人民共和国声明保留的条款除外。"《民法通则》是中国民事法律的基本法，第142条第2款的规定，明确了在民事法律领域，作为中国缔结的中外投资协定，当与中国的民事法律不同时，适用协定的规定。《涉外民事关系法律适用法》的司法解释也再次确认了这一点。③ 那么何为"不同规定"？是文字表述的不同，还是法律权利义务设定的不同？如果是前者，严格地讲，中外投资协定与中国国内法没有相同的；如果是后者，岂不是用国内法来评判中外投资协定？结果不是协定的优先适用，而是法官判定两者规定相同时协定的优先不适用。这有违中国民事法律尊重"条约必守原则"的初衷。这一问题在六部委联合发布的《关于处理涉外案件若干问题的规定》中仍没有得到解决。④

2000年4月17日最高人民法院发布《关于审理和执行涉外民商事案

---

① 参见［德］W. G. 魏智通主编《国际法》（第五版），吴越、毛晓飞译，法律出版社2012年版，第83、126页。

② 同上书，第126页。

③ 2011年4月1日施行的《涉外民事关系法律适用法》没有界定中国缔结的中外投资协定的适用问题，但是2013年1月7日施行的《最高人民法院关于适用〈中华人民共和国涉外民事关系法律适用法〉若干问题的解释（一）》第4条规定，涉外民事关系的法律适用涉及适用国际条约的，人民法院应当根据《民法通则》第142条第2款予以适用。

④ 1995年6月20日，外交部、最高人民法院、最高人民检察院、公安部、安全部、司法部六部委联合发布《关于处理涉外案件若干问题的规定》，其中在总则部分第（3）项提到：处理涉外案件，在对等互惠原则的基础上，严格履行我国所承担的国际条约义务；当国内法或者我内部规定同我国所承担的国际条约义务发生冲突时，应当适用国际条约的有关规定（我国声明保留的条款除外）；各主管部门不应当以国内法或者内部规定为由拒绝履行我国所承担的国际条约规定的义务。国际条约应当适用的前提是"国内法或者我内部规定同我国承担的国际条约发生冲突"，依然存在"各主管部门判定为没有冲突后，国际条约的优先不适用"问题。

件应当注意的几个问题的通知》（以下简称《通知》）第二项中规定"对我国参加的国际公约，除我国声明保留的条款外，应予优先适用，同时可以参照国际惯例"。同《民法通则》表述不一致的地方是，《通知》中国际条约的"优先适用"并没有设置"与中国民事法律有不同规定"这一前提条件。《通知》"弥补了国际条约与国内法关系、效力地位在我国现行法律、规范性文件中规定的不足"①，"国际条约优先于国内法"这一表述至少在涉外民商事案件审理中得以准确定义，相应的，中外投资协定的优先适用在涉外民商事法律规定中得以确立。

中外投资协定的优先适用并不等同于一定直接适用。一些中外投资协定本身要求缔约方通过国内立法的方式落实协定义务，这样的协定就不能直接适用。② 例如，中国—加拿大 BIT 第 2 条第 3 款规定，任一缔约方应采取所有必要措施以确保省级政府遵守本协定的规定，即协定不能直接适用于中国和加拿大省级政府。③

中国法院案件审理中涉及中外投资协定的案例非常少。④ 在意大利傲时公司诉上海申德系统技术公司等侵犯"傲时牌木材干燥设备"宣传画册著作权及不正当竞争案⑤以及上诉案⑥中，辽宁省高级人民法院和最高人民法院都根据《伯尔尼保护文学和艺术作品公约》《中华人民共和国政府与意大利共和国政府关于鼓励和相互保护投资协定》及中国《著作权法》的有关规定，确认傲时公司制作的关于木材干燥设备的广告画册受中国法律保护。在日本国东洋工艺株式会社诉秦皇岛惠里花缝制有限公司返还制衣机器、房租等余款案⑦中，原告依据《中华人民共和国与日本国关于鼓励和相互保护投资协定》和《民法通则》的规定，提出诉讼请求，

---

① 胡晓红：《CISG 在中国适用的方法论思辨》，《商业研究》2011 年第 7 期。

② 参见袁发强《宪法对冲突法的影响》，法律出版社 2007 年版，第 287 页。

③ 这与中国—加拿大 BIT 第 2 条第 2 款直接适用的规定不同，第 2 款规定：一缔约方在本协定项下的义务应适用于任何由该缔约方授权其行使监管职权、行政职权或其他政府职权的实体。

④ 至少这种情况体现在通过北大法宝法律信息数据库对中国法院判决书中涉及中外投资协定的案件检索结果中。本书 2013 年 11 月 10 日对"北大法宝"法律数据信息库司法案例库进行检索，案例全文检索"投资协定""自由贸易协定"等关键词，只找到 3 个民事、1 个行政案例。当然，由于案例数据库入库案例的有限性，检索结果并不是与中外投资协定有关的全部案例。但检索结果在一定程度上还是能反映出中国法院适用中外投资协定的情况。

⑤ 辽宁省高级人民法院民事判决书（1996）辽民初字第 25 号。

⑥ 最高人民法院民事判决书（1999）知终字第 6 号。

⑦ 河北省秦皇岛市中级人民法院（1993）外经初字第 1 号。

法院对中日投资协定适用未予回应，依据《民法通则》作出判决。在派安国际控股有限公司等与广东省广州市矿产资源管理办公室关闭石矿场纠纷上诉案[①]中，上诉人派安公司认为《中华人民共和国政府与澳大利亚政府相互鼓励和保护投资协定》规定给予补偿不应拖延，但矿产办拖延一年多没有给予补偿；被上诉人认为中澳投资协定应当转换成国内法后，才能成为行政机关执法的依据，不适用于本案。法院对中澳投资协定适用未予回应，根据《城市规划法》《国家赔偿法》《行政诉讼法》等驳回上诉，维持原判。

在这几个案例中，法院直接适用中外投资协定的，只有意大利傲时公司诉上海申德公司等侵犯著作权及不正当竞争案以及上诉案。而且这种依据中外投资协定，属于整体适用，并没有提到协定中的具体规定。可见，中外投资协定的优先适用与法院案件审理中的直接适用并不能画等号。缔约另一方投资者直接适用协定有障碍时，就需要依据中国国内法来保障自身的权益，这一点同其他各国是一样的。

三 国际投资协定透明度规则在国内的适用

(一) 外国

关于国际投资协定透明度规则在缔约方国内适用问题，即透明度规则的可诉性问题，根据美国缔结的国际投资协定的规定，关于法律、法规、程序、普遍适用的行政裁定和司法判决及时公布的条款是可诉的事项，但是关于协定中的透明度条款（依据美国2004BIT范本，包括联络点、措施的事先公布和公开评论、通知和信息的提供、行政程序、复议与诉请等内容）是不可诉的。[②] 而正如之前分析的，实际上在美国联邦法院案件审理中，国际投资协定的适用也并不多见，没有找到直接适用国际投资协定透明度规则的案例。[③] 可见在美国，直接适用国际投资协定透明度规则的理

---

① 最高人民法院行政判决书（2001）行终字第15号。

② 参见卢进勇、余劲松、齐春生主编《国际投资条约与协定新论》，人民出版社2007年版，第66—67页。

③ 至少这种情况体现在通过Westlaw英文数据库对美国联邦法院判例中涉及国际投资协定的案件检索结果中。本书2013年11月6日选择Westlaw英文数据库All Federal Cases（ALLFEDS）判例集数据库，通过限定摘要内容SY/DI（investment treaty）只得到"Republic of Ecuador v. Connor"案等11个检索结果，这11个案件都不涉及协定透明度规则的适用。

论上的规定和实践中的做法分歧较大。在直接适用协定透明度规则的难度大的情况下，缔约另一方的投资者需要通过《联邦行政程序法》等的规定，实现其对信息获取的合法权益。例如《联邦行政程序法》第552条规定：每个机关必须使公众能够得到相关信息，并提供行政文件供公众查阅和复制。其中的"公众"，包含外国人，允许外国人和本国公民一样可以依据该法提出信息公开申请并获得政府文件。① 投资者可以依据该条获取自己需要的各类投资信息。

虽然日本缔结的国际投资协定中规定有透明度规定，而且没有在协定中明确指出透明度规则不具有可诉性，但在国内依然无法得到直接适用。在无法直接适用协定透明度规则的情况下，缔约另一方的投资者需要依据2001年4月1日施行的《信息公开法》获取投资信息。日本《信息公开法》规定，除了侵犯国防机密等6种类型文件不列入信息公开的范围以外，所有的政府信息必须向国民公开。② 在由日本行政改革委员会提出的《信息公开法纲要案的思路》中指出：国民构成行使公开请求权主体的中心，但是其并不是将主体仅仅限定在国民的范围中，在排除外国人方面不具有积极意义；即《信息公开法》中信息公开请求权主体并不只针对日本国民，还包括外国人以及社团。③ 因此，日本在信息公开请求权主体上虽没有采用与美国相同的"公众"而是采用"国民"，但投资者获取投资信息的权利得到《信息公开法》事实上的认可。

英国缔结的国际投资协定中没有透明度规则，并且协定在英国不能直接适用，缔约另一方的投资者需要通过2005年1月1日施行的《信息自由法》④ 来获取投资信息。《信息自由法》第1条规定：任何人有权为获取信息向公共机构提出要求。⑤投资者可以借助该条规定向有义务提供相关投资信息的公共机构索取所需信息。

---

① 参见颜海《政府信息公开理论与实践》，武汉大学出版社2008年版，第158页。

② 同上书，第94页。

③ 参见朱芒《开放型政府的法律理念和实践（上）——日本信息公开制度》，《环球法律评论》2002年第3期。

④ 共有8章88条，是以保护信息公开申请人获得公共机构的信息的权利为宗旨的，于2000年由议会通过，2002年由女王批准。参见张红菊《英国信息公开制度及其特点》，《中国监察》2009年第2期。

⑤ See The Freedom of Information Act 2000, Article 1: General right of access to information held by public authorities. (1) Any person making a request for information to a public authority…

德国缔结的国际投资协定中同样没有明确的透明度规则，缔约另一方的投资者可以依据 2006 年 1 月 1 日正式施行的《信息自由法》来实现其获取投资信息的需要。[1] 根据德国《信息自由法》第一节基本原则规定：任何人都有权从联邦政府主管部门获取官方信息。[2] 《信息自由法》是德国政府信息公开最重要的法律依据，[3] 也是投资者获取投资信息的重要法律依据。

综上，国际投资协定与各国国内法的关系主要集中于国际投资协定在国内法的适用上。对于各个国家而言，国际投资协定采用直接适用还是间接适用，立法和司法实践都有一定的差异。但是作为国内法中适用条约的有效方式，直接适用和间接适用在本质上并无区别。采取哪一种完全是国内法的规定，本质上都是通过国内法的接受而使条约在国内实现其效力。直接适用条约操作简单，而且可以最大限度地排除不遵守国际条约的嫌疑，但是缺乏安全性、稳定性；间接适用相较而言，能更好地将履约承诺和国内法体系结合起来，但是缺乏效率，所以各国一般会将两种适用方式结合起来。[4] 对于国际投资协定缔约另一方的投资者而言，直接适用协定中的透明度规则有障碍时，或是协定中没有明确的透明度规则时，就需要依据东道国的相关国内法来保障自身获取信息权益，其中最主要的是各国信息公开或信息自由方面的法律。[5]

（二）中国

中外投资协定透明度规则在中国国内的适用也存在适用障碍问题。中国—加拿大 BIT 第 20 条第 1 款规定，缔约一方的投资者可依据本部分就

---

① See Federal Act Governing Access to Information held by the Federal Government (Freedom of Information Act) Section 15 Entry into force, This Act shall enter into force on 1 January 2006.

② See Freedom of Information Act, Section 1 Underlying principles (1) Everyone is entitled to official information from the authorities of the Federal Government in accordance with the provisions of this Act.

③ 该法共 15 章，包括公民对政府信息普遍知情权定义、不受政府信息公开义务约束的特殊信息内容、公民查阅政府信息的申请及相关手续、申请费用及被拒后可寻求的法律途径、政府信息公开义务及联邦数据保护和信息自由托管部的职权及义务等重要内容。参见商务部德国经商处《德国政府信息公开立法与实践》，http：//de. mofcom. gov. cn/aarticle/ztdy/200712/20071205291236. html。

④ 参见万鄂湘主编《国际法与国内法关系研究》，北京大学出版社 2011 年版，第 96 页。

⑤ 需要说明的是，各国关于信息公开或信息自由方面的法律针对的是政府信息公开，而不包括立法和司法公开。对于法制化水平较高的这四个发达国家，在立法、司法信息公开方面较为完备，在此不再一一列举。反倒是政府信息公开成为推进信息公开的主要方面，近年来得到这些国家的普遍重视，因而本书只介绍了政府信息公开方面的规定。

另一缔约方违反如下义务的行为的诉请提请仲裁：（1）违反第 2 条至第 7 条第 2 款，第 9 条，第 10 条至第 11 条，第 14 条第 4 款，或第 16 条所规定的义务，如果该违反与投资者或投资者之涵盖投资相关，且第（2）分款不适用于该投资者或投资者之涵盖投资；（2）违反第 10 条或第 12 条所规定的义务，如果该违反与在另一缔约方领土内金融机构中的缔约一方投资者相关，或与该投资者在另一缔约方领土内的金融机构中的涵盖投资相关，并且由于该违反的原因或源于该违反，该投资者或投资者的涵盖投资遭受了损失或损害。这条规定中并不包括第 17 条"法律、法规与政策的透明度"，意味着投资者不能对缔约另一方违反第 17 条"法律、法规与政策的透明度"提请仲裁。此外，在大多数中外投资协定中也没有指出如透明度规则这种协定具体条款在国内法的适用问题，加上前述中外投资协定在中国国内法院适用情况的考察，投资者无法直接依据协定中的透明度规则在中国国内主张缔约方政府应履行信息披露义务，需要依据中国相关的国内法来维护自己应有的投资知情权。

中国国内法中最能体现透明度规则的，莫过于 2008 年 5 月 1 日开始施行的《政府信息公开条例》（以下简称《公开条例》）。《公开条例》是第一部将"透明度"写入立法目的的法律法规，它"第一次将信息公开规定为政府的法定义务"[①]，是"继《行政诉讼法》以后行政法治发展道路上的第二个里程碑"[②]。中外投资协定透明度规则对作为缔约方的中国政府设定了具体的义务，与《公开条例》的政府义务重合，二者之间的关系是协定透明度规则与中国国内法关系的最佳代表。协定透明度规则涉及范围较广，但《公开条例》涉及的透明度规则仅针对政府信息公开以及不公开的信息，范围较窄，大致与协定透明度规则中的公布和信息披露相当。对于二者关系的分析，也仅以这一部分为限，且这里的分析主要集中于二者的融合。对于协定缔约另一方投资者来讲，重要的不是协定能否优先适用，而是如何根据中国现有的法律规定保障自己的合法权益。

1. 公开的内容

中外投资协定中缔约方公布或以其他方式让公众知悉的内容，是与协定涵盖投资有关的各类信息；《公开条例》是行政机关在履行职责过程中

---

① 李广宇：《政府信息公开司法解释读本》，法律出版社 2011 年版，第 3 页。

② 应松年：《对中国行政法发展历程的宏观解读》，《法制日报》2011 年 7 月 27 日第 9 版。

制作或者获取的，以一定形式记录、保存的信息。① 协定公开的信息范围不以政府信息所限，包括法律、法规、程序、行政规章和普遍适用的司法裁决以及国际协定，② 遍及立法、行政、司法信息。《公开条例》虽只针对行政信息，但是用一个条文提出符合4个基本要求应主动公开的信息类型，③ 而后用3条23项进一步具体列举各级政府应该公开的内容范围，④ 行政法规、规章、规范性文件只是其中的一项。

　　按照中国国务院法制办公室副主任张穹的回答：外国人和外国组织，可以通过中国政府主动公开信息的渠道，来获取政府信息；外国人和外国组织向我国政府申请获取其他政府信息的，应该根据国际法规定的原则，按照对等的原则处理。⑤ 因而，对于协定缔约另一方投资者而言，只要是与协定涵盖投资有关的中国各级政府信息，凡属于这4个基本要求23项范围，都可以从政府的主动公开而获得。如果欲获取的信息不在主动公开的范围内，由于中外投资协定的存在，投资者还可以根据自身投资的特殊需要，向有关政府部门申请获取相关信息。⑥ 当然，前提条件是申请公开

---

①　《公开条例》第2条。

②　中国—韩国BIT第11条第1款。

③　《公开条例》第9条：行政机关对符合下列基本要求之一的政府信息应当主动公开：（1）涉及公民、法人或者其他组织切身利益的；（2）需要社会公众广泛知晓或者参与的；（3）反映本行政机关机构设置、职能、办事程序等情况的；（4）其他依照法律、法规和国家有关规定应当主动公开的。

④　《公开条例》第10条、第11条、第12条。

⑤　中国中央政府网：《国务院法制办负责人就政府信息公开条例答记者问》，http：//www. gov. cn/jrzg/2007 -04/24/content_ 594560. htm。如果一个国家的法律规定，外国公民或者组织在本国的某些活动方面的权利与本国公民的权利有不同的规定，即加以限制，另一个国家也采取相应的措施加以限制，这种相互限制的规定，也是对等进行的，即对等原则。对等原则，既包括行使权利，也包括履行义务。北大法宝法律信息数据库：《〈行政复议法〉第41条释义》，ht-tp：//www. pkulaw. cn/CLink_ form. aspx? Gid =22100&tiao =41&subkm =0&km = siy。

⑥　《公开条例》第13条。也有学者将本条解读为"依申请公开政府信息的申请人仍只限于本国公民、法人和其他组织"。参见李广宇《政府信息公开司法解释读本》，法律出版社2011年版，第88页。这同本书的解读不一样，本书认为外国公民、法人可以作为依申请公开政府信息的申请人。首先，对等原则只是针对他国限制本国公民权利后给予该国公民权利对等限制的措施，不是权利的剥夺；如果他国无此种限制，该国公民在本国的权利不受影响。其次，《公开条例》并没有对公民、法人和其他组织施加"本国"的限制，在法律没有明文规定的情况下进行限缩解释，有违《宪法》第18条"在中国境内的外国企业和其他外国经济组织的合法权利和利益受中国法律保护"的规定以及第32条"保护在中国境内的外国人的合法权利和利益"的规定。因此，外国人、外国企业以及其他外国经济组织可以是依申请公开政府信息的申请人。有学者在考察各国的规定后，根据《公开条例》第1条立法目的的规定，得出相同的结论。参见颜海《政府信息公开理论与实践》，武汉大学出版社2008年版，第157—158页。

的信息能够通过保密审查。①

2. 不公开的内容

中外投资协定中缔约方不予披露任何机密或私人信息，包括与特定的投资者或投资有关的信息，披露该信息将妨碍法律的执行或违反保护机密的法律，或损害特定投资者的合法商业利益。② 《公开条例》中行政机关不公开涉及国家秘密、商业秘密、个人隐私的政府信息，③ 协定的信息披露例外和《公开条例》不公开信息的范围规定基本一致。对于不公开的信息，缔约另一方投资者无法获取，但是行政机关认为不公开可能对公共利益造成重大影响的涉及商业秘密、个人隐私的政府信息除外。

3. 公开的方式和程序

中外投资协定对缔约方投资信息公开的方式和程序一般未作具体规定，《公开条例》则有一章非常具体的政府信息"公开的方式和程序"的规定，而且这些规定还有其他相关规定予以细化。④ 至于个别中外投资协定中有具体规定的，经考察，也在《公开条例》规定的范围内。例如，信息公开时限上，中国—新西兰FTA规定的是"不能迟于实施或执行后90日公布"⑤，而《公开条例》规定的是"自该政府信息形成或者变更之日起20个工作日内予以公开"⑥。对于经要求或申请提供信息的反馈时限，中国—新西兰FTA规定的是"收到该要求后30日内"⑦；而《公开条例》规定的是，行政机关能够当场答复的，应予以当场答复，不能当场答复的，应当自收到申请之日起15个工作日内予以答复。⑧ 因此，投资者可以依据《公开条例》规定的方式和程序达到获知投资信息的目的。

---

① 《国务院办公厅关于施行〈中华人民共和国政府信息公开条例〉若干问题的意见》第(6)项，行政机关要严格依照《中华人民共和国保守国家秘密法》及其实施办法等相关规定，对拟公开的政府信息进行保密审查。凡属国家秘密或者公开后可能危及国家安全、公共安全、经济安全和社会稳定的政府信息，不得公开。

② 中国—芬兰BIT第12条第2款。

③ 《公开条例》第14条第4款。

④ 《公开条例》第15条—28条，以及《国务院办公厅关于施行〈中华人民共和国政府信息公开条例〉若干问题的意见》，各行政机关编制、发布的政府信息公开指南，如《国务院办公厅政府信息公开指南（试行）》。

⑤ 中国—新西兰FTA第168条第1款。

⑥ 《公开条例》第18条。

⑦ 中国—新西兰FTA第172条第2款。

⑧ 《公开条例》第24条。

4. 行政复议权和行政诉讼权

中外投资协定没有、也不可具体规定投资者在缔约另一方国内的行政复议权和行政诉讼权。而《公开条例》明确指出：公民、法人或者其他组织认为行政机关在政府信息公开工作中的具体行政行为侵犯其合法权益的，可以依法申请行政复议或者提起行政诉讼。[①] 公民、法人或者其他组织的行政复议权和行政诉讼权有相关的法律、法规以及最高人民法院的司法解释予以保障，[②] 其中2011年8月13日起施行的最高人民法院《关于审理政府信息公开行政案件若干问题的规定》是专门针对政府信息公开中行政相对人诉权的保障，而且其效力高于其他司法解释。[③] 该规定中列出人民法院应当受理以及不予受理的案件范围，明确了不同情况下的适格被告，原被告的举证责任以及不同情形的判决结果。

根据《行政复议法》和《行政诉讼法》的规定，[④] 协定缔约另一方投资者在中国有行政复议权和行政诉讼权，与中国的公民、组织权利相同，不过要受对等原则的限制。[⑤] 如果投资者认为行政机关在政府信息公开工作中的具体行政行为侵犯自己合法权益的，可以依法申请行政复议或者提起行政诉讼，通过法律救济确保自己的信息利益。

综上，包括中外投资协定在内的国际投资协定透明度规则在国内法的实施，同其在国际投资争端解决机制中的运行比较而言，呈现出"直接适用难度大"的特点。现实可行的做法是将规则与各国的相关国内法结合在一起，借助国内法的规定才能发挥出更好的效果。

---

① 《公开条例》第33条第2款。

② 包括有《行政复议法》及其实施条例、相关司法解释，《行政诉讼法》及其相关司法解释。

③ 《最高人民法院关于审理政府信息公开行政案件若干问题的规定》第13条："最高人民法院以前所作的司法解释及规范性文件，凡与本规定不一致的，按本规定执行。"

④ 《行政复议法》第41条："外国人、无国籍人、外国组织在中华人民共和国境内申请行政复议，适用本法。"《行政诉讼法》第70条："外国人、无国籍人、外国组织在中华人民共和国进行行政诉讼，适用本法。法律另有规定的除外。"

⑤ 《行政诉讼法》第71条：外国人、无国籍人、外国组织在中华人民共和国进行行政诉讼，同中华人民共和国公民、组织有同等的诉讼权利和义务；外国法院对中华人民共和国公民、组织的行政诉讼权利加以限制的，人民法院对该国公民、组织的行政诉讼权利，实行对等原则。

本章小结

首先，本章考察后发现：透明度规则在投资者—东道国争端解决机制中的实施受阻，原因是不管涉案国际投资协定中有无具体的透明度规则，仲裁庭基本直接适用协定中的公平与公正待遇条款。造成这一情况的主要原因是：其一，部分国际投资协定中明确规定，对于缔约另一方投资者而言，提起投资者—东道国争端仲裁机制，只能针对公平与公正待遇，而不能针对透明度规则，或只能针对部分透明度规则；其二，投资者认为公平与公正待遇可以最大可能地满足其诉求，所以一般都会将东道国违反公平与公正待遇列为申诉主张之一；其三，公平与公正待遇更有助于仲裁庭充分行使自由裁量权，因而成为裁决书中的论证重点。但是公平与公正待遇和透明度规则是有一定联系的，而又有明显区别的两个概念，仲裁庭可以将透明度当作公平与公正待遇的判定标准，但是在协定中规定投资者可以依据透明度规则提请仲裁的前提下，不能忽视对具体的透明度规则的适用。进而在比较透明度规则同公平与公正待遇后，给出适用透明度规则的情况下其可能有的运行轨迹。其次，本章在分析国际投资协定透明度规则与缔约各方国内法的关系后得出：透明度规则在东道国国内直接适用有障碍。对于国际投资协定缔约另一方投资者而言，当在东道国国内直接适用协定中的透明度规则有障碍时，或是协定中没有明确的透明度规则时，就需要依据东道国的相关国内法来保障自身获取信息权益，其中最主要的是依据各国关于信息公开或信息自由方面的法律。对于中国而言，主要指的是《政府信息公开条例》。

第五章　中外投资协定透明度规则的完善

截至 2013 年 6 月 1 日，包括《中华人民共和国政府、日本国政府及大韩民国政府关于促进、便利和保护投资的协定》（中日韩投资协定）在内，中国共签订 BITs129 个;① 截至 2015 年 8 月 20 日，中国共签订 FTAs14 个。② 这些中外投资协定中，大部分都含有透明度规则；就透明度条款而言，中外 BITs 中明确规定的不多，而中外 FTAs 中基本都有明确的透明度条款。当本书将国际投资协定透明度规则的研究视角转向中外投资协定的透明度规则时，不仅是在全面总结中国在国际投资协定透明度规则中具体的实践，也是为可能的中外投资协定范本中的透明度规则提供一份可行性更高的透明度规则模板。

本章先采用"穷尽文本"的方法全面介绍中外投资协定透明度规则的具体内容；而后在分析其中存在的问题及原因的基础上，提出改进的要求、途径和具体的方案。如果本书仅以此为终极目标，难免落入思路狭隘的窠臼。于是第四节突破现有的文本研究，针对正在进行的中美 BIT 谈判，将本书在论述中铺设的美国 BIT 范本的这条线索，与中外投资协定透明度规则的具体方案在此交汇，前瞻性地分析中国关于透明度规则的谈判策略。

---

① See UNCTAD, *Bilateral Investment Treaties signed by China*, http://unctad.org/Sections/dite_pcbb/docs/bits_china.pdf.

② 涉及 22 个国家和地区，分别是中国与东盟、新加坡、巴基斯坦、新西兰、智利、秘鲁、哥斯达黎加、冰岛、瑞士、韩国和澳大利亚的自贸协定，内地与香港、澳门的更紧密经贸关系安排（CEPA），以及大陆与台湾的海峡两岸经济合作框架协议（ECFA），目前除韩国、澳大利亚自贸协定均已实施。中国自贸区服务网:《中国对外商谈自由贸易协定总体情况》，http://fta.mofcom.gov.cn/.

第一节　中外投资协定透明度规则的内容

一　中外投资协定透明度规则的类型化

在中国目前已签订的 143 个中外投资协定中，含有透明度规则的协定共计 97 个，约占总数的 68%。其中有明确透明度条款的 19 个，包括 6 个中外 BITs，13 个中外 FTAs，约占总数的 13%，在含透明度规则的协定中约占 20%。含有透明度规则的中外投资协定主要分为以下三个类别：

第一类，仅有交换法律情报和投资机会的规定。在所有含透明度规则的协定中，有 76 个只是在磋商机制中规定了缔约方通过进行会谈，交流与投资有关的法律信息以及相关投资机会。

第二类，有明确的透明度条款但内容不具体。中国—澳大利亚 BIT、中国—拉脱维亚 BIT、中国—芬兰 BIT、中国—韩国 BIT 虽有明确的透明度条款，但是条款内容不具体。其中中国—澳大利亚 BIT 用三项规定分别简单规定缔约方的公布、提供、解释义务；另三个 BITs，只用一条两款分别规定公布义务以及信息披露例外。

第三类，有明确具体的透明度条款及详细的透明度规则。除中国—新加坡 FTA 之外的 13 个中外 FTAs，以及 2012 年新签订的中日韩投资协定、中国—加拿大 BIT，不仅有明确的透明度条款，而且条款内容具体、规则详细，与中国签订的多数国际投资协定透明度规则的简单形成鲜明的对比。

有明确透明度条款的 19 个中外投资协定，就成为本书研究重点。值得注意的是，关于透明度条款的命名，这些中外投资协定也有所区别：一般为"透明度"；也有采用"法律的透明度"，如中国—澳大利亚 BIT；还有采用"法律法规透明度"，如内地与港澳关于建立更紧密经贸关系的安排，还有采用"法律、法规与政策的透明度"，如中国—加拿大 BIT。

二　中外投资协定中缔约方透明度义务

（一）交流法律信息和投资机会

在中国早期签订的 BITs 中，与透明度规则有关的仅有缔约方交流法律信息和投资机会的规定，该规定位于双方的磋商机制中。如果协定中加入磋商机制下双方会谈的具体内容，第（2）项都会列明"交流法律信息和投资机会"①，只不过不同的 BITs 中的表述稍有不同。一般为："缔约双方代表为下列目的应随时进行会谈：……（2）交流法律信息和投资机会；……"有个别 BITs 在进行会谈的限定词上用的是"定期"，如中国—马里 BIT 第 12 条；有的用的是"不定期"，如中国—韩国 BIT 第 13 条；也有不用限定词的，如中国—叙利亚 BIT 第 10 条。在交流的内容上，也有仅规定"法律信息"的，如中国—匈牙利 BIT 第 12 条；或是对交流信息的内容没有规定的，如中国—新西兰 BIT 第 3 条。

交流法律信息和投资机会是中外投资协定中最常见的透明度规则，是缔约方保持投资透明度的一项具体要求。在多数的中外投资协定只有十几个条文的情况下，能提出双方为交流法律信息和投资机会而随时进行会谈已属难能可贵。

（二）公布或以其他方式使公众知悉相关信息

在 19 个有明确透明度条款的中外投资协定中，都规定了缔约方应当公布或以其他方式使公众知悉相关信息。一般规律是，中外投资协定签订的时间越晚，公布的信息内容范围越具体。1988 年中国—澳大利亚 BIT 规定的是"有关或影响缔约另一方国民在其领土内的投资的法律和政策"；2004 年中国—拉脱维亚 BIT、中国—芬兰 BIT 规定的是"对缔约另一方投资者在其境内的投资可能产生影响的法律、法规、程序、行政规章、可普遍适用的司法判决及国际协定"；到了 2012 年中国—加拿大 BIT，采用的是对整体模糊化，对投资准入制度具体化的做法，即公布有关或者影响投资的法律和政策，使缔约另一方投资者知悉与投资准入条件相关的法律、法规与政策，包括申请与注册程序、评估与审批标准、处理申请及作出决定的时间表，以及对决定的复议或申诉程序。最为细致的应该是 2012 年的中日韩投资协定的第 10 条，不仅在信息内容上规定"有关或者影响投资活动的法律，法规，普遍适用的行政程序、行政裁决和司法决定，以及缔约方作为成员的国际协定"，还包括"负责这些法律，法规，行政程序及行政裁决主管部门的名称和地址"，并且要求应尽力确保

①　在协定中没有透明度条款的情况下，如果磋商机制未列明具体会谈的内容，协定中就找不到明确的透明度规则。这就是中国—德国 BIT 等 47 个中外 BITs 没有计入含有透明度规则的中外投资协定中的原因。

法律法规公布或使公众获知与其生效之间有一个合理的时间间隔。

除了中国与东盟全面经济合作框架协议有单独的投资协议、海峡两岸经济合作框架协议有单独的投资保护（障）和促进协议，其中公布的信息内容只针对投资领域之外，① 整体而言，中外 FTAs 的透明度规则的公布的信息内容是针对 FTAs 中所有的贸易、投资及其他经贸领域。信息内容的范围，有的是"政策、法规信息"②；有的是"协定项下任何事项相关的措施"③；有的是"协定涵盖事项相关的法律、法规、程序及普遍适用的行政裁决"④，除此之外，有的还包括"与贸易相关的可能对实施协定产生影响的缔约双方各自的国际协定"⑤。公布的时间一般只笼统提到"迅速及时"公布；也有的进一步规定了具体公布的时间，如中国—新西兰 FTA 第 168 条第 1 款中的"无论如何不能迟于实施或执行后 90 日公布"。协定中一般没有公布或使公众知悉的具体方式，但是在《内地与香港关于建立更紧密经贸关系的安排》《内地与澳门关于建立更紧密经贸关系的安排》中则具体规定了三种：第一，通过报刊、网站等多种媒体及时发布；第二，举办和支持举办多种形式的经贸政策法规说明会、研讨会；第三，通过内地 WTO 咨询点、中国投资指南网站和中国贸易指南网站等为工商企业提供咨询服务。

（三）通知和信息的提供

关于信息的提供，在中外 BITs 中的规定较简单，一般只规定缔约另一方要求时，向其提供具体的法律和政策的文本。⑥ 只有中日韩投资协定第 10 条第 3 款规定较具体："应缔约另一方要求，每一缔约方应在合理的期限内通过现有的双边渠道，就可能会严重影响缔约另一方及其投资者本协议项下利益的任何现行或拟议的措施，答复缔约另一方具体的问题，并

---

① 《中华人民共和国与东南亚国家联盟成员国政府全面经济合作框架协议投资协议》第 19 条第 1 款第 (1) 项：发布在其境内关于或影响投资的所有相关法律、法规、政策和普遍使用的行政指南。《海峡两岸投资保护（障）和促进协议》第 4 条第 1 款：一方应依其规定及时公布或用其他方式使公众知悉普遍适用的或针对另一方与投资有关的规定、措施、程序等。

② 《内地与香港关于建立更紧密经贸关系的安排》《内地与澳门关于建立更紧密经贸关系的安排》附件 6 "关于贸易投资便利化"，第 7 项第 (2) 小项。

③ 中国—智利 FTA 第 73 条第 1 款。

④ 中国—新西兰 FTA 第 168 条第 1 款。

⑤ 中国—秘鲁 FTA 第 167 条第 1 款，中国—哥斯达黎加 FTA 第 129 条第 1 款。

⑥ 中国—澳大利亚 BIT 第 6 条，中国—加拿大 BIT 第 17 条第 1 款第 (2) 项。

提供信息。"

但是在为数不少的中外 FTAs 中，都有专门的"通知和信息提供"一条，规定十分具体。例如中国—智利 FTA 中第 74 条第 1 款和第 2 款分别规定：在可能的程度内，缔约一方应通知缔约另一方本方认为可能对协定执行产生实质影响或对另一缔约方在协定项下的合法利益产生重要影响的现行或拟议措施；应缔约另一方要求，缔约一方应在可能的程度内，就缔约另一方认为可能对本协定执行产生实质影响或对其在本协定项下的合法利益产生重要影响的现行或拟议措施立即提供信息并对相关问题作出回应，而不论缔约另一方以前是否被通知了此措施。同时规定了信息被视为已提供的情况。① 相同或类似的规定还出现在中国—巴基斯坦 FTA 第 44条、中国—新西兰 FTA 第 172 条、中国—哥斯达黎加 FTA 第 130 条中。其余的中外 FTAs 中对这一部分也有各自侧重的规定：如《中国东盟全面经济合作框架协议投资协议》第 19 条第 1 款第（2）和第（4）项的规定；② 又如中国—冰岛 FTA 第 123 条第 2 款的规定，应缔约另一方要求，缔约一方应尽可能就相关事宜立即提供信息并对相关问题作出回应。中国—秘鲁 FTA 第 167 条第 2 款还对回应给出了 60 日的时间限制，中国—瑞士 FTA 第 1.5 条第 2 款更是将回应期限定为收到请求后的 30 日内。

（四）信息的提前公布和公众评论机会的提供

在近几年签订的中外投资协定中还规定了法律法规、措施的提前公布、公众评论机会的提供以及缔约方对公众评论的考虑。其中一般规定鼓励缔约各方尽可能地提前公布其计划采取的法律法规或者措施，并鼓励缔约各方提供给公众评论与投资有关的法律法规或者措施的合理机会。包括有中国—加拿大 BIT 第 17 条第 3 款、中国—智利 FTA 第 73 条第 2 款、中国—新西兰 FTA 第 168 条第 2 款、中国—哥斯达黎加 FTA 第 129 条第 2款。但是中日韩投资协定第 10 条第 4 款则将"鼓励或尽最大可能"换成

---

① 中国—智利 FTA 第 74 条第 4 款："当本条项下的信息已经通过向 WTO 适当通报的方式为公众所获得或在相关缔约方的官方的、公众的和可以免费登录的网站上可以获得时，该信息可被视为已经提供。"

② 《中国东盟全面经济合作框架协议投资协议》第 19 条第 1 款第（2）和第（4）项的规定：中国东盟及时并至少每年向其他方通报显著影响其境内投资或本协议下承诺的任何新的法律或现有法律、法规、政策或行政指南的任何变化；至少每年一次通过东盟秘书处向其他方通报该方作为缔约方的任何未来的给予任何优惠待遇的投资相关协议或安排。

"应根据其法律法规"，信息的提前公布以及公众评论机会的提供从弹性规定变为缔约方明确的义务。

此外中国—智利 FTA 第 75 条、第 76 条，中国—新西兰 FTA 第 169 条、第 170 条、中国—哥斯达黎加 FTA 第 131 条、第 132 条还分别规定了类似于美国 BIT 范本中的行政程序、复议和诉请制度中的透明度规则。

三　透明度规则例外条款

（一）安全例外条款

在部分中外投资协定中会有透明度安全例外条款，一般规定：协定中的任何规定均不得被理解为要求缔约方提供或允许获得其认定披露后将违背其根本安全利益的信息。[①] 需要注意的是，在中外 FTAs 中，透明度规则的安全例外条款只是针对适用投资领域的规定，原本并不包含只针对其他章特别规定的安全例外条款，如货物贸易、服务贸易等章。但特殊的是，中国—冰岛 FTA 中没有适用于整个协定的单独的安全例外条款，不过位于货物贸易一章的第 12 条第（1）项规定的是："本协定的任何规定"而不是"本章的任何规定"，因而这项规定也应适用于投资领域。[②]

（二）信息披露例外条款

在 19 个有透明度条款的中外投资协定中，除中国—澳大利亚 BIT 之外，基本都有信息披露例外条款。

在中外 BITs 中可具体分为三种表述：第一种，协定不应要求缔约方提供或允许获得与特定的投资者或投资有关的任何机密或私人信息，披露该信息将妨碍法律的执行或违背保护机密的法律，或损害特定投资者的合法商业利益；[③] 第二种，不应要求缔约方披露会妨碍执法、违背公众利益或者可能损害隐私或合法商业利益的机密信息；[④] 第三种，任何规定不得要求缔约方提供或允许获得这样的信息，此类信息披露后将阻碍法律执行

---

① 中国—加拿大 BIT 第 33 条、《中国东盟全面经济合作框架协议投资协议》第 17 条第（1）项、中国—智利 FTA 第 100 条第（1）项、中国—新西兰 FTA 第 201 条第 1 款第（1）项、中国—新加坡 FTA 第 106 条第（1）项、中国—秘鲁 FTA 第 141 条第（1）项、第 194 条第（1）项、中国—哥斯达黎加 FTA 第 160 条第（1）项。

② 类似的还有中国—瑞士 FTA 第 2.7 条的规定。

③ 中国—拉脱维亚 BIT 第 10 条第 2 款、中国—芬兰 BIT 第 12 条第 2 款、中国—韩国 BIT 第 11 条第 2 款。

④ 中日韩投资协定第 10 条第 5 款。

或有违缔约方保护内阁机密、个人隐私或金融机构的金融事务和个人顾客账户信息保密性的法律，在争端解决过程中，不得要求缔约方提供或允许获得受其竞争法律保护的信息，或要求缔约方的竞争主管部门提供或允许获得任何其他秘密信息或保护不被披露的信息。[①]

在中外 FTAs 中的信息披露例外条款的表述基本一致，即本协定的任何规定，不得解释为要求缔约方提供和允许接触其认为如披露则会妨碍其法律实施，或违背其公共利益，或违反保护个人隐私或金融机构的个人消费者的财政事务和账户信息的法律以及损害特定公私企业合法商业利益的机密信息。[②] 仔细区分的话，有的 FTAs 中的表述将"机密信息"改为"信息"[③]，有的 FTAs 中的表述没有"违反保护个人隐私或金融机构的个人消费者的财政事务和账户信息的法律"这一部分的具体规定。[④]

第二节　中外投资协定透明度规则存在的问题[⑤]

一　部分中外 BITs 中没有透明度规则

有 46 个中外 BITs 中没有透明度规则，包括 1985 年签订的中国—意大利 BIT、1988 年签订的中国—日本 BIT、1994 年签订的中国—印度尼西亚 BIT、1995 年签订的中国—以色列 BIT、2000 年签订的中国—伊朗 BIT等。其中，也包括一些新签订的中外 BITs，如 2006 年签订的中国—印度 BIT，2008 年签订的中国—墨西哥 BIT。

由于部分 BITs 有效期已过，中国陆续和其中的国家重新签订了新的

---

① 中国—加拿大 BIT 第 33 条第 6 款。

② 中国—智利 FTA 第 103 条、中国—巴基斯坦 FTA 第 45 条。

③ 中国—新西兰 FTA 第 206 条。

④ 中国东盟投资协议第 19 条第 2 款，中国—秘鲁 FTA 第 168 条、第 195 条，中国—哥斯达黎加 FTA 第 162 条，中国—冰岛 FTA 第 124 条以及中国—瑞士 FTA 第 1.6 条。

⑤ 本节集中分析中外投资协定透明度规则存在的问题及原因，而其中存在的主要问题是各协定中的透明度规则差异性大。虽然从世界范围看，不同国际投资协定的透明度规则也存在一定的差异性；但是仅就一个缔约方分别与不同缔约方缔结的协定规则来讲，差异性较小。差异性小的主要原因是大多数国家都推行投资协定范本计划，其与不同缔约方签订的协定只是范本内容的适度调整。各中外投资协定透明度规则的差异性较大，虽能体现中国对不同缔约方的投资政策需求的不同，但是较大差异性会导致中国投资政策的模糊不清，目标的不明确不利于中国投资政策的统一执行。权衡积极因素和消极影响，差异性大确实是透明度规则中存在的一个问题。

BITs，或是修订了原有的 BITs。原有的 BITs 没有透明度规则，重订或修订的 BITs 也没有透明度规则。如 1983 年签订、2003 年重订的中国—德国 BIT，1984 年签订、2007 年重订的中国—法国 BIT，1986 年签订、2009 年重订的中国—瑞士 BIT 等。

至于造成大量的中外 BITs 没有透明度规则的原因，则需要再次简要追溯一下 BITs 的发展历程以及中国签订 BITs 的历史。第二次世界大战后盛行的"德国式"的 BITs 中并没有包括具体的透明度规则。1982 年中国与瑞典签订了第一个中外 BITs，① 之后又先后同德国、法国、意大利、日本等国先后签订了一批 BITs，都是采用这种"德国式"的 BITs。因而 20 世纪 80 年代、90 年代签订的中外 BITs，也包括部分 21 世纪签订的中外 BITs，条文一般为十几条，也没有具体的透明度规则。即大量的中外 BITs，包括一些新签订的以及重新签订的中外 BITs 中没有具体透明度规则的原因在于，这些中外 BITs 沿用了宽泛的"德国式"的 BITs。

诚然，一个国家选择什么样的模式以及确定哪些内容签订 BITs 是其主权范围内的事，但是中外 BITs 应该规定透明度规则。原因有三：其一，中国的 BITs 实践中已有部分采用了透明度规则，也就表明了中国接纳的立场；其二，既然 BITs 的全称为促进和保护投资双边协定，而"透明度是同国际投资的促进和保护密切相关的一个概念"②，规定透明度规则就成为中外 BITs 中的应有选择；其三，BITs 中最惠国待遇的实施也会使得没有透明度规则的 BITs 事实上也适用相应规则，不如统一中外 BITs 中透明度规则，减少 BITs 签订和实施的成本。所以，从这个角度讲，大量的中外 BITs 中没有透明度规则是中外投资协定透明度规则存在的首要问题之一。

二　部分中外投资协定透明度规则过于简单

有 76 个中外 BITs 的透明度规则只有磋商机制中的"交流法律信息和投资机会"的规定。包括一些重新签订或是修订的 BITs 中，因修改条款

---

① 参见卢进勇、余劲松、齐春生主编《国际投资条约与协定新论》，人民出版社 2007 年版，第 254 页。

② See UNCTAD, *Transparency UNCTAD Series on Issues in International Investment Agreements I*, p. 3, http：//unctad. org/en/docs/iteiit20034_ en. pdf.

未涉及，也就没有改进这"一句话"的透明度规则，如 2007 年重新签订的中国—保加利亚 BIT。再例如，2007 年修订的中国—古巴 BIT 主要集中于投资争端仲裁制度，也没有完善透明度规则，类似的例子还有 2007 年重新签订的中国—罗马尼亚 BIT。

与其他中外 BITs 不同，2008 年签订的中国—哥伦比亚 BIT 较为特殊：只是在第 12 条例外条款第 1 款第（6）项提到"通过透明的方式和根据相关的国内法律实施"，将其作为"缔约方维护公共秩序而采取或维持的措施"应满足的条件之一。

这些中外 BITs 中的透明度规则非常简单，或是"一句话"或是一个词汇。正如前面提到的，能在十几条的内容中写入这"一句话"或是这一词汇已体现出中国突破"德国式"BITs 固有表述，追求跨国投资透明度的努力，但是这种过于简单的透明度规则对整个协定实施中透明度的实现作用有限。完整的透明度规则应该是由投资信息的公布、信息的交流、信息的提供和通知以及透明度的例外条款等组成的，每一个透明度规则发挥各自的作用，不同规则"并非彼此无关地平行并列，其间有各种脉络关联"①，彼此相互呼应从而构成完整的规则体系。只靠信息的交流无法替代其他透明度规则起到的作用，更无法发挥完整的规则体系的应有作用。

三 透明度条款内容差异性较大

对于 19 个有透明度条款的中外投资协定来讲，透明度条款的差异性较大。上一节中外投资协定的内容，已对这 19 个协定在透明度条款内容表述上的差异进行了介绍，它们在内容项目上的差异见表 5 - 1：

表 5 - 1 　　　　　中外投资协定中透明度条款所含内容项目的比较

协定名称 / 条款包含内容	公布	通知和信息的提供	提前公布	行政程序的要求	复议和诉请的要求
中国—澳大利亚 BIT	√	√			
中国—拉脱维亚 BIT 中国—芬兰 BIT 中国—韩国 BIT	√				

① ［德］卡尔·拉伦茨：《法学方法论》，陈爱娥译，商务印书馆 2003 年版，第 316 页。

续表

条款包含内容 协定名称	公布	通知和信息的提供	提前公布	行政程序的要求	复议和诉请的要求
中日韩投资协定	√	√	√		
中国—加拿大 BIT	√	√	√		
中国东盟投资协议	√	√			
内地—香港 CEPA 内地—澳门 CEPA	√	√			
中国—智利 FTA 中国—新西兰 FTA 中国—哥斯达黎加 FTA 中国—韩国 FTA 中国—澳大利亚 FTA	√	√	√	√	√
中国—巴基斯坦 FTA	√	√			
中国—秘鲁 FTA	√	√			
海峡两岸 ECFA	√	√			
中国—冰岛 FTA	√	√			
中国—瑞士 FTA	√	√			

中外投资协定在透明度条款内容项目以及具体表述较大的差异，体现了中国新近签订的协定针对不同类型的缔约方采用差异性的策略。这种差异性策略的选择，一方面是中国对自己全球投资政策考量的结果，是把中国基于缔约方的经济发展程度的不同、所处地区不同、与中国间的投资关系差异等的不同需求，反映到了透明度条款中；另一方面也是缔约另一方签订协定的差异性利益需求的结果，反映缔约另一方对透明度条款的不同态度和具体主张。即作为中国与缔约另一方妥协的产物，协定中的透明度条款，一定是有差异性的。这些都肯定了透明度条款内容存在一定差异的合理性。但是如果差异性过大，协定的实施中就会产生一些问题：比如，与不同缔约方签订的协定，反映出的国家投资政策的不稳定，将会直接影响中国的投资政策的统一实施，也会增加在协定谈判中的难度；再比如，过于悬殊的透明度条款在实施中也会造成混乱，无法及时指导中国海外投资者的具体投资活动，亦会增加管理跨国投资的成本。

考察其他国家的实践，包括美国、英国、瑞士、智利等在内的许多国家都有 BIT 范本，用于指导本国与其他缔约方的 BITs 谈判和签订活动，与不同缔约方签订 BITs 的结构和内容一般很相似，差异也仅仅是对 BIT 范本的微调。① 例如在美国公布 2004BIT 范本之后，就迅速用于美国与其他缔约方 BITs 的谈判和签订。2005 年签订的美国—乌拉圭 BIT，只是把美国 2004BIT 范本中透明度条款的第 3 款从"信息的提供"改为"通知和信息的提供"，并增加了"通知"一项的内容，除此之外只是一些措辞上的细小差异。而 2008 年签订的美国—卢旺达 BIT 和美国 2004BIT 范本一字不差。

中国从统一国家投资政策出发，并借鉴他国的实践做法，应当缩小不同中外投资协定中的透明度条款的内容差异。因而，不同中外投资协定中透明度条款的差异性过大，也就成了中外投资协定中亟待解决的问题之一。

四　透明度规则例外条款的参差不齐

中外投资协定中透明度例外条款的规定也是参差不齐。这种参差不齐，不仅表现在透明度条款的内容表述上，② 而且从透明度例外条款所处的位置上也能观察到。

在有透明度安全例外条款的中外投资协定中，中国—加拿大 BIT 的安全例外条款位于单独的第 33 条"一般例外"条款中，即第 33 条第 5 款第（1）项；中国东盟投资协议位于第 17 条"安全例外"；中国—智利 FTA、中国—新西兰 FTA、中国—新加坡 FTA、中国—哥斯达黎加 FTA、中国—韩国 FTA、中国—澳大利亚 FTA 则是位于单独的"例外"一章中；中国—秘鲁 FTA 在"投资"和"例外"两章中均予以规定；中国—冰岛 FTA 中则是规定在"货物贸易"一章中。

在有透明度信息披露例外条款的中外投资协定中，中国—拉脱维亚 BIT、中国—芬兰 BIT、中国—韩国 BIT、中日韩投资协定、中国东盟投资协议的信息披露例外条款位于透明度条款中；中国—加拿大 BIT 是位于第 33 条"一般例外"条款中，即第 33 条第 6 款；中国—智利 FTA、中国—新西兰 FTA、中国—秘鲁 FTA、中国—哥斯达黎加 FTA、中国—韩国 FTA、中国—澳大利亚 FTA 则是位于单独的"例外"一章中；中国—巴

①　See Sara Jamieson，"A Model Future：The Future of Foreign Direct Investment and Bilateral Investment Treaties"，*South Texas Law Review*，Vol. 53，2012.

②　这一部分上一节已作介绍，此处不再赘述。

基斯坦 FTA 位于"透明度"一章；中国—冰岛 FTA 位于"保密信息"一条，中国—瑞士 FTA 位于"信息披露"一条，都是紧跟着透明度条款。

　　与其他例外条款一样，透明度例外条款也是国际投资协定的安全阀。协定文本中的透明度规则越具体，条款越严谨，对投资者权益保护水平就越高，投资母国从谈判中所获得的利益就越大，而对于东道国则意味着责任风险的增加。① 于是透明度例外条款就成为东道国利益保护的必不可少的条款，也是国际投资协定中平衡投资者利益与东道国利益的重要条款。其中安全例外条款，多数协定采用自行判断式的根本安全例外条款，② 即披露什么信息属于违背东道国的根本安全利益由东道国自己判定；信息披露例外条款又将东道国各种不予披露的信息一一罗列。两类例外条款的主旨是尊重东道国的核心安全需求和对各类信息的法律保护。再次强调透明度例外条款对投资东道国的重要性，就是为了说明作为一个传统的投资东道国，即使近年来慢慢趋向资本输入和输出并重，但是统一、规范的透明度安全例外条款对中国的意义依然重大。透明度例外条款在不同的中外投资协定中所处位置的混乱，以及内容表述上较大的区别，会造成协定无法充分一致地反映中国作为东道国的合法需求，也会影响中国投资政策的统一实施。

第三节　中外投资协定透明度规则的改进

一　透明度规则改进的途径

　　当本书第三章将 2012 年签订的中国—加拿大 BIT 与各国签订的 BITs 放在一起介绍国际投资协定透明度规则的内容时，是在个例中展示新签订的中外投资协定中透明度规则的相对完善；但当本章将视角转向中外投资协定中的透明度规则时，则是总体展示中外投资协定透明度规则相对的不完备。中外投资协定透明度规则的改进是针对整个中外投资协定而言的，改进的目的就是要依据一些新签订的中外投资协定以及中国的投资协定政

---

　　① 参见温先涛《〈中国投资保护协定范本〉（草案）论稿（一）》，载陈安主编《国际经济法学刊》第 18 卷第 4 期，北京大学出版社 2012 年版，第 170—171 页。

　　② 刘京莲：《国际投资条约根本安全例外条款研究》，载陈安主编《国际经济法学刊》第 17 卷第 1 期，北京大学出版社 2010 年版，第 193 页。

策，为未来新签订的或是重新签订的中外投资协定透明度规则的内容提供可行性的方案。

透明度规则改进的途径，应该是制定一个中外投资协定透明度规则的范例，而后用于未来中外投资协定的谈判中，并基于缔约各方利益需求相互妥协后达成的共识，将范例予以适当的调整。当然，如果中国政府公布正式的中国 BIT 范本或是 FTA 范本时，则将透明度规则范例融入范本当中，以充分发挥其应有的作用。然而中国有没有这样一个指导中外投资协定谈判和签订的范本？答案只能说是可能有，或是说事实上存在，至少可以说答案缺乏透明度。原因是关于中外投资协定的范本，只能通过学者的论述间接找到一些痕迹，但是通过官方途径无法获得。这些痕迹之一是，"据了解，到目前为止，我国正式制定的 BIT 范本只有一个 1984 年的范本"①；另一个痕迹是"本书所称之《中国投资保护协定范本（草案）》系指中国商务部 2010 年 5 月草拟的《中华人民共和国政府和政府关于促进和保护投资的协定》"②。但是不论是 1984 年的范本，还是 2010 年商务部草拟的范本，都无法从官方渠道获得，范本的内容来源于学者论述的集成。国际投资协定一国的 BIT 范本往往是其国际投资政策的最重要的国际展示，兼具规范性和宣示性。③ 在中国政府还没有采取类似于美国 BIT 范本公开讨论并予以公布的做法之前，制定一个中外投资协定透明度规则范例，就成为透明度规则改进的途径。

具体的路径有两条：第一条，只制定一个中外 BIT 透明度规则的范例，然后用于指导中外 BITs 和 FTAs 两类投资协定的谈判和签订；第二条，分别制定中外 BIT 和 FTA 透明度规则的范例，用于指导对应类别投资协定的谈判和签订。这两条路径，各有优缺点：第一条路径，有助于统一中国的投资协定政策，但是对中外 FTAs 来讲属于间接指导，具体到单独的协定谈判时还需要作出一定的调整，实际操作起来较为复杂；第二条

---

① 单文华、［英］诺拉·伽拉赫：《和谐世界理念和中国 BIT 范本建设——一个"和谐 BIT 范本"建议案》，陈虹睿、王朝恩译，载陈安主编《国际经济法学刊》第 17 卷第 1 期，北京大学出版社 2010 年版，第 151 页。

② 温先涛：《〈中国投资保护协定范本〉（草案）论稿（一）》，载陈安主编《国际经济法学刊》第 18 卷第 4 期，北京大学出版社 2012 年版，第 169 页。

③ 参见单文华、［英］诺拉·伽拉赫《和谐世界理念和中国 BIT 范本建设——一个"和谐 BIT 范本"建议案》，陈虹睿、王朝恩译，载陈安主编《国际经济法学刊》第 17 卷第 1 期，北京大学出版社 2010 年版，第 151 页。

路径，有助于明确指导两类投资协定的谈判和签订，且操作简单，但是不易于保持投资协定政策在不同类协定中的一致性。考察各国的实践，一般选择第一条路径，表现在：FTAs 中投资部分的内容与 BITs 十分相似，"仿佛将一个 BIT 纳入一个 FTA 中"①。典型代表就是美国的 BIT 范本。1992 年 NAFTA 投资自由化和投资保护条款与美国缔结的 BITs 中的同类条款相似，只是内容更全面、更具体。② 而 NAFTA 具体全面的规定，又直接落实在 1994BIT 范本中。③ 后来的 2004BIT 范本广泛用于指导随后的美国 BITs 和 FTAs 两类投资协定的谈判和签订，如 2008 年美国—卢旺达BIT，2010 年美国—韩国 FTA。结合其他国家的实践经验，考虑到中外FTAs 的数量较少，且体现在每个 FTA 中的投资政策较之 BITs 中的规定更灵活，中国也应当选择第一条路径，即只制定一个中外 BIT 透明度规则的范例。

二　透明度规则改进的要求

在这个中外 BIT 的透明度规则范例中，应当满足以下要求：

（1）在结构上，应当由透明度条款和透明度例外条款两部分组成。透明度条款中，应由公布、通知和信息的提供、信息的提前公布和公众评论机会的提供、联络点和信息的交流等部分组成，统一于独立的透明度条款。透明度例外条款由透明度安全例外、信息披露例外组成，并作为例外条款的组成部分。

（2）在内容上，应满足中国对跨国投资的现实需求，符合中国当前的投资协定政策，因而应以近几年签订的中外投资协定中透明度规则的内容表述为基础，合理吸收其他中外投资协定以及其他缔约方间投资协定的有益经验。

（3）在技术上，应符合一般国际投资协定内容的特点，即作为缔约各方利益妥协的结果，需要有抽象性的表述，这样才能使范例在实践中能得到最大范围的利用。比如说缔约方义务履行的时间，应当采用"及时"

---

① See UNCTAD, *International Investment Rule - making*: *Stocktaking*, *Challenges and the Way Forward*, p. 19.

② Ibid., p. 17.

③ See Sara Jamieson, "A Model Future: The Future of Foreign Direct Investment and Bilateral Investment Treaties", *South Texas Law Review*, Vol. 53, 2012.

"迅速"等抽象的词汇，而不应采用 60 日、90 日这种具体期限。再比如对"普遍适用的行政裁定"的解释也不应当列入范例中。

三　透明度规则改进的具体方案

透明度规则改进的具体方案，即中外 BIT 的透明度规则范例，根据前述的改进要求，其内容如下：

第　条　透明度

1. 公布

缔约方应及时公布，或通过其他方式使公众可获得，对缔约另一方投资者在其境内投资可能产生影响的法律、法规、程序、普遍适用的行政裁定和司法裁决，以及缔约方作为成员的国际协定。

2. 通知和信息的提供

（1）当缔约一方认为任何拟议或实施措施可能对本协定的执行产生重大影响，或实质上影响到缔约另一方或其投资者在本协定中的利益时，应尽可能地将此拟议或实施措施通知另一方。

（2）应缔约另一方要求，缔约方应提供对缔约另一方投资者在其境内投资可能产生影响的法律、法规、程序、普遍适用的行政裁定和司法裁决，以及缔约方作为成员的国际协定的副本，并回复相关问题。

（3）应缔约另一方要求，缔约方应提供有关任何实施或拟议措施的信息，并回复相关问题，无论缔约另一方是否曾得到过关于此措施的通知。

（4）本款规定的任何通知、要求或信息应当通过其联系点提供给另一方。

3. 信息的提前公布

缔约各方应尽可能地做到：

（1）提前公布其拟议采取的任何措施；

（2）向利害关系人及缔约另一方提供对拟议采取的措施进行评论的合理机会，并对评论给予合理的考虑。

4. 联络点和信息交流

缔约各方应当指定一个或多个联系点，以便就本协定所涉问题进行沟通，并应当将该联系点的详细信息提供给另一方。

缔约各方的信息交流通过联络点进行，包括与本协定有关的通知、要求、答复、解释以及其他信息。

……

第　条　例外

1. 安全例外

本协定中任何规定均不得被理解为：

（1）要求缔约方提供或允许获得其认定披露后将违背其根本安全利益的信息；

……

2. 信息披露例外

（1）本协定中任何规定均不得被理解为要求缔约方提供或允许获得这样的机密信息，此类信息披露后将妨碍法律执行、违背缔约方的公共利益、违反保密性法律或者是损害个人隐私或企业合法商业利益。

（2）本协定中任何规定均不得被理解为，在本协定下任何争端解决过程中，要求缔约方提供或允许获得受其竞争法律保护的信息，或要求缔约方的竞争主管部门提供或允许获得任何其他机密信息或保护不被披露的信息。

（3）在本款第（2）项中，若缔约方无其他通知，则"竞争主管部门"系指：

对中国而言，国务院反垄断执法机构；

对　　　而言，　　　　　　。

需要说明的是，在这一中外 BIT 透明度规则的范例中，并不是将最新的中外投资协定的透明度规则合并同类项后取最大值，[①] 而是做了个别的删减，使其具有更广泛的适用范围。"公布"部分，沿用大部分中外投资协定透明度规则的内容，只是在技术上没有采用中国—新西兰 FTA 等个

---

① 这同第四节的考量不同，因为在中美 BIT 谈判中，中国的透明度规则的谈判文本，才会是最新的中外投资协定的透明度规则合并同类项后取最大值。而范例应当具有普遍的代表性，而不是只针对某一缔约方。

别协定中的对"普遍适用的行政裁决"的解释。[①]"通知和信息提供"以及"联络点"两部分，已签订的中外 BITs 中的规定较为简单，这两部分主要参照中外 FTAs 的内容。"信息的提前公布"部分，采用了多数有这一规定的中外投资协定的表述，即"尽可能地做到"，而没有采用中日韩投资协定"应当"的表述。范例中的透明度例外条款采用的是规定最新、最全的中国—加拿大 BIT 的表述，以体现中国对于例外条款的最新需求，充分发挥其安全阀的作用。[②]

这一范例适用于未来的中外 FTAs 时，透明度条款不论是列入单独的"投资"一章，还是单独的"透明度"一章，还需要加上范例内容与 FTAs 其他章节间关系的内容就可以了。按照国际投资协定的一般表述，应为"本条（或是本章）[③] 的规定与其他章中有关透明度的规定不一致的，以其他章的规定为准"。

这一范例的重要意义在于：用统一的透明度规则来指导未来中外投资协定中的透明度规则的谈判，确保中国有关外国投资政策的统一，也有助于中国海外投资者的投资信息的获取。

第四节　中美 BIT 透明度规则谈判中的中国策略

关于国际投资协定透明度规则，特别是中外投资协定的透明度规则的论述，本书还有一个目标，即鉴于最新的美国 2012BIT 范本以及中外 BITs 间的差异，对于正在进行的中美 BIT 谈判，中国在透明度规则方面应该采用针对性的策略和方法，使中国"有利、有理、有节"地完成这场号称"世纪谈判"[④] 中的透明度规则部分的谈判。

---

① 中国—新西兰 FTA 第 167 条："就本章而言：普遍适用的行政裁决是指与本协定执行有关，适用于所有人和事实情况的行政裁决或解释，但不包括：（1）在行政或准司法程序中做出的，适用于具体案件中另一方特定人、货物或服务的决定或裁决；或者（2）针对特定行为或惯例的裁决。"

② 因为对于中国和加拿大间的跨国投资而言，中国的角色倾向于投资东道国，例外条款的细致规定，有助于维护东道国的合法权益。

③ 本条是指"投资"一章中的透明度条款；本章是指"透明度"一章，此时范例的表述将由"投资领域"改为"所有自由贸易协定的内容"。

④ 单文华、［英］诺拉·伽拉赫：《和谐世界理念和中国 BIT 范本建设——一个"和谐 BIT 范本"建议案》，陈虹睿、王朝恩译，载陈安主编《国际经济法学刊》第 17 卷第 1 期，北京大学出版社 2010 年版，第 150 页。

一　中美 BIT 谈判历程

(一) 中美 BIT 谈判的背景

如果仔细分析中美 BIT 谈判的背景,"世纪谈判"的头衔实至名归。作为世界最大的两个经济体,2012 年美国、中国分别位居吸引直接投资最多经济体的第一、第二位,分别位居对外直接投资最多经济体的第一、第三位。[①] 截至 2013 年 5 月底,美国在华累计直接投资超过 700 亿美元,中国对美累计直接投资接近 200 亿美元。根据中国商务部统计,2012 年中国企业实现全行业对美投资 26.2 亿美元。[②] 这一组数据充分表明中美 BIT 谈判的重要性,中美 BIT 的签订实施,将对两国经济,乃至世界经济的影响巨大。

根据联合国贸发会议统计,截至 2013 年 6 月 1 日,美国共签订 BITs 46 个,[③] 只有中国 129 个 BITs 的 1/3 略多一些。两个国家各自签订的 BITs 区别较大。美国政策研究所的学者认为,与美国 BIT 范本指导下签订的美国 BITs 不同,中国签订的大量 BITs 之间的差异明显,较之美国实施的政策更灵活,以确保外资支持中国的国家经济战略,并进而认为尽快与中国签订 BIT 并不是一件好事。[④] 反倒是中国学者认为,虽然中美两国各自已签订的 BITs 存在许多分歧,但在双方寻求完善投资协定的过程中,趋同的内容也越来越多;[⑤] 并预计中美 BIT 谈判能够圆满完成。[⑥] 不过也有中国学者持谨慎态度,认为中美 BIT 谈判难度非常大,不应急于求成。[⑦]

[①] See UNCTAD, *World Investment Report* 2013, Overview, pp. xiv – xv.

[②] 而据美国传统基金会统计,中国 2012 年对美投资高达 140 亿美元。这一数据系由于统计口径不一 (如是否考虑经第三地转投资的数据) 所致,但至少体现了中国企业对美投资的大幅增长。新华网:《中美开谈"第三代"投资协定 有望"一石三鸟"》, http://news.xinhuanet.com/fortune/2013 – 07/12/c_ 116518668. htm。

[③] See UNCTAD, *Bilateral Investment Treaties signed by United States of America*, http://www.unctad.org/Sections/dite_ pcbb/docs/bits_ us. pdf.

[④] See Sarah Anderson, "U. S. – China Bilateral Investment Treaty Negotiations Fact Sheet", *Institute for Policy Studies*, 2009, p. 2.

[⑤] See Cai Congyan, "China – US BIT Negotiations and the Future of Investment Treaty Regime: A Grand Bilateral Bargain with Multilateral Implications", *Journal of International Economic Law*, 2009, 12 (2).

[⑥] Ibid.

[⑦] 参见崔凡《美国 2012 年双边投资协定范本与中美双边投资协定谈判》,《国际贸易问题》2013 年第 2 期。

与学者的争议态度不同，单从中美 BIT 谈判的进展来看，中美两国政府都在积极推进 BIT 谈判，目前进展也较为顺利。因谈判的具体过程和细节无法获知，无法了解双方特别是美方的具体态度。美国的美中经济与安全审查委员会（US – China Economic and Security Review Commission）的一份名为《美中 BIT 的潜力评估》的研究报告中，附有一些美国相关机构和官员的看法，从中可侧面了解美方的一些态度。"一个带牙齿的 BIT 将会取得更大的成就"（美国保险业协会代表）；[①]"美国不能接受中国模糊的做法"（乔治·布什政府前官员）；[②]"如果最终的 BIT 更像美国 BIT 范本，监管程序将大大简化"（美中商业委员会代表）；[③]"关于最低工资、健康和安全、童工以及强迫劳动的现行法律在中国还得不到执行"（美国劳工联合会—产业工会联合会政策主任）。[④] 但是从中国的角度来看，美国政府对来自中国的投资一向持怀疑态度，试图在美国开展业务的中国企业普遍面临重重壁垒。中海油收购优尼科，华为收购 3Com 公司均以国家安全为由遭美国外国投资委员会（Committee on Foreign Investment in the United States，CFIUS）否决。企业行为政治化已成为中国对美投资面临的最大障碍。[⑤] 而美国的观点是，交易失败的原因是因为这些国有大型企业被认为受到中国共产党控制，是中国政府实现其战略目标的潜在工具。[⑥] 可以预见到，双方谈判中的具体态度一定非常复杂。

协定的谈判中，缔约一方，常会提到"你方不会怎么样吧？"或是"你方应该这样做"。一定要让对方一步一步感觉到他自身眼中的"刺"，而施压方自己眼中的"梁木"就看不到了。[⑦] 这里的"刺""梁木"就如同呼噜声，关键看是自己打，还是别人打。还有一层，别人眼中的，碍了

①　See the Economist Intelligence Unit, US – China Economic and Security Review Commission, *Evaluating a Potential US – China Bilateral Investment Treaty*, p. 49, http://origin. www. uscc. gov/ sites/default/files/Research/EIU_ Report_ on_ US – China_ BIT – –FINAL_ 14_ April_ 2010. pdf.

②　Ibid. , p. 50 .

③　Ibid. , p. 52 .

④　Ibid. , p. 55 .

⑤　参见姜楠《中美双边投资保护协定跨上新台阶》，《证券日报》2013 年 7 月 18 日第 5 版。

⑥　See the Economist Intelligence Unit, US – China Economic and Security Review Commission, *Evaluating a Potential US – China Bilateral Investment Treaty*, p. 28 .

⑦　"刺""梁木"的说法源于"为什么看见你弟兄眼中有刺，却不想自己眼中有梁木呢？"出自《圣经》马太福音 7：3。

自己的眼，于是"没有"就变成了"刺"，"刺"也就变成了"梁木"；自己眼中的，只要不影响自己看、不影响自己眨眼，是不会察觉到的，于是"梁木"也就变成了"没有"。这也就成了协定的谈判和履行中的"双重标准"。对于中美 BIT 谈判，美方人士的态度也就能够理解了。但显而易见的是，正如国内因素对谈判程序会产生显著影响，① 这些态度一定会给美国政府的谈判代表施加强大的压力，将会大大提升中国谈判代表讨价还价的难度。在这种情况下，中国谈判时采用的策略和方法就显得尤为重要，应该根据不同的条款内容，例如透明度规则的相关内容，采取有针对性的具体策略和方法。

（二）中美 BIT 谈判的具体进程

2008 年 6 月 18 日小布什政府执政期内第四次中美战略经济对话在美国马里兰州安纳波利斯闭幕。时任中国国务院副总理王岐山和美国财政部部长保尔森共同主持闭幕式并总结对话成果。王岐山表示，对话过程中，中美双方均强调坚持自由贸易和投资便利化原则，致力于改善投资环境，同意正式启动中美 BIT 谈判。② 这次谈判的启动，使 20 年前失败的中美BIT 项目得以恢复。③ 中美双方交换了各自的文本，而文本的磋商过程，"实际上是一个对对方的经济制度、法律条文进行深入了解的过程"④。

2009 年 11 月 17 日，时任中国国家主席胡锦涛与到访的美国总统奥巴马在北京发表《中美联合声明》，申明双方将加快中美 BIT 谈判。⑤ 中美双方进行了 6 轮技术层面磋商，后因奥巴马政府对美国 BIT 范本进行内部评估，⑥ 相关进程中断了一段时间。2012 年 4 月美国公布 2012BIT 范本。2012

---

① 参见［奥］维克托·克里蒙克主编《国际谈判——分析、方法和问题》，屈李坤、赵围、樊海军译，华夏出版社 2004 年版，第 31 页。

② 新华网：《第四次中美战略经济对话闭幕》，http：//news. xinhuanet. com/newscenter/2008 - 06/19/content_ 8396055. htm.

③ See Cai Congyan, "China – US BIT Negotiations and the Future of Investment Treaty Regime: A Grand Bilateral Bargain with Multilateral Implications", *Journal of International Economic Law*, 2009, 12 (2).

④ 潘锐、娄亚萍：《中美双边投资保护协定谈判的演进与发展》，《国际观察》2010 年第 1 期。

⑤ 新华网：《中美联合声明》，http：//news. xinhuanet. com/world/2009 - 11/17/content_ 12475620_ 3. htm.

⑥ See Sarah Anderson, "U. S. – China Bilateral Investment Treaty Negotiations Fact Sheet", *Institute for Policy Studies*, 2009, p. 1, http：//www. ips – dc. org/getfile. php? id =475.

年 5 月，中美两国宣布重启中美双边投资保护协定的谈判工作，双方重申培育开放、公平和透明的投资环境对两国经济和世界经济的重要性。[①]

2013 年 7 月 10—11 日，中美举行奥巴马执政期内第五轮战略与经济对话。中美双方认识到制定一套包括开放、非歧视和透明度等高标准的 BIT 对双方都是重要的，并高度评价此前谈判取得的进展。双方重申，将共同致力于提升开放程度，提供公正公平待遇，努力减少或消除歧视性做法和市场壁垒。经过 9 轮技术性讨论，中国同意与美国进行中美 BIT 的实质性谈判。这一 BIT 将对包括准入环节的投资的各个阶段提供国民待遇，包括"准入前国民待遇"，并以"负面清单"[②] 模式为谈判基础。[③] 随后，双方于 2013 年 10 月下旬在华盛顿举行了中美投资协定第十轮谈判，是双方进入实质性谈判后举行的首轮谈判，谈判进展顺利。经双方初步商定，第十一轮谈判定于 2014 年 1 月在中国举行。[④]

二　中美 BIT 透明度规则谈判的难点

已进入实质性谈判阶段的中美 BIT 谈判，双方各自提供的文本，美国肯定是 2012BIT 范本，因为 2012 范本一些内容的变化原本就是针对中国的；[⑤] 中国的文本则并不明确，对于透明度规则部分，只能通过合并最新的中外投资协定透明度规则中的同类项后取最大值得到，姑且概而称为"中国透明度规则"。与上一节设计的中外 BIT 透明度规则范例比较而言，增加了行政程序、复议和诉请两条规则。因为这两条规则目前只出现在部分中外 FTAs 中，而在中外 BITs 中并不存在，因而之前并没有写入中外

---

① 中国新闻网：《中美重启双边投资保护协定谈判 抵制贸易保护主义》，http://finance. chinanews. com/cj/2012/05 - 04/3866678. shtml.

② 所谓准入前国民待遇，是指在企业设立、取得、扩大等阶段给予外国投资者及其投资不低于本国投资者及其投资的待遇。负面清单则是指凡是针对外资的与国民待遇、最惠国待遇不符的管理措施，或业绩要求、高管要求等方面的管理措施均以清单方式列明。新华网：《中美开谈"第三代"投资协定 有望"一石三鸟"》，http://news. xinhuanet. com/fortune/2013 - 07/12/c_116518668. htm。

③ 《第五轮中美战略与经济对话框架下经济对话联合成果情况说明》，《人民日报》2013 年 7 月 13 日第 3 版。

④ 人民网：《商务部：中美投资协定第 11 轮谈判将于 1 月在华举行》，http://world. people. com. cn/n/2013/1223/c1002 - 23922098. html。

⑤ 美国在 2012 范本中加入了一些与中国密切相关的内容，比如透明度条款中"要求东道国允许外国人适当参加技术标准的制定"的规定。参见崔凡《美国 2012 年双边投资协定范本与中美双边投资协定谈判》，《国际贸易问题》2013 年第 2 期。

BIT 透明度规则范例中。美国2012BIT 范本透明度规则（以下简称为"美国透明度规则"），与中国透明度规则的主要差异也就成为双方谈判的主要内容。二者在公布、通知和信息提供，甚至行政程序、复议和诉请等方面规定的内容差别较小，谈判达成一致的难度不大；而谈判的难点集中于二者的主要差异，即中外 BIT 透明度规则范例与美国 2012BIT 范本透明度规则的主要差异。

（一）是否对提前公布拟议法规规定具体要求

美国透明度规则对提前公布缔约方中央政府层面普遍适用的拟议法规有具体要求，而中国透明度规则没有。

美国 2012BIT 范本第 11 条第 3 款规定，对提前公布的涉及本条约涵盖范围的中央政府层面普遍适用的拟议法规而言，各缔约方：（1）应当在一个单独的全国发行的官方刊物中公布拟议法规，并且应当鼓励拟议法规通过额外途径分发；（2）在大多数情况下应尽可能在公众评论期限截止前不少于 60 日公布拟议法规；（3）公布中应当包括对拟议法规制定目的的解释和理由；（4）最终通过法规时，应当对评论期间收到的重大、实质评论进行处理，并在官方刊物上或政府官方网站显著位置上就其对拟议法规的实质修改加以说明。中外投资协定中的透明度规则只有提前公布，但对拟议法规的公布分发途径，提前公布的期限，公布的内容以及对实质修改的说明等没有规定。

（二）是否对中央政府层面普遍适用法规的公布规定具体要求

美国透明度规则对缔约方中央政府层面普遍适用法规的公布有具体要求，而中国透明度规则没有。

美国 2012BIT 范本第 11 条第 4 款规定，对涉及本条约涵盖范围的中央政府层面普遍适用的法规而言，各缔约方：（1）应当在一个单独的全国发行的官方刊物中公布该法规，并且应当鼓励法规通过额外途径分发；（2）公布中应当包括该法规制定目的的解释和理由。中外投资协定中的透明度规则对于此类法规，没有规定具体的公布分发途径，也未对公布内容予以要求。

（三）是否对标准制定的透明度规定具体要求

美国透明度规则对缔约方标准制定的透明度有具体要求，而中国透明度规则没有。

美国 2012BIT 范本第 11 条第 8 款规定：（1）缔约一方应当允许缔约

另一方的人员参与其中央政府机构标准或技术法规的制定过程。在允许参与这些措施的制定以及参与中央政府机构合格评定程序的制定过程中,缔约一方给予缔约另一方人员的参与条件,不得低于该缔约方给予其国内人员的参与条件;(2)缔约一方应建议其领土内的非政府标准机构允许缔约另一方的人员参与该机构标准的制定过程。在允许参与这些标准和合格评定程序的制定过程中,缔约一方应建议其领土内非政府标准机构给予缔约另一方人员的参与条件,不得低于其给予该缔约方人员的参与条件。中外投资协定中的透明度规则,没有允许缔约另一方的人员参与缔约方中央政府机构标准或技术法规的制定过程的规定,也没有建议允许缔约另一方的人员参与非政府标准机构的标准和合格评定程序制定的规定。

(四)是否规定争端解决过程中的信息披露例外

中国透明度规则有争端解决过程中信息披露例外的规定,而美国透明度规则没有。

中国—加拿大 BIT 第 33 条第 6 款第(2)项规定,本协定中任何规定均不得被理解为,在本协定下任何争端解决过程中,要求缔约方提供或允许获得受其竞争法律保护的信息,或要求缔约方的竞争主管部门提供或允许获得任何其他秘密信息或保护不被披露的信息。美国 2012BIT 范本第 19 条,只有国际投资协定中常有的信息披露例外的规定,对于争端解决过程中与竞争有关的信息披露例外没有规定。

(五)投资者能否根据公布规则提请仲裁

中国透明度规则中的法律法规等的公布规则,适格投资者是不能根据其提请仲裁的;而美国透明度规则规定投资者可以依据公布规则提请仲裁。

在中国—加拿大 BIT 中,包括公布规则在内的所有透明度规则,投资者都不能作为提请仲裁的依据。[①] 而根据美国 2012BIT 范本第 24 条的规定,投资者不能根据第 11 条"透明度"提请仲裁,但是可以根据第 10 条"投资法律和决定的公布"提请仲裁。

中美 BIT 透明度规则谈判中的这些难点,都是中美两国透明度规则中差异明显的部分,缩小这些差异并最终达成一致,需要中美双方的共同努力。在谈判中双方采用的谈判策略势必针对这些难点来设计。考虑到对方是"谈判专家"美国,中国应当更谨慎细致地设计相应的谈判策略。

---

① 中国—加拿大 BIT 第 20 条。

三　中美 BIT 透明度规则谈判中的中国策略

中国在谈判中，总体上应注意两个问题：一个是防止美国将 2012 范本当作其谈判的底线，向中国提出高于 2012 范本的条件，同时也要防止谈判滑向以 2012 范本为核心，而让美国文本掌握了谈判的主导地位;[①]另一个是，不应以中国透明度规则作为中国参与谈判的初次报价，而应将其作为核心主张，开始时要为核心主张留出一定的谈判空间。因在行政程序、复议和诉请两个规则方面中美两国透明度规则基本一致，谈判的难点集中于上一节设计的中外 BIT 透明度规则范例与美国 2012BIT 范本透明度规则的主要差异，所以中外 BIT 透明度规则范例可以用于中美 BIT 透明度规则谈判中。

（一）关于提前公布拟议法规的策略

中美透明度规则中都有提前公布拟议法规的规定，只是美国透明度规则中对于"提前公布缔约方中央政府层面普遍适用的拟议法规"提出具体的要求。

首先，这些细致化的表述，的确也是推进缔约方投资政策透明度的具体措施。中国国内法本身也有类似的规定，只不过不够具体而已。[②] 如果写入协定中，有助于倒逼中国自己加速法规透明度进程。

其次，具体的规定，满足了商业规则和流程透明度的需要，不仅对于美国的投资者有重要作用,[③] 而且对于日益增多的对美投资的中国企业有着同样的重要作用。

最后，中美两国国内对法规透明度的实际执行能力和执行效果有相当大的差异，就连美国也认为一个中美BIT无法创建完全透明的中国投资环境。[④]

---

① 这种担心是有必要的，因为说服中国采取一个预设 BIT 范本进行与美国的谈判，是美国的既定战略。See the Economist Intelligence Unit, US – China Economic and Security Review Commission, *Evaluating a Potential US – China Bilateral Investment Treaty*, p. 43.

② 《立法法》第58条："行政法规在起草过程中，应当广泛听取有关机关、组织和公民的意见。听取意见可以采取座谈会、论证会、听证会等多种形式。"

③ See U. S. Department of State, *Report of the Advisory Committee on International Economic Policy Regarding the Model Bilateral Investment Treaty*, p. 7, http: //www. ips – dc. org/files/448/BIT% 20Review% 20Report% 20and% 20Annex% 20 – % 20Final% 20Version. pdf.

④ See the Economist Intelligence Unit, US – China Economic and Security Review Commission, *Evaluating a Potential US – China Bilateral Investment Treaty*, p. 48.

在谈判时，中国不能对美国透明度规则照单全收，而是针对每个具体要求予以单独考量。对于在官方刊物中公布，从现有中国国内实际操作上来看做到这一点不难，因为国务院及其各部委起草法规后都会通过国务院法制办网站在线公布征求意见稿，如2013年9月的《外国投资者对上市公司战略投资管理办法（修订）（征求意见稿）》。① 对于公布的内容要求，在公布法规草案征求意见稿时，附上必要的制定目的的解释和理由即可，这样也有助于公众对法规草案的理解，提高广泛征求意见的实际效果。因而，美国透明度规则中的公布的渠道和内容，中国可以接受。对于"公众评论期限截止前不少于60日公布拟议法规"，因为前面有"在大多数情况下应尽可能"的限定语，也是基本可以接受的。美国强调文本语言的准确，也十分头疼滥用文本语言的风险。② 但是美国透明度规则加上这一限定语，意味着在美国国内要做到"一定不少于60日公布"也有难度。"在大多数情况下应尽可能"的限定语为双方实施协定设置了弹性空间，因而中国可以接受将该表述写入协定中。最后一项规定，对于拟议法规的实质修改加以说明部分，也不会影响法规出台的基本流程，可以接受；但是"应当对评论期间收到的重大、实质评论进行处理"的规定，考虑到工作量过重以及影响法规的及时出台，可以欠缺操作性为由要求删去，或是改为"应当考虑公众评论"这一笼统表述。

（二）关于中央政府层面普遍适用法规公布的策略

与投资相关法律法规等的公布，本就是国际投资协定透明度条款的核心内容，但是只有美国透明度规则提出了具体的要求。关于公布的方式，中国在《立法法》《政府信息公开条例》都有规定且更具体，③ 中国可以

---

① 国务院法制办公室：《商务部关于〈外国投资者对上市公司战略投资管理办法（修订）（征求意见稿）〉公开征求意见的通知》，http：//www. chinalaw. gov. cn/article/cazjgg/201309/20130900391864. shtml。

② See U. S. Department of State，*Report of the Advisory Committee on International Economic Policy Regarding the Model Bilateral Investment Treaty*，p. 7.

③ 《立法法》第62条："行政法规签署公布后，及时在国务院公报和在全国范围内发行的报纸上刊登。"《政府信息公开条例》第15条："行政机关应当将主动公开的政府信息，通过政府公报、政府网站、新闻发布会以及报刊、广播、电视等便于公众知晓的方式公开。"第16条："各级人民政府应当在国家档案馆、公共图书馆设置政府信息查阅场所，并配备相应的设施、设备，为公民、法人或者其他组织获取政府信息提供便利。行政机关可以根据需要设立公共查阅室、资料索取点、信息公告栏、电子信息屏等场所、设施，公开政府信息。行政机关应当及时向国家档案馆、公共图书馆提供主动公开的政府信息。"

接受协定写入这一内容。关于公布内容，只需在公布法规时附上制定目的的解释和理由即可，既不会影响法规的出台，而且也有助于公众对公布法规的准确解读。美国透明度规则的这一规定，中国可以接受。

（三）关于标准制定的策略

对于标准和技术法规制定透明度规则，中美透明度规则的差异不是表述上的不同，也不是观点上的相左，而是在具体规则上一方有，而另一方没有。这时谈判就要分两步走，第一步先解决这一具体规则要不要写入协定中；第二步如果要写入协定中，具体的规则如何定。不同于一般的谈判，作为双边谈判，对于透明度规则的讨价还价行为都是以主权国家为基础，为了达成谈判，每一方都必须同意限制自己的主权，作出一定的让步。① 因而，对于第一步，如果中国坚持不写入的话，必定要在其他方面作出让步，而且让步的程度足以使美国放弃此条规则，这对中国来说不一定是好的选择。但是，因为标准和技术法规的范围过于广泛，其制定的透明度规则，与中国实际做法确实有一定的距离，如果接受其写入协定中，要格外注意第二步的策略。

美国透明度规则对缔约方标准制定的透明度的具体要求来自美国—韩国 FTA，是给投资者和其他人员在非歧视的基础上一个参与标准和技术法规制定过程的机会。② 中国在谈判中对于这一部分的策略有二：一是将"缔约方应当允许缔约另一方的人员参与"改为"鼓励缔约方允许缔约另一方的人员参与"。中国的理由可以是：缔约方此项义务的增加，将使标准和技术法规的制定程序受影响，并对财政施加过重负担，中国可以努力实现；但是若设定为义务，确有履行难度。二是将"人员"调整为"投资者"。美国透明度规则这里的人员（persons），含义较为广泛，包括自然人、企业甚至非政府组织。③ 一方面要防止美国将这一解释写入文本正文或是脚注中；另一方面将"人员"改为"投资者"，防止在实施中美国政府做扩大解释。毕竟"人员""投资者"二者的范围相差太大，中国很难做到允许大范围的人员参与标准和技术法规的制定。

---

① 参见［奥］维克托·克里蒙克主编《国际谈判——分析、方法和问题》，屈李坤、赵围、樊海军译，华夏出版社2004年版，第24页。

② See U. S. Department of State, *Report of the Advisory Committee on International Economic Policy Regarding the Model Bilateral Investment Treaty*, p. 7.

③ Ibid.

让美国在这一部分作出一定的让步还是可能的：首先，将标准和技术法规制定的透明度写入协定中，已是中国作出的让步；其次，美国在讨论2012BIT范本时，对这一部分的规定也有反对意见，如有些委员认为其他缔约方BIT义务下受影响的标准范围难以确定，[1]可见美国对这一规定的实施也有担心。综上，考虑到自己实际的履行能力，中国应力争让美国作出相应的让步。

（四）关于竞争信息披露例外的策略

这一部分，刚好和上一部分相反，中国透明度规则有，而美国透明度规则没有。如何让美国接受此项规定？首先，透明度例外条款是美国透明度规则的当然选择，这一点在美国BIT审议报告中也有说明：出于美国和其他国家的立法进程，以及处理突发事件的考虑，国家安全和其他的情况需要给予透明度规定以例外。[2]因而透明度安全例外、信息披露例外必然会出现在协定中。严格来讲，竞争信息披露例外只是信息披露例外的特殊规定，让美国接受这一规定的可能性较高。其次，美国一直认为中国政府有时会以产品或设备的批准为由，要求外资企业提供高度机密信息，而批准时的评估专家有时会将信息外泄给外资企业的竞争对手。[3]竞争信息披露例外的规定，一定程度上打消了美国此种顾虑。最后，美国对中国积极主张作出让步，也算是对中国之前让步的一种回报，这才是利益均衡的妥协。如不出意外，美国将全面接受这一规定。

（五）关于可以根据公布规则提请仲裁的策略

关于投资者能否根据协定中的透明度规则提请仲裁，中国是所有的透明度规则都不行；美国采取的是二分法，即公布规则可以，其他透明度规则却不行。中国可以提出下述理由说服美国：第一，中美两国已缔结的国际投资协定都有具体规则不作为投资者提请仲裁的依据的规定，公布规则与其他透明度规则同属于具体规则，也不亦作为投资者提请仲裁的依据；第二，协定中公布规则的细致规定是针对缔约双方的义务设定而言，并不是细化投资者获取信息的权利，投资者可以根据相关的国内法来主张获取

---

① See U. S. Department of State, *Report of the Advisory Committee on International Economic Policy Regarding the Model Bilateral Investment Treaty*, p. 7.

② Ibid.

③ See the Economist Intelligence Unit, US–China Economic and Security Review Commission, *Evaluating a Potential US–China Bilateral Investment Treaty*, p. 37.

信息权。

当然，这些策略主要是出于中美透明度规则的文本考量，毕竟中美BIT谈判若是成功，中美BIT就是一份阐述相互承诺的协定，首先关注的一定是各缔约方的权利和义务，[①] 即策略主要来自对法律文本的分析。除此之外，还会有其他的策略，一些大大丰富于本书所述的策略。因为中美BIT谈判，也逃脱不了国际谈判一条亘古不变的铁律：谈判本质上就是国家外交政策的延续。[②] 基于外交政策可以采用的谈判策略数不胜数，但这些自然不是本书的侧重。本书只是从国际投资协定透明度规则研究的角度，来看待这场谈判，把缔约双方的透明度规则分别以及汇合于中美BIT谈判加以研究而已，以期中外投资协定中的透明度规则得到应有的重视，并得以逐渐完善。

一个成功的中美BIT，美国认为最重要的影响是美国对中国直接投资的增加，以及未来在中国的投资可以在非歧视评价上获得更大的保证；[③] 中国认为最佳的效果是中国公平对待外国企业在华投资，以及美国对包括中国国有企业在内的所有赴美投资企业一视同仁。[④] 两国有共识，也有各自的实际需求。如中美BIT最终能够签订并得以履行，因所有的中外投资协定中都含有最惠国待遇条款，除了最惠国待遇的例外规定范围，协定其他范围可以产生多边自动传导效应。[⑤] 从这个意义上来讲，中美BIT就成为中外投资协定的一个范本，其中的透明度规则也成为中外投资协定透明度规则的一个范例。当然前提是中美BIT生效施行。

然而谈判是否成功不能完全以中美BIT的签订为判定标准，而协定的内容是不是真正反映了双方利益的均衡才是成功与否的关键。终究协定签订后还有生效的问题，生效后还有如何执行的问题，这些问题都需要有一个保持双方长期合作关系的满足双方利益需求的方案存在。同样的道理，

---

① 参见［奥］维克托·克里蒙克主编《国际谈判——分析、方法和问题》，屈李坤、赵围、樊海军译，华夏出版社2004年版，第144页。

② 同上书，第24页。

③ See the Economist Intelligence Unit, US – China Economic and Security Review Commission: *Evaluating a Potential US – China Bilateral Investment Treaty*, p. 48 .

④ 中国新闻网：《中美重启双边投资保护协定谈判 抵制贸易保护主义》，http://finance. chinanews. com/cj/2012/05 – 04/3866678. shtml。

⑤ 参见单文华、张生《美国投资条约新范本及其可接受性问题研究》，《现代法学》2013年第5期。

协定未能达成，也并非意味着"失败"，如果暂时没有找到一个满足双方利益需求的方案，那么达不成协定反倒是避免签订一个不利于自己的协定，这也算是某种意义上的利益需求的满足。中美 BIT 透明度规则谈判中的中国策略，就是在充分研究中美两国透明度规则的基础上，从中国的角度甚至中美双方的角度找到一个满足双方利益需求的方案或是避免一个不利于自己的方案。

本章小结

本章是正文部分的最后一章，也是本书的最终论证的目标，前述各章都是为本章服务。如果只是空谈中外投资协定透明度规则，文本分析也就成了统计学的代名词。在对透明度规则意义分析的基础上，在分析世界范围的国际投资协定透明度规则的内容及其实施后，再来探讨中外投资协定透明度规则的完善问题，才能做到研究的"鲜活性"。本章以有明确透明度条款的 19 个中外投资协定为研究重点，在介绍中外投资协定透明度规则两部分内容，即缔约方透明度义务以及透明度例外条款的基础上，分析其中存在的主要问题有：大量的中外投资协定中没有透明度规则；透明度规则过于简单；不同协定中的透明度条款以及透明度例外条款差异大。而对中外投资协定透明度规则予以改进的途径是制定一个中外 BIT 透明度规则的范例，然后用于指导中外 BITs 和 FTAs 两类投资协定的谈判和签订。中国实力的提升、资本流入流出量差距的缩小，使中国在国际投资市场上的身份为东道国且投资母国。与其纠结于中国和不同类型国家缔结协定时如何选择不同策略，还不如在利益平衡的基础上制定一套统一的透明度规则（当然使用时可以针对不同类型国家作适当调整），促进资本的自由流动。但是这样做，并不意味着在同美国的 BIT 谈判中，中国就要完全接受美国 BIT 范本的透明度规则，毕竟美国的做法也是基于美国的国家目标基础上的投资自由化。对于中美两国透明度规则内容上的差异，需要双方通过多回合的谈判拉近。中国在维护本国利益并考虑美国利益需求的基础上，有针对性地采取谈判策略才能获得更好的结果。中美 BIT 谈判如果能够成功，一定是中美双方找到了一个能满足双方利益需求的方案。而对于其中的透明度规则来讲，一定是实现中美两国国家目标基础上的促进投资自由化必不可少的措施和手段。

结　　论

　　当学者们研究法律透明度问题的时候，大部分都是针对世界贸易组织体制中的透明度或是透明度原则，并进而讨论它对中国的影响。虽然国际投资协定中的透明度规则最直接的起源是 1947GATT 第 10 条，而且对于国际投资法，世界贸易组织体制中的透明度也被泛化到国际投资领域，但是毕竟世界贸易组织只是贸易组织，并非综合类的经济组织，更不是投资类的经济组织，它无法完全承担一个多边投资组织的职能。在未能出现这个多边投资组织之前，透明度规则只能由两个或是为数不多的几个缔约方缔结的国际投资协定来规定。再考虑到研究视域，本书对国际投资协定透明度规则的研究挣脱了世界贸易组织透明度原则的束缚。

　　国际投资协定中的透明度规则发展历史并不长，但是越来越多的国际投资协定出现透明度规则且规则日益完善。美国是国际投资协定透明度规则的积极倡导者，而中国缔结的中外投资协定中的透明度规则也越来越具体，不难判断：中美 BIT 谈判的一个重点议题就是透明度规则。从而凸显出国际投资协定透明度规则的研究价值。关于透明度规则的意义，可以从多个角度予以探寻：从经济学的角度，国际投资协定的透明度规则能改善国际投资市场的信息不完全和不对称，确保国际直接投资的高效率；从政治学的角度，作为达成国家目标的手段之一，具体的国际投资协定透明度规则也是各缔约方利益妥协的产物；从法学的角度，透明度规则是推进国际法治进程的重要环节，是维护自由、公平、高效的国际投资秩序的重要保障。因而，国际投资协定透明度规则理应在国际投资争端仲裁机制中得以适用，也应得到各缔约国国内法的尊重。

　　现有的中外投资协定透明度规则的内容差异性大，似乎可以反映中国投资政策的灵活机动，但实际上更是中国投资政策的随意性和歧视性的佐证。中国在国际投资市场中的身份越来越趋向于东道国和投资母国间的中心点，越来越渴望国际协定的一视同仁。从长远来看，中国和世界将从那些能够对世界上所有国家一视同仁的国际协定和国际机构中收益。只有到那时，全球化才能实现其促进世界上所有国家可持续与平等发展的潜能。① 而中国这一全球化的既得利益者，未来全球经济的领导者，投资协定中采取统一的透明度规则，于己、于人、于世界，都是一种利远大于弊的做法。

"当世界和头脑都透明时，我们看到的才是真正的景象"（菩提达摩，公元520年）。② 如果说"透明的头脑"部分是由每个人自己决定，那么"透明的世界"就需要整个国际社会共同构建。国际投资协定透明度规则，就是在吹散国际投资市场的"雾霾"，还投资者一个"透明的世界"；至于剩下的，就主要依靠他自己"透明的头脑"来判断了。

---

① ［美］约瑟夫·E. 斯蒂格利茨：《全球化及其不满》，李杨、张添香译，机械工业出版社2010年版，序X。

② 转引自［美］埃蒙·凯利《强势时代：应对来自不确定世界的挑战》，王哲译，中国人民大学出版社2009年版，第20页。

附录一：中外双边投资协定中透明度规则一览表

（按签订日期排序）

序号	条约名称	签订日期 生效日期	关于透明度规定
1	中华人民共和国政府与澳大利亚政府相互鼓励和保护投资协定	1988.7.11 1988.7.11	第六条　法律的透明度 　　缔约各方为了促进了解有关或影响缔约另一方国民在其领土内的投资的法律和政策，应： 　　（一）公开并随时提供该法律和政策； 　　（二）应缔约另一方要求，向其提供具体的法律和政策的文本； 　　（三）应缔约另一方要求，就解释具体的法律和政策进行磋商
2	中华人民共和国政府和新西兰政府关于鼓励和相互保护投资协定	1988.11.22 1989.3.25	第三条　促进和保护投资 　　四、缔约双方应尽可能就有关投资事宜鼓励交流情报
3	中华人民共和国政府和加拿大人民共和国政府关于相互鼓励和保护投资协定	1989.6.27 1994.8.21	第十二条 　　一、缔约国双方代表为下述目的将在必要时进行磋商： 　　（二）交换法律情报和投资机会
4	中华人民共和国政府和加纳共和国政府关于鼓励和相互保护投资协定	1989.10.12 1991.11.22	第十三条　会谈 　　一、缔约国双方代表为下述目的应不时进行会谈： 　　（二）交换法律情报和投资机会
5	中华人民共和国和匈牙利共和国关于鼓励和相互保护投资协定	1991.5.29 1993.4.1	第十二条 　　一、缔约国双方代表为下述目的应不时进行会谈： 　　（二）交换法律情况
6	中华人民共和国政府和蒙古人民共和国政府关于鼓励和相互保护投资协定	1991.8.25 1993.11.1	第十一条 　　一、缔约国双方代表为下述目的应不时进行会谈： 　　（二）交换法律情报和投资机会
7	中华人民共和国政府和葡萄牙共和国政府关于鼓励和相互保护投资协定	1992.2.3 1992.12.1	第十一条 　　一、缔约双方代表为下述目的应不时进行会谈： 　　（二）交换法律情报和投资机会

续表

序号	条约名称	签订日期 生效日期	关于透明度规定
8	中华人民共和国和西班牙王国关于相互鼓励和保护投资协定	1992.2.6 1993.5.1	第十二条 　一、缔约双方代表为下述目的应不时进行会谈： 　（二）交换法律情报和投资机会
9	中华人民共和国政府和乌兹别克斯坦共和国政府关于鼓励和相互保护投资协定	1992.3.13 1994.4.12	第十一条 　一、缔约双方代表可根据需要为下述目的进行会晤： 　（二）就投资的法律问题和进行投资的可能性交换信息
10	中华人民共和国政府和玻利维亚共和国政府关于鼓励和相互保护投资协定	1992.5.8 1996.9.1	第十一条 　一、缔约国双方代表为下述目的应不时进行会谈： 　（二）交换法律情报和投资机会
11	中华人民共和国政府和吉尔吉斯斯坦共和国政府关于鼓励和相互保护投资协定	1992.5.14 1995.9.8	第十一条 　一、必要时，缔约双方代表为下述目的进行会谈： 　（二）交换有关投资的法律和投资机会的可能性问题
12	中华人民共和国政府和亚美尼亚共和国政府关于鼓励和相互保护投资协定	1992.7.4 1995.3.18	第十二条 　一、缔约双方代表可根据需要为下述目的进行会晤： 　（二）就投资的法律问题和进行投资的可能性交换信息
13	中华人民共和国政府和菲律宾共和国政府关于鼓励和相互保护投资协定	1992.7.20 1995.9.8	第十二条 　一、缔约国双方代表为下述目的应不时进行会谈： 　（二）交换法律情报和投资机会
14	中华人民共和国政府和哈萨克斯坦共和国政府关于鼓励和相互保护投资协定	1992.8.10 1994.8.13	第十一条 　一、缔约双方代表可根据需要为下述目的进行会晤： 　（二）就投资的法律问题和进行投资的可能性交换信息
15	中华人民共和国政府和乌克兰政府关于鼓励和相互保护投资协定	1992.10.31 1993.5.29	第十二条 　一、缔约双方代表可根据需要为下述目的进行会晤： 　（二）就投资的法律问题和进行投资的可能性交换信息
16	中华人民共和国政府和阿根廷政府关于促进和相互保护投资协定	1992.11.5 1994.8.1	第十一条 　一、缔约双方代表为下述目的应不时举行会谈： 　（二）交换法律情报和投资机会

序号	条约名称	签订日期 生效日期	关于透明度规定
17	中华人民共和国政府和摩尔多瓦共和国政府关于鼓励和相互保护投资协定	1992.11.6 1995.3.1	第十一条 　一、缔约双方代表为下述目的应不时进行会谈： 　（二）交换法律情报和投资机会
18	中华人民共和国政府和土库曼斯坦政府关于鼓励和相互保护投资协定	1992.11.21 1994.6.6	第十条 　一、缔约双方代表可根据需要为下述目的进行会晤： 　（二）就投资的法律问题和进行投资的可能性交换信息
19	中华人民共和国政府和越南社会主义共和国政府关于鼓励和相互保护投资协定	1992.12.2 1993.9.1	第十一条 　一、缔约国双方代表为下述目的应不时进行会谈： 　（二）交换法律情报和投资机会
20	中华人民共和国政府和白俄罗斯共和国政府关于鼓励和相互保护投资协定	1993.1.11 1995.1.14	第十一条 　一、缔约双方代表可根据需要为下述目的进行会晤： 　（二）就投资的法律问题和进行投资的可能性交换信息
21	中华人民共和国政府和老挝人民民主共和国政府关于鼓励和相互保护投资协定	1993.1.31 1993.6.1	第十一条 　一、缔约国双方代表为下述目的应不时进行会谈： 　（二）交换法律情报和投资机会
22	中华人民共和国政府和阿尔巴尼亚共和国政府关于鼓励和相互保护投资协定	1993.2.13 1995.9.1	第十一条 　一、缔约国双方代表为下述目的应不时进行会谈： 　（二）交换法律情报和投资机会
23	中华人民共和国政府和塔吉克斯坦共和国政府关于鼓励和相互保护投资协定	1993.3.9 1994.1.20	第十一条 　一、缔约双方代表可根据需要为下述目的进行会晤： 　（二）就投资的法律问题和进行投资的可能性交换信息
24	中华人民共和国政府和格鲁吉亚共和国政府关于鼓励和相互保护投资协定	1993.6.3 1995.3.1	第十二条 　一、缔约双方代表为下述目的应不时进行会谈： 　（二）交换法律情报和投资机会
25	中华人民共和国政府和克罗地亚共和国政府关于鼓励和相互保护投资协定	1993.6.7 1994.7.1	第十一条 　一、缔约双方代表为下述目的应不时进行会谈： 　（二）交换法律情报和投资机会
26	中华人民共和国政府和阿拉伯联合酋长国政府关于促进和相互保护投资协定	1993.7.1 1994.9.28	第十四条　相互磋商 　一、缔约两国代表为下述目的应不时会谈： 　（二）交换法律情报和投资机会

序号	条约名称	签订日期生效日期	关于透明度规定
27	中华人民共和国政府和爱沙尼亚共和国政府关于促进和相互保护投资协定	1993.9.2 1994.6.1	第十一条 一、缔约双方代表为下述目的应不时进行会谈： （二）交换法律情报和投资机会
28	中华人民共和国政府和斯洛文尼亚共和国政府关于鼓励和相互保护投资协定	1993.9.13 1995.1.1	第十一条 一、缔约双方代表为下述目的应不时进行会谈： （二）交换法律情报和投资机会
29	中华人民共和国政府和立陶宛共和国政府关于鼓励和相互保护投资协定	1993.11.8 1994.6.1	第十一条 一、缔约双方代表为下述目的应不时进行会谈： （二）交换法律情报和投资机会的情报
30	中华人民共和国政府和乌拉圭东岸共和国政府关于鼓励和相互保护投资协定	1993.12.2 1997.12.1	第十二条 一、缔约双方代表为下述目的应不时进行会谈： （二）交换法律情报和投资机会
31	中华人民共和国政府和阿塞拜疆共和国政府关于鼓励和相互保护投资协定	1994.3.8 1995.4.1	第十二条 一、缔约双方代表为下述目的应不时进行会谈： （二）交换法律情报和投资机会
32	中华人民共和国政府和厄瓜多尔共和国政府关于鼓励和相互保护投资协定	1994.3.21 1997.7.1	第十二条 一、缔约双方代表为下述目的应不时进行会谈： （二）交换法律情报和投资机会
33	中华人民共和国政府和智利共和国政府关于鼓励和相互保护投资协定	1994.3.23 1995.8.1	第十二条　磋商 一、缔约双方代表为下述目的应不时进行会谈： （二）交换法律情报和投资机会
34	中华人民共和国政府和冰岛共和国政府关于促进和相互保护投资协定	1994.3.31 1997.3.1	第十二条　磋商 一、缔约双方代表为下述目的应不时进行会谈： （二）交换法律情报和有关投资机会情报
35	中华人民共和国政府和阿拉伯埃及共和国政府关于鼓励和相互保护投资协定	1994.4.21 1996.4.1	第十一条　磋商 一、缔约双方代表为下述目的应不时进行会谈： （二）交换法律信息和投资机会
36	中华人民共和国政府和秘鲁共和国政府关于鼓励和相互保护投资协定	1994.6.9 1995.2.1	第十二条 一、缔约双方代表为下述目的应不时进行会谈： （二）交换法律信息和投资机会

序号	条约名称	签订日期 生效日期	关于透明度规定
37	中华人民共和国政府和罗马尼亚政府关于鼓励和相互保护投资协定	1994.7.12 1995.9.1	第十二条　磋商 一、缔约双方代表为下述目的应不时进行会谈： （二）交换法律信息和投资机会
38	中华人民共和国政府和牙买加政府关于鼓励和相互保护投资协定	1994.10.26 1996.4.1	第十一条 一、缔约双方代表为下述目的应不时进行会谈： （二）交换有关法律情报和投资机会
39	中华人民共和国政府和古巴共和国政府关于鼓励和相互保护投资协定	1995.4.24 1996.8.1	第十二条 一、缔约双方代表为下述目的应不时进行会谈： （二）交换有关法律情报和投资机会
40	中华人民共和国政府和南斯拉夫联盟共和国政府关于相互鼓励和保护投资协定（后由塞尔维亚继承）	1995.12.18 1996.9.13	第十一条　磋商 一、缔约双方代表为下述目的应随时进行会谈： （二）交换有关法律情报和投资机会
41	中华人民共和国政府和津巴布韦共和国政府关于鼓励和相互保护投资协定	1996.5.21 1998.3.1	第十一条 一、缔约双方代表为下述之目的应不时进行会谈： （二）交换有关法律情报和投资机会
42	中华人民共和国政府和赞比亚共和国政府关于鼓励和相互保护投资协定	1996.6.21 —	第十二条 一、缔约双方代表为下述之目的应不时进行会谈： （二）交换有关法律情报和投资机会
43	中华人民共和国政府和柬埔寨王国政府关于促进和保护投资协定	1996.7.19 2000.2.1	第十一条 一、缔约双方代表为下述之目的应不时进行会谈： （二）交换有关法律情报和投资机会
44	中华人民共和国政府和孟加拉人民共和国政府关于鼓励和相互保护投资协定	1996.9.12 1997.3.25	第十二条 一、缔约双方代表为下述之目的应不时进行会谈： （二）交换有关法律情报和投资机会
45	中华人民共和国政府和阿尔及利亚民主人民共和国政府关于鼓励和相互保护投资协定	1996.10.17 2003.1.28	第十二条 一、缔约双方代表为下述之目的应不时进行会谈： （二）交换有关法律情报和投资机会
46	中华人民共和国政府和叙利亚阿拉伯共和国政府关于相互促进和保护投资协定	1996.12.9 2001.11.1	第十条 应缔约任何一方的要求，缔约双方代表为下述之目的应进行会谈： （二）交换法律情报和投资机会

续表

序号	条约名称	签订日期 生效日期	关于透明度规定
47	中华人民共和国政府和苏丹共和国政府关于鼓励和相互保护投资协定	1997.5.30 1998.7.1	第十二条 　　一、缔约双方代表为下述之目的应不时进行会谈： 　　（二）交换有关法律情报和投资机会
48	中华人民共和国政府和马其顿共和国政府关于鼓励和相互保护投资协定	1997.6.9 1997.11.1	第十二条　磋商 　　一、缔约双方代表为下述之目的应不时进行会谈： 　　（二）交换有关法律情报和投资机会
49	中华人民共和国政府和刚果民主共和国政府关于鼓励和相互保护投资协定	1997.12.18 —	第十二条 　　一、缔约双方代表为下述目的，应不时进行会谈： 　　（二）交换有关法律情报和投资机会
50	中华人民共和国政府和佛得角共和国政府关于鼓励和相互保护投资协定	1998.4.21 2001.1.1	第十二条 　　一、缔约双方代表为下述目的，应不时进行会谈： 　　（二）交换有关的法律信息和投资机会
51	中华人民共和国政府和埃塞俄比亚联邦民主共和国政府关于鼓励和相互保护投资协定	1998.5.11 2000.5.1	第十二条　磋商 　　一、缔约双方代表为下述目的，应不时进行磋商： 　　（二）交换有关法律情报和投资机会
52	中华人民共和国政府和巴巴多斯政府关于鼓励和相互保护投资协定	1998.7.20 1999.10.1	第十二条　会谈 　　一、如果情况需要，缔约双方代表应为下述目的举行会谈： 　　（二）交换有关法律情报和投资机会
53	中华人民共和国政府和博茨瓦纳共和国政府关于鼓励促进和保护投资协定	2000.6.12 —	第十三条　磋商 　　一、缔约双方为下列目的应随时进行会谈： 　　（二）交流法律信息和投资机会
54	中华人民共和国政府和文莱达鲁萨兰国政府关于鼓励和相互保护投资协定	2000.11.17 —	第十二条　磋商 　　一、缔约双方为下列目的应随时进行会谈： 　　（二）交流法律信息和投资机会
55	中华人民共和国政府和塞拉利昂共和国政府关于促进和保护投资协定	2001.5.16 —	第十三条　磋商 　　一、缔约双方为下列目的应随时进行会谈： 　　（二）交流法律信息和投资机会
56	中华人民共和国政府和莫桑比克共和国政府关于鼓励促进和相互保护投资协定	2001.7.10 2002.2.26	第十三条　磋商 　　一、缔约双方为下列目的应随时进行会谈： 　　（二）交流法律信息和投资机会

序号	条约名称	签订日期 生效日期	关于透明度规定
57	中华人民共和国政府和尼日利亚联邦共和国政府相互促进和保护投资协定	2001.8.27 2010.2.18	第十二条　磋商 　　一、缔约双方为下列目的应随时进行会谈： （二）交流法律信息和投资机会
58	中华人民共和国政府和缅甸联邦政府关于鼓励促进和保护投资协定	2001.12.12 2002.5.21	第十三条　磋商 　　一、缔约双方为下列目的应随时进行会谈： （二）交流法律信息和投资机会
59	中华人民共和国与波斯尼亚和黑塞哥维纳共和国关于促进和保护投资协定	2002.6.26 2005.1.1	第二条　促进和保护投资 　　一、缔约一方应鼓励缔约另一方的投资者在其领土内投资和为之创造良好、稳定和透明的投资环境，并在其法律和法规框架内接受这种投资。 第十四条　磋商与交流信息 　　一、缔约双方的代表为下列目的应随时举行会议： （二）交流法律信息和投资机会
60	中华人民共和国政府和特立尼达和多巴哥国政府关于鼓励促进和保护投资协定	2002.7.22 2004.12.7	第十四条　磋商 　　一、缔约双方为下列目的应随时进行会谈： （二）交流法律信息和投资机会
61	中华人民共和国政府和科特迪瓦共和国政府关于鼓励促进和保护投资协定	2002.9.23 —	第十三条　磋商 　　一、缔约双方为下列目的应随时进行会谈： （二）交流法律信息和投资机会
62	中华人民共和国政府和圭亚那共和国政府关于促进和保护投资协定	2003.3.27 2004.10.26	第十三条　磋商 　　一、缔约双方为下列目的应随时进行会谈： （二）交流法律信息和投资机会
63	中华人民共和国政府和吉布提共和国政府关于促进和保护投资协定	2003.8.18 —	第十二条　磋商 　　一、缔约双方的代表为下列目的应随时进行会谈： （二）交流法律信息和投资机会
64	中华人民共和国政府和贝宁共和国政府关于促进和保护投资的协定	2004.2.18 —	第十二条　磋商 　　一、缔约双方为下列目的可不时进行会谈： （二）交流信息和投资机会

续表

序号	条约名称	签订日期 生效日期	关于透明度规定
65	中华人民共和国政府和拉脱维亚共和国政府关于促进和保护投资的协定	2004.4.15 2006.2.1	第十条　透明度 　　一、缔约双方应及时公布，或通过其他方式使公众可获得，对缔约另一方投资者在其境内的投资可能产生影响的法律、法规、程序、行政裁决、可普遍适用的司法判决及国际协定。 　　二、本协定不应要求缔约一方提供或允许获得与特定的投资者或投资有关的任何机密或私人信息，披露该信息将妨碍法律的执行或与保护机密的法律相违背，或损害特定投资者的合法商业利益。 第十三条　磋商 　　一、缔约双方代表为下列目的应不时进行会谈： 　　（二）交流法律信息和投资机会
66	中华人民共和国政府和乌干达共和国政府关于相互促进和保护投资的协定	2004.5.27 —	第十四条　磋商 　　一、缔约双方代表为下列目的应不时进行会谈： 　　（二）交流法律信息和投资机会
67	中华人民共和国政府和芬兰共和国政府关于鼓励和相互保护投资协定	2004.11.15 2006.11.15	第十二条　透明度 　　一、缔约方应及时出版，或通过其他方式使公众可获得，对缔约另一方投资者在其境内投资可能产生影响的法律、法规、程序和行政规定和普遍适用的司法裁决，以及国际协定。 　　二、本协定不应要求缔约一方提供或允许获得任何机密或私人信息，包括与特定的投资者或投资有关的信息，披露该信息将妨碍法律的执行或与保护机密的法律相违背，或损害特定投资者的合法商业利益。 第十四条　磋商 　　一、缔约双方的代表为下列目的应随时举行会议审查： 　　（二）法律问题和有关投资机会的信息
68	中华人民共和国政府和朝鲜民主主义人民共和国政府关于促进和保护投资协定	2005.3.22 2005.10.1	第十三条　磋商 　　一、缔约双方的代表为下列目的应随时进行会谈： 　　（二）交流法律信息和投资机会
69	中华人民共和国政府和赤道几内亚共和国政府关于促进和保护投资的协定	2005.10.20 2006.11.15	第十二条　磋商 　　一、缔约双方为下列目的应随时进行会谈： 　　（二）交流法律信息和投资机会
70	中华人民共和国和纳米比亚共和国关于促进和保护投资协定	2005.11.17 —	第十三条　磋商 　　一、缔约双方代表为下列目的应随时进行会谈： 　　（二）交流法律信息和投资机会
71	中华人民共和国政府和瓦努阿图共和国政府关于促进和保护投资的协定	2006.4.7 —	第十二条　磋商 　　一、缔约双方代表为下列目的应不时进行会谈，以 　　（二）交流法律信息和投资机会

序号	条约名称	签订日期 生效日期	关于透明度规定
72	中华人民共和国政府和罗马尼亚政府关于鼓励和相互保护投资协定	2007.4.16 2009.9.1	第十二条　磋商 一、缔约双方代表为下述目的应不时进行会谈： （二）交换法律信息和投资机会
73	中华人民共和国政府和古巴共和国政府关于鼓励和相互保护投资协定	2007.4.20 2008.12.1	第十二条 一、缔约双方代表为下述目的应不时进行会谈： （二）交换法律情报和投资机会
74	中华人民共和国政府和保加利亚人民共和国政府关于相互鼓励和保护投资协定	2007.6.26 2007.11.10	第十二条 一、缔约国双方代表为下述目的将在必要时进行磋商： （二）交换法律情报和投资机会
75	中华人民共和国政府和大韩民国政府关于促进和保护投资的协定	2007.9.7 2007.12.1	第十一条　透明度 一、缔约方应及时公布或通过其他方式使公众获得对缔约另一方投资者在其境内投资可能产生影响的法律、法规、程序、行政规章和普遍适用的司法裁决以及国际协定。 二、本协定不要求缔约一方提供或允许获得任何机密或有产权的信息，包括与特定的投资者或投资有关的信息，披露后会妨碍法律的执行、违背保护机密的法律或损害特定投资者的合法商业利益的信息。 第十三条　磋商 一、缔约方的代表为下列目的将举行不定期会议： （二）交换法律信息和投资机会
76	中华人民共和国政府和哥斯达黎加共和国政府关于促进和保护投资的协定	2007.10.24 —	第十二条　磋商 一、缔约双方代表为下列目的应不时进行会谈： （二）交流法律信息和投资机会
77	中华人民共和国政府和哥伦比亚共和国政府关于促进和保护投资的双边协定	2008.11.11 2012.7.2	第十二条　例外 一、本协定的任何规定都不得被解释为阻止缔约方为维护公共秩序而采取或维持措施，其中包括保护国家重大安全利益的措施，该措施必须满足下列条件： （六）通过透明的方式和根据相关的国内法律实施
78	中华人民共和国政府和马里共和国政府关于相互促进和保护投资协定	2009.2.12 2009.7.16	第十二条　磋商 一、缔约双方为下列目的可定期进行会谈： （二）交流投资机会的信息
79	中华人民共和国政府和马耳他政府关于促进和保护投资的协定	2009.2.22 2009.4.1	第十二条　磋商 一、缔约双方代表为下列目的，且不限于下列目的，应不时进行会谈： （二）交流法律信息和投资机会

续表

序号	条约名称	签订日期生效日期	关于透明度规定
80	中华人民共和国政府和大阿拉伯利比亚人民社会主义民众国关于促进和保护投资的协定	2010.8.4 —	第十二条　磋商 一、缔约双方代表为下列目的，应不定期进行会谈： （二）交流法律信息和投资机会
81	中华人民共和国政府和乌兹别克斯坦共和国政府关于促进和保护投资的协定	2011.4.19 2011.9.1	第十五条　磋商 一、缔约双方代表为下列目的应不时进行会谈： （二）交流法律信息和投资机会
82	中华人民共和国政府、日本国政府及大韩民国政府关于促进、便利和保护投资的协定	2012.5.13 2014.5.17	第十条　透明度 1. 每一缔约方应及时公布，或以其他方式公开有关或者影响投资活动的法律，法规，普遍适用的行政程序、行政裁决和司法决定，以及缔约方作为成员的国际协定。每一缔约方政府应易使公众获知，负责这些法律，法规，行政程序及行政裁决主管部门的名称和地址。 2. 如果缔约一方制定或修改显著影响本协定实施和运行的法律、法规，应尽力确保法律法规公布或使公众获知与其生效之间合理的时间间隔，除非该法律法规涉及国家安全，外汇汇率或货币政策以及公布会妨碍法律实施。 3. 应缔约另一方要求，每一缔约方应在合理的期限内通过现有的双边渠道，就可能会严重影响缔约另一方及其投资者本协议项下利益的任何现行或拟议的措施，答复缔约另一方具体的问题，并提供信息。 4. 每一缔约方应根据其法律法规： （1）提前公开影响本协议涵盖任何事项的普遍适用的法规。 （2）提供给公众评论与投资有关法规的合理机会，并在采用法规之前对评论予以考虑。 5. 本条的规定不得解释为强迫缔约任何一方披露以下机密信息，披露： （1）会妨碍执法； （2）将违背公众利益的； （3）可能损害隐私或合法商业利益。 第十六条　特殊手续和信息需求 2. 不受第3和第4条限制，一缔约方可以要求在其领土内的另一缔约方投资者，提供关于投资的相关信息用于统计目的。缔约一方应当对可能损害缔约另一方投资者竞争地位的保密信息采取保护措施不予披露，但是，基于公平和善意适用法律而获得和提供相关信息的除外

序号	条约名称	签订日期 生效日期	关于透明度规定
83	中华人民共和国政府和加拿大政府关于促进和相互保护投资的协定	2012.9.9 2014.10.1	**第十七条 法律、法规与政策的透明度** 一、为促进理解与涵盖投资相关或影响涵盖投资的法律与政策，每一缔约方均应： （一）公布这些法律与政策，并使其易于获得； （二）应要求，向另一缔约方提供特定法律与政策的副本；以及 （三）应要求，与另一缔约方磋商，以对特定法律与政策进行解释。 二、对于与投资准入条件相关的法律、法规与政策，包括申请与注册程序、评估与审批标准、处理申请及作出决定的时间表，以及对决定的复议或申诉程序，每一缔约方均应确保能够为另一缔约方投资者所知悉。 三、鼓励每一缔约方： （一）提前公布其计划采取的任何措施；以及 （二）向利害关系人及另一缔约方提供对其计划采取的措施进行评论的合理机会。 **第三十三条 一般例外** 五、本协定中任何规定均不得被理解为： （一）要求缔约方提供或允许获得其认定披露后将违背其根本安全利益的信息。 六、 （一）本协定中任何规定均不得被理解为要求缔约方提供或允许获得这样的信息，此类信息披露后阻碍法律执行或有违缔约方保护内阁机密、个人隐私或金融机构的金融事务和个人顾客账户信息保密性的法律。 （二）本协定中任何规定均不得被理解为，在本协定下任何争端解决过程中，要求缔约方提供或允许获得受其竞争法律保护的信息，或要求缔约方的竞争主管部门提供或允许获得任何其他秘密信息或保护不被披露的信息。 （三）在第（二）分款中，若缔约方无其他通知，则"竞争主管部门"系指： 1. 对加拿大而言，竞争委员； 2. 对中国而言，国务院反垄断执法机构。 缔约双方应及时以外交照会的形式将第1、2分款所述竞争主管部门的继任者通知对方。 "受竞争法律保护之信息"系指： 1. 对加拿大而言，《竞争法》第29节（R.S. 1985，c.34）规定范围内的信息，或其任何后续条款规定的信息； 2. 对中国而言，受《反垄断法》《价格法》和《反不正当竞争法》保护不得披露的信息，或其任何后续条款规定的信息

注：—表示数据不详，透明度条款部分字体加粗。

资料来源：北大法宝法律信息数据库，http://www.pkulaw.cn；中国商务部条法司，http://tfs.mofcom.gov.cn/aarticle/Nocategory/201111/20111107819474.html；UNCTAD，Bilateral Investment Treaties signed by China。

附录二：中国（内地）签订自由贸易协定中投资透明度规则一览表

（按签订日期排序）

序号	条约名称	签订日期 生效日期	有关投资透明度的内容
1	中华人民共和国与东南亚国家联盟成员国政府全面经济合作框架协议	2002.11.4 2003.7.1	序言 　　第一条　目标 　本协议的目标是： 　（b）促进货物和服务贸易，逐步实现货物和服务贸易自由化，并创造透明、自由和便利的投资机制； 　第一部分 　　第五条　投资 　为了促进投资并建立一个自由、便利、透明并具有竞争力的投资体制，各缔约方同意： 　（b）加强投资领域的合作，便利投资并提高投资规章和法规的透明度。
	中华人民共和国与东南亚国家联盟成员国政府全面经济合作框架协议投资协议	2009.8.15 2010.1.1	第二条　目标 　本协议的目标是旨在通过下列途径，促进东盟与中国之间投资流动，建立自由、便利、透明和竞争的投资体制： 　（五）提高投资规则的透明度以促进缔约方之间投资流动。 　第十七条　安全例外 　本协议的任何规定不得解释为： 　（一）要求任何一方提供其认为如披露会违背其基本安全利益的任何信息； 　第十九条　透明度 　一、为实现本协议的目标，各方应： 　（一）发布在其境内关于或影响投资的所有相关法律、法规、政策和普遍使用的行政指南； 　（二）及时并至少每年向其他方通报显著影响其境内投资或本协议下承诺的任何新的法律或现有法律、法规、政策或行政指南的任何变化； 　（三）建立或指定一个咨询点，其他方的任何自然人、法人或任何人可要求并及时获取第（一）项和第（二）项下要求公布的与措施相关的所有信息； 　（四）至少每年一次通过东盟秘书处向其他方通报该方作为缔约方的任何未来的给予任何优惠待遇的投资相关协议或安排。 　二、本协议的任何规定不得要求一方提供或允许接触机密信息，披露此类信息会阻碍法律实施、违背公共利益或损害特定法人、公众或私人的合法商业利益。 　三、根据第一款的所有通报和通信应使用英文

序号	条约 名称	签订日期 生效日期	有关投资透明度的内容
2	内地与香港关于建立更紧密经贸关系的安排	2003. 6. 29 2004. 1. 1	第五章　贸易投资便利化 　　第十六条　措施 　　双方通过提高透明度、标准一致化和加强信息交流等措施与合作，推动贸易投资便利化。 　　第十七条　合作领域 　　一、双方将在以下领域加强合作： 　　5. 法律法规透明度 　　二、本条第一款所列领域的具体合作内容载于附件6。 　　附件6　关于贸易投资便利化 　　七、法律法规透明度 　　双方认识到，提高法律法规透明度是促进两地经贸交流的重要基础。本着为两地工商企业服务的精神，双方同意加强提高法律法规透明度领域的合作。 　　（一）合作机制 　　通过联合指导委员会设立的有关工作组和互设的代表机构开展合作。 　　（二）合作内容 　　双方同意加强在以下方面的合作： 　　1. 就投资、贸易及其他经贸领域法律法规规章的颁布、修改情况交换信息资料。 　　2. 通过报刊、网站等多种媒体及时发布政策、法规信息。 　　3. 举办和支持举办多种形式的经贸政策法规说明会、研讨会。 　　4. 通过内地WTO咨询点、中国投资指南网站和中国贸易指南网站等为工商企业提供咨询服务
3	内地与澳门关于建立更紧密经贸关系的安排	2003. 10. 17 2004. 1. 1	第五章 贸易投资便利化 　　第十六条　措施 　　双方通过提高透明度、标准一致化和加强信息交流等措施与合作，推动贸易投资便利化。 　　第十七条　合作领域 　　一、双方将在以下领域加强合作： 　　5. 法律法规透明度 　　二、本条第一款所列领域的具体合作内容载于附件6。 　　附件6　关于贸易投资便利化 　　七、法律法规透明度 　　双方认识到，提高法律法规透明度是促进两地经贸交流的重要基础。本着为两地工商企业服务的精神，双方同意加强提高法律法规透明度领域的合作。 　　（一）合作机制 　　通过联合指导委员会设立的有关工作组和互设的代表机构开展合作。 　　（二）合作内容 　　双方同意加强在以下方面的合作： 　　1. 就投资、贸易及其他经贸领域法律法规的颁布、修改情况交换信息资料。 　　2. 通过报刊、网站等多种媒体及时发布政策、法规信息。 　　3. 举办和支持举办各种形式的经贸政策法规说明会、研讨会。 　　4. 通过内地WTO咨询点、中国投资指南网站、中国贸易指南网站、澳门特别行政区经济局及贸易投资促进局网站等为工商企业提供咨询服务

续表

序号	条约名称	签订日期生效日期	有关投资透明度的内容
4	中华人民共和国政府和智利共和国政府自由贸易协定	2005.11.18 2006.10.1	第一章　初始条款 第二条　目标 　一、本协定的目标，正如通过包括国民待遇、最惠国待遇和透明度在内的各项原则和规则所具体体现的那样。 第九章　透明度 第七十二条　联络点 　一、各缔约方应当指定一个联络点以便利缔约双方就本协定项下的任何事项进行沟通。 　二、应另一缔约方要求，联络点应指明负责相关事项的办公室或官员，在必要时，应予以协助以便利与请求方进行沟通。 第七十三条　公布 　一、各缔约方应当保证迅速公布本方与本协定项下任何事项相关的措施，或者以使另一缔约方的利益关系人和另一缔约方能够知晓的方式可以被获得。 　二、在可能的程度内，在上述法律、法规、程序和普遍适用的行政决定实施前，各缔约方应给另一缔约方和另一缔约方的利益关系人提供一段可向适当的主管机关提出意见的合理时间。 第七十四条　通知和信息提供 　一、在可能的程度内，各缔约方应通知另一缔约方本方认为可能对本协定执行产生实质影响或对另一缔约方在本协定项下的合法利益产生重要影响的现行或拟议措施。 　二、应另一缔约方要求，一缔约方应在可能的程度内，就另一缔约方认为可能对本协定执行产生实质影响或对其在本协定项下的合法利益产生重要影响的现行或拟议措施立即提供信息并对相关问题作出回应，而不论另一缔约方以前是否被通知了此措施。 　三、本条下任何通知或信息的提供，对此措施与本协定是否一致不产生影响。 　四、当本条项下的信息已经通过向 WTO 适当通报的方式为公众所获得或在相关缔约方的官方的、公众的和可以免费登录的网站上可以获得时，该信息可被视为已经提供。 第七十五条　行政程序 　为了以一致、公平与合理的方式实施所有影响本协定项下事项的普遍适用的措施，各缔约方应当保证，在具体案件中对另一缔约方的特定的人或货物适用第七十三条下措施的行政程序中： 　（一）只要可能，在程序开始时，依据国内程序，向另一缔约方直接受此程序影响的人提供合理通知，通知内容包括对此程序性质的描述、启动程序的法定机关的声明，和争议事项的概括描述； 　（二）在采取任何最终行政行为之前，如时间、程序性质和公共利益允许，应给予当事人合理机会，以提出事实和理由支持其立场；以及 　（三）程序应依据国内法

序号	条约名称	签订日期生效日期	有关投资透明度的内容
4	中华人民共和国政府和智利共和国政府自由贸易协定	2005.11.18 2006.10.1	第七十六条　审查和上诉 　　一、各缔约方应当建立或维持审查庭或程序，以便迅速审查与本协定项下任何事项相关的法律、法规、程序和普遍适用的行政决定的实施有关的所有最终行政行为，并在有正当理由的情况下修正此最终行政行为。此类审查庭应该公正，并独立于被授权进行行政执行的办公室或机关，且不应对审查事项的结果有任何实质利害关系。 　　二、各缔约方应当保证在任何此类审查庭或程序中，参与此程序的当事方被授予如下权利： 　　（一）获得支持其立场或为其各自立场辩护的合理机会；以及 　　（二）可以获得依据相关证据和提交的记录或者在国内法要求下由行政机关编纂的记录而做出的裁决。 　　三、在按国内法规定上诉或进一步审查的情况下，各缔约方应当保证，此裁决由与作为该裁决主体的行政行为有关的办公室或机关实施，且该裁决约束该办公室或机关的行为。 第七十七条　与其他章的关系 　　一、本章不适用于本协定第十三章。 　　二、在本章与本协定其他章节不一致的情况下，对于不一致的部分以其他章为准。 第七十八条　定义 　　在本章中： 　　普遍适用的行政决定指普遍适用于属于其管辖范围的所有人和事实情况，并建立起一种行为规范的行政决定或解释，但不包括： 　　（一）在可适用的情况下，由行政或准司法程序做出的，适用于具体案件中另一缔约方特定的人、货物或服务的裁决或决定；或者 　　（二）裁断关于一特定行为或做法的决定； 　　措施指法律、法规、程序和普遍适用的行政决定。 第十二章　例外 第一百条　基本安全 　　本协定的任何规定不得解释为： 　　（一）要求一缔约方提供和允许接触其认为如披露则会违背其基本安全利益的任何信息； 第一百零三条　信息披露 　　本协定的任何规定，不得解释为要求一缔约方提供和允许接触其认为如披露则会妨碍其法律实施，或违背其公共利益，或违反保护个人隐私或金融机构的个人消费者的财政事务和账户信息的法律以及损害特定公私企业合法商业利益的机密信息

序号	条约名称	签订日期生效日期	有关投资透明度的内容
5	中华人民共和国政府和巴基斯坦伊斯兰共和国政府自由贸易协定	2006.11.24 2007.7.1	第八章　透明度 　　第四十二条　联络点 　　一、各方应当指定联络点以便利缔约双方就本协定项下的任何事项进行沟通。 　　二、应另一缔约方要求，联络点应指明负责相关事项的办公室或官员，并在必要时提供帮助，便利与请求方的沟通。 　　第四十三条　公布 　　各方应保证迅速公布本协定项下任何事项相关的措施，或以另一缔约方可获得的方式，确保另一缔约方知晓这些措施。 　　第四十四条　通知和信息提供 　　一、在可能的程度内，各方应将本方认为可能对本协定执行产生实质影响或对本协定下另一缔约方合法利益产生重要影响的现行措施通知另一缔约方。 　　二、应另一缔约方要求，一缔约方应在可能的程度内，就另一缔约方认为可能对本协定执行产生实质影响或对本协定下该另一缔约方合法利益产生重要影响的现行或拟议措施提供信息并对相关问题作出回应，而不论此措施是否事先通知另一缔约方。 　　三、本条下任何通知或信息的提供，不应影响此措施与本协定的一致性。 　　四、当本条项下的信息已经通过适当的方式向世界贸易组织通报为公众所获得或在缔约双方的官方的、公众的和可以免费登录的网站上可以获得时，该信息可被视为已经提供。 　　第四十五条　机密信息 　　本协定的任何信息不应被解释为要求一缔约方提供获得机密信息的途径或允许获得机密信息，如果此机密信息的披露将妨碍法律执行或与公众利益、缔约方保护隐私或保护金融机构个人客户的金融事务和账户的法律相违背，或此信息的披露将损害特定的公有的或私人的公司的合法商业利益。 第九章　投资 　　第五十六条　磋商 　　一、缔约双方代表为下列目的应不时进行会谈： 　　（二）交流法律信息和投资机会； 　　六、缔约双方应该尽一切努力通过本条下磋商或者本协定其他磋商条款，就有争议的任何事项达成缔约双方均满意的解决办法。为此目的，缔约双方应该： 　　（一）提供足够信息，以便充分审议措施如何影响本协定的执行或适用；以及 　　（二）对于一方作为保密信息提供的信息，另一方也应作为保密信息对待

序号	条约名称	签订日期生效日期	有关投资透明度的内容
6	中华人民共和国政府和新西兰政府自由贸易协定	2008.4.7 2008.10.1	第十一章　投资 第一百四十六条　透明度 　　各方应当公布其参加的与投资有关的国际协定。 第一百四十七条　联系点 　　各方应当指定一个或多个联系点，便利就本章所涉任何问题进行沟通，并应当将该联系点的详细信息提供给另一方。双方应将联系点详细信息的修改情况及时通知对方。 第十三章　透明度 第一百六十七条　定义 　　就本章而言： 　　普遍适用的行政裁决是指与本协定执行有关，适用于所有人和事实情况的行政裁决或解释，但不包括： 　　（一）在行政或准司法程序中做出的，适用于具体案件中另一方特定人、货物或服务的决定或裁决；或者 　　（二）针对特定行为或惯例的裁决。 第一百六十八条　公布 　　一、各方应当确保与本协定涵盖事项相关的法律、规章、程序及普遍适用的行政裁决迅速公布，无论如何不能迟于实施或执行后90日公布，否则，应当通过其他方式使另一方及其利益相关人可获得上述信息，以便了解这些信息。 　　二、各方应当尽可能： 　　（一）提前公布其拟议采取的第一款所指的任何措施；以及 　　（二）在合适的情况下，为另一方及其利益相关人提供对该拟议措施予以评论的合理机会。 第一百六十九条　行政程序 　　为以一致、公平及合理的方式实施影响本协定涵盖事项的所有措施，在对另一方特定人、货物或服务具体适用第一百六十八条第一款所指措施的行政程序时，各方应当确保： 　　（一）在可能的情况下，当程序启动时，依据国内程序，向另一方直接受此程序影响的人提供合理通知，通知应包括对程序性质的描述、启动程序法定机关的声明，和对争议事项的总体描述； 　　（二）当时间、程序的性质及公共利益允许时，在采取任何最终行政行为前，给予当事人合理的机会，提出支持其立场的事实和理由；以及 　　（三）其程序应当符合国内法律。 第一百七十条　复议和上诉 　　一、在法律允许的情况下，为及时复议和更正针对本协定涵盖事项做出的最终行政行为，各方应当设立或维持司法、准司法或行政庭或程序，因审慎原因采取的行为除外。此法庭应当是公正的，并独立于被授权进行行政执法的机关或机构，且不应与复议事项的结果有任何实质利害关系。 　　二、各方应当确保在任何此类法庭或程序中，该程序的当事方享有如下权利： 　　（一）有对其立场加以支持或辩护的合理机会；以及 　　（二）得到基于证据和提交的记录，或根据国内法要求由行政机关拟定的记录，而做出的决定。 　　三、除非依据国内法提出上诉或进一步复议，各方应当确保上述决定由与所涉行政行为有关的机关或机构来实施，并指导该机关或机构的实践

序号	条约名称	签订日期 生效日期	有关投资透明度的内容
6	中华人民共和国政府和新西兰政府自由贸易协定	2008.4.7 2008.10.1	第一百七十一条　联系点 　一、各方应当指定一个或多个联系点，以便就本章所涉问题进行沟通，并应当将该联系点的详细信息提供给另一方。 　二、双方应当将联系点详细信息的任何修改情况及时通知对方。 　三、各方应当确保其联系点能够协调和便利针对本协定的问题反馈，包括第一百七十二条所指的咨询。 　四、应另一方要求，该联系点应当确定负责相关事项的机构或官员，并在必要时为便利与请求方的沟通提供帮助。 第一百七十二条　通报和信息提供 　一、当一方认为任何拟议或实施措施可能对本协定的执行产生重大影响，或实质上影响到另一方在本协定中的利益时，其应尽可能地将此拟议或实施措施通报另一方。 　二、应另一方要求，一方应当在收到该要求后30日内，提供有关任何实施或拟议措施的信息，并对相关问题做出反馈，无论该另一方是否曾得到过关于此措施的通报。 　三、本条规定的任何通报、要求或信息应当通过其联系点提供给另一方。 　四、尽管有第三款规定，当第一款所指的通报已通过向WTO适当通报为各方可获得，则应当被视为已经通报。 　五、本条项下的通报或信息不影响该措施是否与本协定相一致问题。 第十七章　例外 第二百〇一条　安全例外 　一、本协定的任何规定不得解释为： 　（一）要求一方提供或允许接触其认为如披露则会违背其基本安全利益的任何信息； 第二百〇六条　信息披露 　本协定的任何规定不得解释为要求任何一方提供和允许获得其认为如披露会出现下列情况的信息： 　（一）根据其立法规定，将违背其公共利益； 　（二）违反其立法规定，包括但不限于保护个人隐私或金融机构的个人客户财政事务及账户的立法规定； 　（三）将妨碍法律实施；或者 　（四）将损害特定企业、公众或私人的合法商业利益。 第十八章　最后条款 第二百一十条　保密 　在一方根据本协定向另一方提供信息，并将该信息指定为保密的情况下，另一方应当对该信息保密。该信息仅可用于指定目的，无提供信息一方的专门许可，不得披露，除非国内法或宪法另有要求，且仅用作司法程序目的
7	中华人民共和国政府和新加坡共和国政府自由贸易协定	2008.10.23 2009.1.1	第一章　初始条款 第二条　目标 　本协定的目标是： 　三、建立透明、可预期和便利的投资体制，为投资者提供更稳定的政策框架。 　（注：协定没有专章规定透明度，也无投资具体内容的规定，投资的条款主要是介绍与未来订立的《中国—东盟投资协议》的关系。） 第十三章　例外 第一百〇六条　安全例外 　本协定的任何规定不得解释为： 　（一）要求任何一方提供其认为如披露则会违背其基本安全利益的任何信息

续表

序号	条约名称	签订日期生效日期	有关投资透明度的内容
8	中华人民共和国政府与秘鲁共和国政府自由贸易协定	2009. 4. 28 2010. 3. 1	第十章　投资 　第一百四十条　磋商 　一、缔约双方代表应时常为下列目的举行磋商： 　（二）交流法律信息和投资机会； 　第一百四十一条　重大安全 　本条约不应被解释为： 　（一）要求一缔约方提供或允许获得信息，该缔约方认为该信息的披露有可能与其实质安全利益相违背的； 第十三章　透明度 　第一百六十七条　透明度 　一、缔约双方应当公布各自的法律、法规和普遍适用的行政决定以及各自缔结的在本协定之后生效的可能影响本协定实施的有关贸易的国际协议，或者使之可公开获得。 　二、在可能的程度内，应一缔约方请求，各缔约方应当在60日内对关于第一款所称事项的特定问题作出回应并提供信息。 　三、除非缔约双方另有约定，本章所称的给予另一缔约方的信息、请求或通知都应当通过联系点进行。 　第一百六十八条　机密信息 　本协定的任何规定不得要求任一缔约方披露机密信息，此类信息如披露将妨碍法律的实施、违背公共利益或损害任何经济经营者的合法商业利益。 第十六章　例外 　第一百九十四条　安全例外 　本协定的任何规定不得解释为： 　一、要求一缔约方提供或者允许接触其认为如披露则会违背其基本安全利益的任何信息； 　第一百九十五条　信息披露 　本协定的任何规定不得解释为要求一缔约方提供或允许接触其认为如披露则会妨碍其宪法和法律的实施，或违背其公共利益，或损害特定公私企业合法商业利益的机密信息
9	中华人民共和国政府和哥斯达黎加共和国政府自由贸易协定	2010. 4. 8 2011. 8. 1	第十二章　透明度 　第一百二十九条　公布 　一、各缔约方应当确保与本协定项下事项相关的法律、法规、程序及普遍适用的行政裁决，以及与贸易相关的可能对实施本协定产生影响的缔约双方各自的国际协定之迅速公布，或者通过其他方式使另一缔约方及其利益相关人可获得上述信息，以便了解这些信息。 　二、在可能的程度内，各缔约方应当： 　（一）公布其拟采取的与本协定事项有关的任何法律；以及 　（二）为另一缔约方提供对该拟议法律予以评论的合理机会。 　第一百三十条　通报和信息提供 　一、在可能的程度内，各缔约方应通知另一缔约方本方认为可能对本协定执行产生实质影响或对另一缔约方在本协定项下的利益产生重要影响的措施。尽管有第四款规定，当本款项下的信息已经通过向WTO适当通报的方式为各缔约方可获得时，该信息应当被视为已经提供。 　二、应另一缔约方要求，缔约一方应当无偿地且尽可能及时地提供有关任何现行或拟议措施的信息，并对相关问题做出反馈，无论该另一缔约方是否曾得到过关于此措施的通报

序号	条约名称	签订日期生效日期	有关投资透明度的内容
9	中华人民共和国政府和哥斯达黎加共和国政府自由贸易协定	2010.4.8 2011.8.1	三、本条项下的通报或信息提供不影响该措施是否与本协定相一致。 四、除非本协定另有规定或缔约双方另有约定，本章规定的任何信息、通报或要求应当通过其联系点提供给另一缔约方。 第一百三十一条　行政程序 为了以一致、公平与合理的方式实施所有影响本协定项下事项的普遍适用的措施，各缔约方应当保证，在具体案件中对另一缔约方特定的人、货物或服务适用第一百二十九条（公布）第一款项下措施的行政程序： （一）只要可能，在程序开始时，依据国内程序，向另一缔约方直接受此程序影响的人提供合理通知，通知内容包括对此程序性质的描述、启动程序的法定机关的声明和争议事项的概括描述； （二）在采取任何最终行政行为之前，如时间、程序性质和公共利益允许，应给予当事人合理机会，以提出事实和理由支持其立场；以及 （三）程序应依据国内法。 第一百三十二条　审查和上诉 一、各缔约方应当设立或维持司法、行政庭或程序，以便迅速审查与本协定项下事项相关的最终行政行为，并在有正当理由的情况下修正此最终行政行为。此类法庭应该公正，并独立于被授权进行行政执行的办公室或机关，且不应对审查事项的结果有任何实质利害关系。 二、各缔约方应当保证在任何此类法庭或程序中，参与此程序的当事方被授予如下权利： （一）获得支持其立场或为其各自立场辩护的合理机会；以及 （二）可以获得依据证据和提交的记录或者在国内法要求下由行政机关编纂的记录而做出的裁决。 三、在按国内法规定上诉或进一步审查的情况下，各缔约方应当保证，此裁决由与作为该裁决主体的行政行为有关的办公室或机关实施，且该裁决约束该办公室或机关的行为。 第一百三十三条　特别规则 本章项下的规定不影响本协定其他章特别规则的效力。 第一百三十四条　定义 在本章中： 普遍适用的行政裁决指普遍适用于属于其管辖范围的所有人和事实情况，并建立起一种行为规范的行政裁决或解释，但不包括： （一）由行政程序做出的，适用于具体案件中另一缔约方特定的人、货物或服务的决定或裁决；或者 （二）针对特定行为或做法的裁决。 第十五章　例外 第一百六十条　安全例外 本协定的任何规定不得解释为： （一）要求一缔约方提供或允许接触其认为如披露则会违背其基本安全利益的任何信息； 第一百六十二条　信息披露 本协定的任何规定不得解释为要求一缔约方提供或允许接触其认为如披露则会妨碍法律的实施，或违背其公共利益，或损害特定公私企业合法商业利益的机密信息

序号	条约名称	签订日期生效日期	有关投资透明度的内容
10	海峡两岸经济合作框架协议	2010.6.29 2010.9.12	第二章　贸易与投资 第五条　投资 　　一、双方同意，在本协议生效后六个月内，针对本条第二款所述事项展开磋商，并尽速达成协议。 　　二、该协议包括但不限于以下事项： 　　（二）提高投资相关规定的透明度
	海峡两岸投资保护（障）和促进协议	2012.8.9 2013.2.1	第四条　透明度 　　一、一方应依其规定及时公布或用其他方式使公众知悉普遍适用的或针对另一方与投资有关的规定、措施、程序等。 　　二、应另一方请求，一方应依其规定，就已公布并影响另一方投资者的规定、措施、程序的变化提供讯息
11	中华人民共和国政府和冰岛政府自由贸易协定	2013.4.15 2014.7.1	第十二条　重大安全 　　本协定的任何规定不得解释为： 　　（一）要求一方提供或允许接触其认为如披露则会违背其基本安全利益的任何信息； 第八章　投资 第九十一条　信息交流 　　双方应在下列方面促进信息交流渠道的建立并为全方位的沟通和交流提供便利： 　　（一）投资政策法律以及经济贸易和商业信息； 　　（二）探讨建立投资促进机制的可能性；以及 　　（三）为潜在投资者和投资合作方提供国家信息。 第十二章　最终条款 第一百二十三条　透明度 　　一、各方应确保与本协定涵盖事项相关的法律、法规及普遍适用的行政决定迅速公布，或通过其他方式使另一方获得上述信息。 　　二、应另一方要求，一方应尽可能就第一款所提及的事宜立即提供信息，并对相关问题作出回应。 　　三、当本条项下的信息已经通过向世界贸易组织适当通报的方式为公众所获得，或可以在相关方的官方、公共和可以免费登录的网站上获得时，该信息可被视为已经提供。 第一百二十四条　保密信息 　　本协定的任何规定不得要求任何一方披露妨碍其法律实施，或违背其公共利益，以及损害特定公私企业合法商业利益的保密信息
12	中华人民共和国和瑞士联邦自由贸易协定	2013.7.6 2014.7.1	第1.5条　透明度 　　一、缔约双方应公布，或以其他方式公开提供可能会影响本协定实施的法律、法规、司法判决、普遍适用的行政裁决和各自参与的国际协定。 　　二、缔约双方应就具体问题做出回应，并根据请求尽可能在收到请求后的30天内将第一款提到的相关信息提供给对方。 　　三、第二款中所指的信息在下列情况视为已提供：同一事项的副本提供给世贸组织，或提供给相关缔约方可免费访问的政府、公众网站。 　　四、本条的规定与其他章中有关透明度的规定不一致，以后者为准。

序号	条约名称	签订日期生效日期	有关投资透明度的内容
12	中华人民共和国和瑞士联邦自由贸易协定	2013.7.6 2014.7.1	五、本协定第 14.2 条中所设联络点应便于缔约双方就本条款中所涉事项进行沟通。在另一缔约方请求下，联络点应确定负责此事的部门或官员并提供必要的协助，促进缔约双方交流。 第 1.6 条　信息披露 　　本协定中的任何内容都不应要求当事方披露妨碍执法的、违反法律或违反公众利益或损害任何经营者合法商业利益的信息。 第九章　投资促进 第 9.1 条　投资促进 　　缔约双方认识到促进跨境投资和技术流动作为实现经济增长和发展的一种手段的重要性。在这方面的合作可包括： 　　（一）确定投资机会； 　　（二）促进境外投资措施方面的信息交流； 　　（三）投资法规方面的信息交流； 　　（四）协助投资者了解缔约双方的投资法规和投资环境； 第 9.2 条　审议条款 　　一、应缔约一方请求，另一缔约方应当就影响投资的措施提供信息。 第十四章　机制条款 第 14.2 条　联络点 　　为方便缔约双方之间就本协定的任何事项进行沟通，特指定以下联络点： 　　（一）对于中国：中华人民共和国商务部（MOFCOM）； 　　（二）对于瑞士：联邦经济总局（SECO）
13	中华人民共和国政府和大韩民国政府自由贸易协定	2015.6.1 2015.12.20	第十八章　透明度 第 18.1 条　公布 　　一、各缔约方应当保证迅速公布本方与本协定项下任何事项相关的措施，或者以使另一缔约方的利益相关人和另一缔约方能够知晓的方式可以被获得。 　　二、各缔约方应当尽可能： 　　（一）提前公布其拟议采取的任何上述措施；及 　　（二）为另一缔约方的利益相关人和另一缔约方对该拟议措施予以评论提供合理的机会。 第 18.2 条　通知和信息提供 　　一、在可能的程度内，各缔约方应通知另一缔约方本方认为可能对本协定执行产生实质影响或对另一缔约方在本协定项下的合法利益产生重要影响的现行或拟议措施。 　　二、应另一缔约方要求，一缔约方应当在收到该要求后 30 日内，提供有关另一缔约方认为可能对本协定执行产生实质影响的任何现行或拟议措施的信息，并对相关问题做出反馈，无论该另一缔约方是否曾得到过关于此措施的通报。 　　三、当本条项下的信息已经通过向 WTO 适当通报的方式为公众所获得或在相关缔约方的官方的、公众的和可以免费登录的网站上可以获得时，该信息可被视为已经提供。 　　四、本条规定的任何通报、要求或信息应当通过第 19.5 条（联系点）所指的联系点提供给另一方。 第 18.3 条　行政程序 　　为以一致、公平及合理的方式实施影响本协定涵盖事项的所有措施，在对另一缔约方特定人、货物或服务具体适用第 18.1 条所指措施的行政程序时，各缔约方应当确保：

序号	条约名称	签订日期生效日期	有关投资透明度的内容
13	中华人民共和国政府和大韩民国政府自由贸易协定	2015.6.1 2015.12.20	（一）在可能的情况下，当程序启动时，依据国内程序，向另一缔约方直接受此程序影响的人提供合理通知。通知应包括对程序性质的描述、启动程序法定机关的声明，和对争议事项的总体描述； （二）当时间、程序的性质及公共利益允许时，在采取任何最终行政行为前，给予当事人合理的机会，提出支持其立场的事实和理由；及 （三）程序应当符合其法律。 第18.4条　复议和上诉 一、各缔约方应当建立或维持司法、准司法、行政庭或程序，以便迅速复议与本协定项下任何事项相关的最终行政行为，并在有正当理由的情况下修正此最终行政行为。此类法庭应该公正，并独立于被授权进行行政执法的机关或机构，且不应与复议事项的结果有任何实质利害关系。 二、各缔约方应当保证在任何此类法庭或程序中，该程序的当事方享有如下权利： （一）获得支持其立场或为其各自立场辩护的合理机会；及 （二）可以获得依据相关证据和提交的记录，或者在一缔约方法律要求下，由行政机关编纂的记录而做出的裁决。 三、除非依据一缔约方法律提出上诉进一步复议，各缔约方应当确保此裁决由与所涉行政行为有关的机关或机构来实施，且该裁决约束该机关或机构的行为。 第十九章　机构条款 第19.5条　联络点 一、各缔约方应设立一个或多个联络点，以便利缔约双方就本协定所涉任何事宜进行沟通。缔约双方设立以下联络点： （一）就中方而言，商务部或其继任者；及 （二）就韩方而言，产业通商资源部或其继任者。 二、应另一缔约方要求，一缔约方的联络点应指定相关机构或官员负责相应事宜，并为便利与提出要求方的交流提供必要协助。 第二十一章　例外 第21.4条　信息披露 本协定的任何规定，不得解释为要求一缔约方提供和允许接触其认为如披露则会妨碍其法律实施，或违背其公共利益或损害特定公私企业合法商业利益的机密信息
14	中华人民共和国政府和澳大利亚政府自由贸易协定	2015.6.17 2015.12.20	第十三章　透明度 第一条　定义 就本章而言，普遍适用的行政裁定是指对其管辖范围内的所有人和所有事实情况均适用、并建立一种行为规范的行政裁定或解释，但不包括： （一）由行政或准司法程序做出的对具体个案中另一方特定的人、货物或服务适用的决定或裁决；或者 （二）对特定行为或做法的裁决。 第二条　公布 一、各方应确保与本协定涵盖事项相关的法律、法规、程序及普遍适用的行政裁定会迅速公布，包括在可行情况下通过互联网，或以其他方式使另一方及利益相关方获悉。 二、在可能的情况下，各方应当： （一）提前公布其拟通过的本条第一款所指的法律、法规、程序及普遍适用的行政裁定；并且

序号	条约名称	签订日期生效日期	有关投资透明度的内容
14	中华人民共和国政府和澳大利亚政府自由贸易协定	2015.6.17 2015.12.20	（二）向另一方及利益相关方提供对该法律、法规、程序及普遍适用的行政裁定进行评论的合理机会。 第三条　通报和信息提供 一、当一方认为任何拟议或现行的法律、法规、程序及普遍适用的行政裁定可能实质性影响本协定的实施，或对另一方在本协定项下的利益产生实质性影响时，应在可能的情况下通知另一方。 二、应另一方要求，一方应立即就任何现行或拟议的法律、法规、程序及普遍适用的行政裁定提供相关信息，并回答相关问题，无论之前是否已向另一方进行通报。 三、本条项下的任何通报或提供的信息应不影响法律、法规、程序及普遍适用的行政裁定与本协定的一致性。 四、如根据《世贸组织协定》进行的通报可获得，或相关信息可公开获取，包括通过一方的官方公开免费网站可获取，则本条第一款所指通报应被认为已经完成。 五、本条项下的任何通报、要求或提供的信息应当通过相关联系点向另一方传达。 第四条　行政程序 一、各方应确保本协定适用的所有法律、法规、程序和普遍适用的行政裁定以一致、公正、客观和合理的方式实施。 二、为以一致、公正、客观和合理的方式实施与本协定涵盖事项相关的法律、法规、程序和普遍适用的行政裁定，各方在其行政程序将这些措施适用于具体个案中的另一方特定的人、货物或服务的过程中，应确保： （一）在可能的情况下，当一程序启动时，向另一方直接受此程序影响的人提供合理通知，包括对程序性质的描述、据以启动程序的法定权限声明，以及对争议事项的一般描述； （二）当时间、程序性质及公共利益允许时，在采取任何最终行政行为前，给予当事人提出支持其立场的事实和理由的合理机会；以及 （三）其依国内法遵守国内程序。 第五条　复议和诉讼 一、各方应设立或维持司法、准司法或行政庭或程序，以便迅速进行复议，并在有正当理由的情况下对关于本协定涵盖事项的最终行政行为进行修正。此类法庭应公正，并独立于被授权进行行政执法的机关或机构，且不得在复议事项的结果中有任何实质利益。 二、各方应确保在任何此类法庭或程序中，当事双方享有如下权利： （一）有对其立场加以支持或辩护的合理机会；以及 （二）获得基于证据和提交的记录而做出的决定，或根据国内法要求，获得由行政机关编写的记录。 三、除根据国内法规定进行诉讼或进一步复议外，各方应确保该决定由该行政行为所涉机关或机构执行，并对该机关或机构的实践产生约束

续表

序号	条约名称	签订日期生效日期	有关投资透明度的内容
14	中华人民共和国政府和澳大利亚政府自由贸易协定	2015.6.17 2015.12.20	第十六章　一般条款与例外 　第一条　信息披露与保密 　一、本协定的任何规定不得要求一方披露妨碍其法律实施，或违背其公共利益，或损害特定公私企业合法商业利益的机密信息。 　二、除非本协定另有规定，如一方根据本协定向另一方提供书面信息并标注其为机密信息，另一方应保持该信息的机密性。除非法律和宪法对该信息的使用或披露另有要求或为履行司法程序，该信息应只用于特定用途，并且未经信息提供方特别允许不得披露

资料来源：中国自由贸易区服务网，http：//fta. mofcom. gov. cn/fta_ qianshu. shtml；北大法宝法律信息数据库，http：//www. pkulaw. cn；中华人民共和国中央人民政府网，http：//www. gov. cn。

附录三：缩略语

缩略语	英文全称	中文全称
ACIEP	The Advisory Committee on International Economic Policy	美国国务院国际经济政策咨询委员会
BITs	Bilateral Investment Treaties	双边投资协定
CFIUS	Committee on Foreign Investment in the United States	美国外国投资委员会
FCN	Treaties on Friendship, Commerce and Navigation	友好通商航海条约
FDI	Foreign Direct Investment	外国直接投资
FTAs	Free Trade Agreements	自由贸易协定
GATS	General Agreement on Trade in Service	服务贸易总协定
GATT	General Agreement on Tariffs and Trade	关税与贸易总协定
GDP	Gross Domestic Product	国内生产总值
ICSID	International Center for Settlement of Investment Disputes	解决投资争端国际中心
IIAs	International Investment Agreements	国际投资协定
MAI	Multilateral Agreement on Investment	多边投资协定
NAFTA	North American Free Trade Agreement	北美自由贸易协定
OECD	Organisation for Economic Co-operation and Development	经济与合作发展组织
TPRM	Trade Policy Review Mechanism	贸易政策评审机制
TRIPs	Agreement on Trade – Related Aspects of Intellectual Property Rights	与贸易有关的知识产权协定
UNCITRAL	United Nations Commission on International Trade Law	联合国国际贸易法委员会
UNCTAD	United Nations Conference on Trade and Development	联合国贸易和发展会议
USTR	The Office of the United States Trade Representative	美国贸易代表办公室
WIA	World Investment Agreement	世界投资协定
WTO	World Trade Organization	世界贸易组织

主要参考文献

（以出版发表时间排序）

一　中文类

（一）著作及译著类

1. ［古希腊］亚里士多德：《政治学》，吴寿彭译，商务印书馆 1983 年版。

2. ［日］小岛清：《对外贸易论》，周宝廉译，南开大学出版社 1987 年版。

3. ［美］凯尔森：《国际法原理》，王铁崖译，华夏出版社 1989 年版。

4. ［美］肯尼思·阿罗：《信息经济学》，何宝玉、姜忠孝、刘永强译，北京经济学院出版社 1989 年版。

5. ［美］布莱克：《法律的运作行为》，唐越、苏力译，中国政法大学出版社 1994 年版。

6. ［英］詹宁斯、瓦茨修订：《奥本海国际法》（第一卷第一分册），王铁崖、陈公绰、汤宗舜等译，中国大百科全书出版社 1995 年版。

7. ［美］迈克尔·D. 贝勒斯：《法律的原则——一个规范的分析》，张义显、宋金娜、朱卫国等译，中国大百科全书出版社 1996 年版。

8. ［英］哈特：《法律的概念》，张文显、郑成良、杜景义等译，中国大百科全书出版社 1996 年版。

9. 余劲松主编：《国际投资法》，法律出版社 1997 年版。

10. 曾繁正、赵向标等编译：《美国行政法》，红旗出版社 1998 年版。

11. ［美］罗纳德·德沃金：《认真对待权利》，信春鹰、吴玉章译，中国大百科全书出版社 1998 年版。

12. 韩立余：《美国外贸法》，法律出版社 1999 年版。

13. 何勤华主编：《英国法律发达史》，法律出版社 1999 年版。

14. 慕亚平：《国际投资的法律制度》，广东人民出版社 1999 年版。

15. 杨松：《国际货币基金协定研究》，法律出版社 2000 年版。

16. ［美］亚历山大·温特：《国际政治的社会理论》，秦亚青译，上海人民出版社 2000 年版。

17. 黄辉编著：《WTO 与国际投资法律实务》，吉林人民出版社 2001 年版。

18. 刘笋：《WTO 法律规则体系对国际投资法的影响》，中国法制出版社 2001 年版。

19. 应松年、袁曙宏主编：《走向法治政府：依法行政理论研究与实证调查》，法律出版社 2001 年版。

20. 张文显：《法哲学范畴研究》（修订版），中国政法大学出版社 2001 年版。

21. 周林彬、郑远远：《WTO 规则例外和例外规则》，广东人民出版社 2001 年版。

22. ［英］阿兰·鲁格曼：《全球化的终结》，常志霄、沈群红、熊义志译，生活·读书·新知三联书店 2001 年版。

23. 陈安主编：《国际经济法学专论》（上编 总论），高等教育出版社 2002 年版。

24. 陈卫东：《WTO 例外条款解读》，对外经济贸易大学出版社 2002 年版。

25. 高鸿钧等：《法治：理念与制度》，中国政法大学出版社 2002 年版。

26. 公丕祥主编：《法理学》，复旦大学出版社 2002 年版。

27. 刘笋：《国际投资保护的国际法制》，法律出版社 2002 年版。

28. 余劲松主编：《国际经济交往法律问题研究》，人民法院出版社 2002 年版。

29. 郑永流：《法治四章——英德渊源国际标准和中国问题》，中国政法大学出版社 2002 年版。

30. ［德］阿图尔·考夫曼、温弗里德·哈斯默尔主编：《当代法哲学和法律理论导论》，郑永流译，法律出版社 2002 年版。

31. ［德］沃尔夫刚·格拉夫·魏智通主编：《国际法》，吴越、毛晓飞译，法律出版社 2002 年版。

32. ［美］约翰·H. 杰克逊：《GATT/WTO 法理与实践》，张玉卿、李成钢、杨国华等译，新华出版社 2002 年版。

33. ［美］理查德·A. 波斯纳：《正义/司法的经济学》，苏力译，中国政法大学出版社 2002 年版。

34. 李浩培：《条约法概论》，法律出版社 2003 年版。

35. 徐永康主编：《法理学》，上海人民出版社 2003 年版。

36. 杨大楷主编：《国际投资学》（第三版），上海财经大学出版社 2003 年版。

37. 王晓朝译：《柏拉图全集》（第三卷），人民出版社 2003 年版。

38. ［美］肯尼思·华尔兹：《国际政治理论》，信强译，上海人民出版社 2003 年版。

39. ［德］卡尔·拉伦茨：《法学方法论》，陈爱娥译，商务印书馆 2003 年版。

40. 卢晓勇等：《国际投资理论与发达国家对华直接投资》，科学出版社 2004 年版。

41. 张维迎：《博弈论与信息经济学》，格致出版社、上海三联书店、上海人民出版社 2004 年版。

42. 周忠海主编：《国际法》，中国政法大学出版社 2004 年版。

43. ［德］马克思：《资本论》（第一卷），人民出版社 2004 年版。

44. ［奥］维克托·克里蒙克主编：《国际谈判——分析、方法和问题》，屈李坤、赵围、樊海军译，华夏出版社 2004 年版。

45. 王勇：《透明政府》，国家行政出版社 2005 年版。

46. 周佑勇：《行政法基本原则研究》，武汉大学出版社 2005 年版。

47. ［德］魏德士：《法理学》，丁晓春、吴越译，法律出版社 2005 年版。

48. ［英］安东尼·奥斯特：《现代条约法与实践》，江国青译，中国人民大学出版社 2005 年版。

49. 王逸舟：《西方国际政治学：历史与理论》，上海人民出版社 2006 年版。

50. 阎学通：《国际政治与中国》，北京大学出版社 2006 年版。

51. 曾华群：《WTO 与中国外资法的发展》，厦门大学出版社 2006 年版。

52. 卓泽渊：《法的价值论》（第二版），法律出版社 2006 年版。

53. ［英］蒂莫西·希利尔：《国际公法原理》，曲波译，中国人民大学出版社 2006 年版。

54. ［日］阿部照哉、池田政章、初宿正典、户松秀典编著：《宪法》（上），周宗宪译，中国政法大学出版社 2006 年版。

55. 陈安主编：《国际经济法的新发展与中国双边投资条约的新实践》，复旦大学出版社 2007 年版。

56. 刘隆亨主编：《国际税法》（第二版），法律出版社 2007 年版。

57. 卢进勇、余劲松、齐春生主编：《国际投资条约与协定新论》，人民出版社 2007 年版。

58. 王勇：《条约在中国适用之基本理论问题研究》，北京大学出版社 2007 年版。

59. 袁发强：《宪法对冲突法的影响》，法律出版社 2007 年版。

60. 张庆麟主编：《国际投资法问题专论》，武汉大学出版社 2007 年版。

61. ［英］丹尼斯·劳埃德：《法理学》，许章润译，法律出版社 2007 年版。

62. ［美］约瑟夫·斯蒂格利茨：《斯蒂格利茨经济学文集》（第一卷·信息经济学：基本原理，上、下册），纪沫、陈工文、李飞跃译，中国金融出版社 2007 年版。

63. 陈安：《陈安论国际经济法学》（第三卷），复旦大学出版社 2008 年版。

64. 刘文静等：《WTO 透明度原则与我国行政公开制度》，法律出版社 2008 年版。

65. 莫于川、林鸿潮主编：《政府信息公开条例实施指南》，中国法制出版社 2008 年版。

66. 沈四宝主编：《世界贸易组织法教程》（第二版），对外经济贸易大学出版社 2009 年版。

67. 王成礼：《法治的均衡分析》，山东人民出版社 2008 年版。

68. 颜海：《政府信息公开理论与实践》，武汉大学出版社 2008 年版。

69. 綦建红主编：《国际投资学教程》（第二版），清华大学出版社 2008 年版。

70. 叶兴平、王作辉、闫洪师：《多边国际投资立法：经验、现状与展望》，光明日报出版社 2008 年版。

71. 张千帆、赵娟、黄建军：《比较行政法——体系、制度与过程》，法律出版社 2008 年版。

72. 张为付：《国际直接投资（FDI）比较研究》，人民出版社 2008 年版。

73. 朱淑娣等：《国际经济行政法》，学林出版社 2008 年版。

74. 朱文奇、李强：《国际条约法》，中国人民大学出版社 2008 年版。

75. ［比］马克·范·胡克：《法律的沟通之维》，孙国东译，法律出版社 2008 年版。

76. 郭波：《国际投资：理论·政策·战略》，中国社会科学出版社 2009 年版。

77. 金成华：《国际投资立法发展现状与展望》，中国法制出版社 2009 年版。

78. 王夏昊：《法律规则与法律原则的抵触之解决》，中国政法大学出版社 2009 年版。

79. 王勇：《1972—2007 年中美之间的条约法问题研究》，法律出版社 2009 年版。

80. 王跃生、陶涛等：《国际资本流动：机制、趋势与对策》，中国发展出版社 2009 年版。

81. 张文显：《法哲学通论》，辽宁人民出版社 2009 年版。

82. ［美］埃蒙·凯利：《强势时代：应对来自不确定世界的挑战》，王哲译，中国人民大学出版社 2009 年版。

83. ［美］赫伯特·霍温坎普：《联邦反托拉斯政策——竞争法律及其实践》，许光耀、江山、王晨译，法律出版社 2009 年版。

84. ［美］亨利·基辛格：《基辛格：美国的全球战略》，胡利平、凌建平等译，海南出版社 2009 年版。

85. ［德］卢曼：《法律的社会》，郑伊倩译，人民出版社 2009 年版。

86. ［美］罗伯特·夏皮罗：《下一轮全球趋势》，刘纯毅译，中信出版社 2009 年版。

87. ［古希腊］亚里士多德：《政治学》，高书文译，中国社会科学出版社 2009 年版。

88. 何志鹏：《国际经济法的基本理论》，社会科学文献出版社 2010 年版。

89. 林爱珺：《知情权的法律保障》，复旦大学出版社 2010 年版。

90. 谈谭：《国际贸易组织（ITO）的失败：国家与市场》，上海社会科学院出版社 2010 年版。

91. 张龙：《行政知情权的法理研究》，北京大学出版社 2010 年版。

92. 周永坤：《法理学——全球视野》，法律出版社 2010 年版。

93. ［美］约瑟夫 E. 斯蒂格利茨：《全球化及其不满》，李杨、张添香译，机械工业出版社 2010 年版。

94. 曹建明、贺小勇：《世界贸易组织》（第三版），法律出版社 2011 年版。

95. 葛洪义主编：《法理学》（第三版），中国人民大学出版社 2011 年版。

96. 李广宇：《政府信息公开司法解释读本》，法律出版社 2011 年版。

97. 万鄂湘主编：《国际法与国内法关系研究》，北京大学出版社 2011 年版。

98. 姚梅镇：《国际投资法》（第三版），武汉大学出版社 2011 年版。

99. 张潇剑：《国际法纵论》，商务出版社 2011 年版。

100. 祝国平：《国际资本流动的机制与影响——基于一般均衡理论框架的研究》，经济科学出版社 2011 年版。

101. ［英］丹宁勋爵：《法律的训诫》，杨百揆、刘庸安、丁健译，法律出版社 2011 年版。

102. ［英］菲利普·桑斯：《无法无天的世界：当代国际法的产生和破灭》，单文华、赵宏、吴双全译，人民出版社 2011 版。

103. ［德］罗伯特·阿列克西：《法 理性 商谈：法哲学研究》，朱光、雷磊译，中国法制出版社 2011 年版。

104. ［英］马尔科姆·N. 肖：《国际法》（第六版）（上、下），白桂梅、高健军、朱利江等译，北京大学出版社 2011 年版。

105. ［英］约翰·洛克：《政府论》，刘丹、赵文道译，湖南文艺出版社 2011 年版。

106. ［美］约瑟夫·E. 斯蒂格利茨：《让全球化造福全球》，雷达、朱丹、李有根译，中国人民大学出版社 2011 年版。

107. 郑斌:《国际法院与法庭适用的一般法律原则》，韩秀丽、蔡从燕译，法律出版社 2012 年版。

108. 〔美〕肯尼思·沃尔兹:《现实主义与国际政治》，张睿壮、刘丰译，北京大学出版社 2012 年版。

109. 〔德〕W. G. 魏智通主编:《国际法》(第五版)，吴越、毛晓飞译，法律出版社 2012 年版。

110. 〔日〕村濑信也:《国际立法——国际法的法源论》，秦一禾译，中国人民公安大学出版社 2012 年版。

111. 何志鹏:《国际法哲学导论》，社会科学文献出版社 2013 年版。

112. 〔英〕J. E. 米德:《自由、公平和效率》，崔之元、王文玉译，东方出版社 2013 年版。

(二) 论文类

1. 张国强:《海关合作理事会》，《世界知识》1985 年第 14 期。

2. 李琼:《论经济全球化》，《中国社会科学》1995 年第 1 期。

3. 徐显明:《论"法治"构成要件——兼及法治的某些原则及观念》，《法学研究》1996 年第 3 期。

4. 孙建杭:《战略·利益·格局——冷战后世界格局的演变和 90 年代美国对华政策的调整》，《世界经济与政治》2000 年第 8 期。

5. 〔美〕乔治·阿克洛夫:《柠檬市场:质量的不确定性和市场机制》，《经济导刊》2001 年第 6 期。

6. 戴德生:《WTO〈与贸易有关的投资措施协议〉与中国加入WTO》，《现代法学》2002 年第 3 期。

7. 〔美〕斯蒂格利茨:《自由、知情权和公共话语——透明化在公共生活中的作用》，宋华琳译，《环球法律评论》2002 年第 3 期。

8. 王公龙:《温特建构主义理论的贡献与缺失》，《世界经济与政治》2002 年第 5 期。

9. 朱芒:《开放型政府的法律理念和实践 (上) ——日本信息公开制度》，《环球法律评论》2002 年第 3 期。

10. 谢晓尧:《WTO 透明度:固有价值与保障机制》，《法学》2003 年第 1 期。

11. 汪习根、陈焱光:《论知情权》，《法制与社会发展》2003 年第 2 期。

12. 赵生祥:《透明度原则及其对中国法治的影响》，《现代法学》2003 年第 4 期。

13. 刘治斌:《论法律原则的可诉性》，《法商研究》2003 年第 4 期。

14. 胡希宁、贾小立、杨平安:《信息经济学的理论精华及其现实意义》，《中共中央党校学报》2003 年第 6 期。

15. 詹晓宁、葛顺奇:《最大化扩大透明度范围——WTO "多边投资框架" 中的透明度规则》，《国际贸易》2003 年第 8 期。

16. 詹晓宁:《国际投资协定的发展及影响》，《国际经济合作》2003 年第 9 期。

17. 舒国滢:《法律原则适用的困境——方法论视角的四个追问》，《苏州大学学报》（哲学社会科学版）2005 年第 1 期。

18. 金慧华:《国际投资与环境保护——从 Metalclad 公司诉墨西哥政府案想起的》，《福建政法管理干部学院学报》2005 年第 3 期。

19. 余民才:《国家责任法的性质》，《法学家》2005 年第 4 期。

20. 余劲松:《外资的公平与公正待遇问题研究——由 NAFTA 的实践产生的几点思考》，《法商研究》2005 年第 6 期。

21. 马特:《隐私权制度中的权利冲突》，《法学论坛》2006 年第 1 期。

22. 陈林林:《基于法律原则的裁判》，《法学研究》2006 年第 3 期。

23. 莫于川:《有限政府·有效政府·亲民政府·透明政府——从行政法治视角看我国行政管理体制改革的基本目标》，《政治与法律》2006 年第 3 期。

24. 张潇剑:《WTO 透明度原则研究》，《清华法学》2007 年第 3 期。

25. 余劲松、梁丹妮:《公平公正待遇的最新发展动向及我国的对策》，《法学家》2007 年第 6 期。

26. 许德风:《论法教义学与价值判断——以民法方法为重点》，《中外法学》2008 年第 2 期。

27. 宋伟:《规范与认同的相互建构:社会建构主义的进展与难题》，《世界经济与政治》2008 年第 3 期。

28. 左海聪:《直接适用条约问题研究》，《法学研究》2008 年第 3 期。

29. 范立波:《原则、规则与法律推理》，《法制与社会发展》2008 年第 4 期。

　　30. 陈景辉：《规则、道德衡量与法律推理》，《中国法学》2008 年第 5 期。

　　31. 徐崇利：《公平与公正待遇标准：国际投资法中的"帝王条款"》，《现代法学》2008 年第 5 期。

　　32. 梁丹妮：《NAFTA 投资争端仲裁程序透明度研究》，《求索》2008 年第 10 期。

　　33. 余劲松：《改革开放 30 年与我国国际投资法制的发展与完善》，《理论前沿》2008 年第 21 期。

　　34. 徐崇利：《公平与公正待遇标准：何去何从?》，载曾华群主编《国际经济新秩序与国际经济法新发展》，法律出版社 2009 年版。

　　35. ［加拿大］彭德：《选择性适用与制度能力：全球化条件下适用国际法的理解方法》，载彭德、顾肖荣主编《"选择性适用"的假设与中国的法治实践》，上海社会科学院出版社 2009 年版。

　　36. 张红菊：《英国信息公开制度及其特点》，《中国监察》2009 年第 2 期。

　　37. 张辉：《美国国际投资法理论和实践的晚近发展——浅析美国双边投资条约 2004 年范本》，《法学评论》2009 年第 2 期。

　　38. 何志鹏：《国际法治：一个概念的界定》，《政法论坛》2009 年第 4 期。

　　39. 莫于川：《行政公开法制与服务型政府建设——略论〈政府信息公开条例〉确立的服务宗旨和便民原则》，《法学杂志》2009 年第 4 期。

　　40. 刘叶深：《法律规则与法律原则：质的差别?》，《法学家》2009 年第 5 期。

　　41. 单文华、［英］诺拉·伽拉赫：《和谐世界理念和中国 BIT 范本建设——一个"和谐 BIT 范本"建议案》，陈虹睿、王朝恩译，载陈安主编《国际经济法学刊》第 17 卷第 1 期，北京大学出版社 2010 年版。

　　42. 刘京莲：《国际投资条约根本安全例外条款研究》，载陈安主编《国际经济法学刊》第 17 卷第 1 期，北京大学出版社 2010 年版。

　　43. ［德］康德：《论永久和平》，李秋零译，载李秋零主编《康德著作全集·第 8 卷·1781 年之后的论文》，中国人民大学出版社 2010 年版。

　　44. 潘锐、娄亚萍：《中美双边投资保护协定谈判的演进与发展》，

《国际观察》2010 年第 1 期。

45. 何秉孟：《美国金融危机与国际金融垄断资本主义》，《中国社会科学》2010 年第 2 期。

46. 罗国强：《一般法律原则的困境与出路——从〈国际法院规约〉第 38 条的悖论谈起》，《法学评论》2010 年第 2 期。

47. 蒋红珍：《知情权与信息获取权——以英美为比较法基础的概念界分》，《行政法学研究》2010 年第 3 期。

48. 陈林林：《二元规范理论下的法律原则检讨》，《现代法学》2010 年第 5 期。

49. 周佑勇：《论作为行政法之法源的行政惯例》，《政治与法律》2010 年第 6 期。

50. 杨鲁慧：《后金融危机时期国际政治格局的变革及趋向》，《当代世界与社会主义》2011 年第 2 期。

51. ［德］班德・许乃曼：《经济全球化进程中的法律 领先法律制度的帝国主义化与其余法律制度的被殖民化》，王莹译，《中外法学》2011 年第 3 期。

52. 秦策、夏锦文：《司法的道德性与法律方法》，《法学研究》2011 年第 4 期。

53. ［美］戴维・斯基德莫尔：《从布什到奥巴马：美国对国际制度政策的延续与变化》，王娟娟、荣霞译，《南京大学学报》（哲学・人文科学・社会科学版）2011 年第 4 期。

54. 张庆麟：《论国际投资协定中"投资"的性质与扩大化的意义》，《法学家》2011 年第 6 期。

55. 刘杨：《法治的概念策略》，《法学研究》2012 年第 6 期。

56. 温先涛：《〈中国投资保护协定范本〉（草案）论稿（一）》，载陈安主编《国际经济法学刊》第 18 卷第 4 期，北京大学出版社 2012 年版。

57. 《国际经济合作》编辑部：《制定新一代投资政策——解读〈2012 年世界投资报告〉》，《国际经济合作》2012 年第 7 期。

58. 胡晓红：《CISG 在中国适用的方法论思辨》，《商业研究》2011 年第 7 期。

59. 于健龙：《论国际投资仲裁的透明度原则》，《暨南学报》（哲学社会科学版）2012 年第 9 期。

60. 崔凡：《美国 2012 年双边投资协定范本与中美双边投资协定谈判》，《国际贸易问题》2013 年第 2 期。

61. 单文华、张生：《美国投资条约新范本及其可接受性问题研究》，《现代法学》2013 年第 5 期。

（三）学位论文类

1. 杨卫东：《双边投资条约：中国的视角》，博士学位论文，中国社会科学院研究生院，2002 年。

2. 王勇：《条约在中国适用之基本理论问题研究》，博士学位论文，华东政法学院，2006 年。

3. 王秉乾：《论 WTO 透明度原则对我国法治建设的影响》，博士学位论文，对外经济贸易大学，2007 年。

4. 全小莲：《WTO 透明度原则：内涵、发展与影响》，博士学位论文，吉林大学，2010 年。

（四）报纸类

1. 杨国华：《WTO 与法律透明度》，《法制日报》2001 年 2 月 4 日。

2. 周卫民：《低税制：英属维尔京群岛的魅力》，《中国税务报》2005 年 9 月 14 日。

3. 应松年：《对中国行政法发展历程的宏观解读》，《法制日报》2011 年 7 月 27 日。

4. 钟声：《究竟是谁在搞不公平竞争》，《人民日报》2011 年 11 月 24 日。

5. 李高超、高天宇、孟妮：《营造更公平公正透明投资环境》，《国际商报》2011 年 11 月 29 日。

6. 秦宏：《亚太自贸建设还需务实推进》，《人民日报》（海外版）2012 年 4 月 5 日。

7. 王小江：《国际货币基金组织份额之争：中国的目标与策略》，《中国社会科学报》2012 年 4 月 23 日。

8. 卢杰：《外贸企业为避税成地下钱庄"优质客户"》，《法制日报》2012 年 7 月 24 日。

9. 梅新育：《"三一"为何敢告奥巴马》，《人民日报》（海外版）2013 年 3 月 9 日。

10. 《第五轮中美战略与经济对话框架下经济对话联合成果情况说

明》,《人民日报》2013 年 7 月 13 日。

11. 姜楠:《中美双边投资保护协定跨上新台阶》,《证券日报》2013 年 7 月 18 日。

12. 刘德标:《艰难曲折的多哈回合谈判》,《国际商报》2013 年 12 月 9 日。

二　英文类

（一）著作类

1. Andreas F. Lowenfeld, *International Private Investment*, M. Bender, 1982.

2. Arthurs, Harry W. , *Without the Law: Administrative Justice and Legal Pluralism in Nineteenth-Century England*, University of Toronto Press, 1985.

3. M. Sornarajah, *The International Law on Foreign Investment*, Cambridge University Press, 1994.

4. Robert Alexy, *A Theory of Constitutional Rights*, Oxford University Press, 2002.

5. Best, Jacqueline, *The Limits of Transparency: Ambiguity and the History of International Finance*, Cornell University Press, 2005.

6. Bryan A. Garner, *Black's Law Dictionary*, West Publishing Co. , 2009.

7. Tomer Broude & Marc L. Busch, *The Politics of International Economic law*, Cambridge University Press, 2011.

（二）期刊论文类

1. F. A. Hayek, "The Use of Knowledge in Society", *The American Economic Review*, Vol. 35, 1945.

2. George J. Stigler, "The Economics of Information", *The Journal of Political Economy*, Vol. 69, 1961.

3. Parica McKinsty Robin, "The BIT Won't Bite: The American Bilateral Investment Treaty Program", *American University Law Review*, Vol. 33, 1984.

4. Kenneth J. Vandevelde, "The Bilateral Treaty Program of the United States", *Cornell International Law Journal*, Vol. 21, 1988.

5. William Mock, "On the Centrality of Information Law: A Rational Choice Discussion of Information Law and Transparency", *John Marshall Journal of Computer & Information Law*, Vol. 17, 1999.

6. William B. T. Mock, "An Interdisciplinary Introduction to Legal Transparency: A Tool for Rational Development", *Dickinson Journal of International Law*, Vol. 18, 2000.

7. Ian A. Laird, "Betrayal, Shock and Outrage – Recent Developments in NAFTA Article 1105", *Asper Review of International Business and Trade Law*, Vol. 3, 2003.

8. Howard Mann, "International Investment Agreements: Building the New Colonialism?" *American Society of International Law Proceedings*, Vol. 97, 2003.

9. Steve Charnovitz, "Transparency and Participation in the World Trade Organization", *Rutgers Law Review*, Vol. 56, 2004.

10. Ignacio Madalena, "United States: the US Model Bilateral Investment Treaty", *International Arbitration Law Review*, 2004, 7 (3).

11. Kenneth J. Vandevelde, "A Brief History of International Investment Agreements", *U. C. Davis Journal of International Law and Policy*, Vol. 12, 2005.

12. Andrea J. Menaker, "Benefiting from Experience: Developments in the United States´Most Recent Investment Agreements", *U. C. Davis Journal of International Law and Policy*, Vol. 12, 2005.

13. Jeswald W. Salacuse & Nicholas P. Sullivan, "Do BITs Really Work?: An Evaluation of Bilateral Investment Treaties and Their Grand Bargain", *Harvard International Law journal*, Vol. 46, 2005.

14. Carl – Sebastian Zoellner, "Transparency: An Analysis of an Evolving Fundamental Principle in International Economic Law", *Michigan Journal of International Law*, Vol. 27, 2006.

15. Eric Heyer, "Latin American State Secrecy and Mexico's Transparency Law", *George Washington International Law Review*, Vol. 38, 2006.

16. Catherine A. Rogers, "Transparency in International Commercial Arbitration", *University of Kansas Law Review*, Vol. 54, 2006.

17. Secrecy and Transparency in Dispute Resolution, "Transparency in the Resolution of Investor – State Disputes – Adoption, Adaptation, and NAFTA Leadership", *University of Kansas Law Review*, Vol. 54, 2006.

18. Mark Fenster, "The Opacity of Transparency", *Iowa Law Review*, Vol. 91, 2006.

19. Friedl Weiss, "Transparency as an Element of Good Governance in the Practice of the EU and the WTO: Overview and Comparison", *Fordham International Law Journal*, Vol. 30, 2007.

20. Stephan W. Schill, "Tearing down the Great Wall: The New Generation Investment Treaties of the People's Republic of China", *Cardozo Journal of International and Comparative Law*, Vol. 15, 2007.

21. J. Anthony VanDuzer, "Enhancing the Procedural Legitimacy of Investor – State Arbitration through Transparency and Amicus Curiae Participation", *McGill Law Journal*, Vol. 52, 2007.

22. Alireza Falsafi, "Regional Trade and Investment Agreements: Liberalizing Investment in a Preferential Climate", *Syracuse Journal of International Law and Commerce*, Vol. 36, 2008.

23. Zachary Elkins & Andrew T. Guzman & Beth Simmons, "Competing for Capital: The Diffusion of Bilateral Investment Treaties, 1960 – 2000", *University of Illinois Law Review*, 2008.

24. Juliet G. Pinto, "Transparency Policy Initiatives in Latin America: Understanding Policy Outcomes from an Institutional Perspective", *Communication Law and Policy*, Vol. 14, 2009.

25. Cai Congyan, "China – US BIT Negotiations and the Future of Investment Treaty Regime: A Grand Bilateral Bargain with Multilateral Implications", *Journal of International Economic Law*, 2009, 12 (2).

26. Daniel Barstow Magraw Jr., Niranjali Manel Amerasinghe, "Transparency and Public Participation in Investor – State Arbitration", *ILSA Journal of International and Comparative Law*, Vol. 15, 2009.

27. Lise Johnson, "International Investment Agreements and Climate Change: The Potential for Investor – State Conflicts and Possible Strategies for Minimizing It", *Environmental Law Reporter News & Analysis*, Vol. 39, 2009.

28. Jerry Brito & Drew Perraut, "Transparency and Performance in Government", *North Carolina Journal of Law & Technology Online Edition*, Vol. 11, 2010.

29. Terry Collins – Williams & Robert Wolfe, "Transparency as a Trade Policy Tool: The WTO's Cloudy Windows", *World Trade Review*, Vol. 9

(4), 2010.

30. Roy Snell, "Absolute Transparency is a Bad Idea: Publishing Information Prior to the Conclusion of an Investigation Could Hurt Innocent People", *Journal of Health Care Compliance*, Vol. 12, No. 1, 2010.

31. Kenneth J. Vandevelde, "A Unified Theory of Fair and Equitable Treatment", *New York University Journal of International Law & Politics*, Vol. 43, 2010.

32. Laura Henry, "Investment Agreement Claims under the 2004 Model U. S. BIT: a Challenge for State Police Powers?" *University of Pennsylvania Journal of International Law*, Vol. 31, 2010.

33. Lukas Feiler, "Outages of Critical Information Infrastructure under EU and US LAW – Transparency versus Secrecy", *Journal of Internet Law*, Vol. 15, No. 3, 2011.

34. Liu Wenjing, "Approaching Democracy through Transparency: A Comparative Law Study on Chinese Open Government Information", *American University International Law Review*, Vol. 26, 2011.

35. Robert G. Vaughn, "Transparency in the Administration of Laws: The Relationship between Differing Justifications for Transparency and Differing Views of Administrative Law", *American University International Law Review*, Vol. 26, 2011.

36. John Pappas, "The Future US – China Bit: Its Likely Look and Effects", *Hong Kong Law Journal*, Vol. 41, 2011.

37. Deborah Sy, "Warning: Investment Agreements are Dangerous to Your Health George", *Washington International Law Review*, Vol. 43, 2011.

38. Frederick Schauer, "Transparency in Three Dimensions", *University of Illinois Law Review*, 2011.

39. Sara Jamieson, "A Model Future: The Future of Foreign Direct Investment and Bilateral Investment Treaties", *South Texas Law Review*, Vol. 53, 2012.

40. Julia Hueckel, "Rebalancing Legitimacy and Sovereignty in International Investment Agreements", *Emory Law Journal*, Vol. 61, 2012.

41. Patrick Robinson, "Affirming the International Rule of law", *Europe-*

an Human Rights Law Review, 2012 (1).

42. Kate Hadley, "Do China's BITs Matter? Assessing the Effect of China's Investment Agreements on Foreign Direct Investment Flows, Investors' Rights, and the Rule of Law", *Georgetown Journal of International Law*, Vol. 45, 2013.

（三）国际组织报告类

1. OECD, *Public Sector Transparency and the International Investor*, 2003.

2. United Nations Security Council, *The Rule of Law and Transitional Justice in Conflict and Post – conflict Societies*, 2004.

3. OECD, *Fair and Equitable Treatment Standard in International Investment Law*, 2004.

4. OECD, *Relationships between International Investment Agreements*, 2004.

5. UNCTAD, *Transparency UNCTAD Series on Issues in International Investment Agreements I*, 2004.

6. World Bank, *World Development Report 2006: Equity and Development*, 2005.

7. UNCTAD, *Bilateral Investment Treaties 1995 – 2006: Trends in Rule-making*, 2007.

8. OECD, *Essential Security Interests under International Investment Law*, 2007.

9. UNCTAD, *International Investment Rule – making: Stocktaking, Challenges and the Way Forward*, 2008.

10. UNCTAD, *Investment Promotion Provisions in International Investment Agreements*, 2008.

11. UNCTAD, *World Investment Report 2012*, 2012.

12. UNCTAD, *Transparency UNCTAD Series on Issues in International Investment Agreements II*, 2012.

13. UNCTAD, *World Investment Report 2013*, 2013.

14. UNCTAD, *Recent Developments in Investor – State Dispute Settlement (ISDS)*, 2013.

后　记

　　本书是在我 2014 年博士毕业论文的基础上完成的，也是我独立完成的第一部著作。这本书是我近三年学术研究的主要代表，但它更像是我人生重启的按钮，意味着一个崭新的开始，一个重回青春的开始。整本书的写作，让我感触颇多：有心得，有感谢，也有对未来的期许。

　　写作的时候，感触最深的有两点：一个是文献搜集，一个是理论的研究。研究选题是透明度，所以在知道自己功力有限的情况下，希望写作时引用资料应该有透明度，让看到这篇论文的人一定知道我资料的出处。但当我为了写作搜集文献时，却深深体会到其中的不透明。某些文章著作，明明是在引经据典、介绍资料，却偏偏不告诉你出处在哪儿，仿佛是他的自说自话；一些政府资料，明明知道是存在的，但是你通过各种途径都无法获取。其中，部分也有我方法不得当的问题。但是奇怪的是：只精通母语汉语的我，能谷歌到所要的英文资料，却百度不出中文文献；能轻易从国际组织、其他国家的政府网站搜到官方的英文文献，却苦苦寻觅仍无法获知中国的官方材料。写作中文献的搜集就是在时而透明、时而模糊的情况下，一点点积累，并一步步修正。提到理论研究，"国际经济法是没有理论的"，对这一说法似乎研究国经的人也是赞成的。只不过其他部门法的学者多少是带着轻视的语气，而国经学者的表达呈现的是自谦或者是自知之明的神态。当试图从一点点理论入手，去展开国经人擅长的文本研究的时候，再次发现但体会更深的是：每往前迈一步，哪怕是很小的一步，就会遇到一个路口；你面前有多条理论路径，每条路径也都是既有能自圆其说的著述，也有强词夺理的"学霸式"的言论；前思后想地选了一条路，刚踏上，面前又是一个路口；你的结论仿佛是世界上最复杂的迷宫的出口，当然这里的出口应该不止一个；你的论证就是画出一幅清晰的路线图，容不得作弊，也容不得瞒天过海，路线愈短说服力愈强。整个过程不是一般的痛苦、痛心、痛快！

能完成本书的写作并得以出版，要感谢许多人：

首先感谢我的博士生导师胡晓红教授。能遇到胡老师并成为她的博士生，是我一生中最幸运的事情之一。谢谢胡老师让我感受到学术团队的概念；让我感受到如此多来自五湖四海的异姓兄弟姐妹的祝福和信任；让我感受到"有缘才能相聚，有心才会珍惜"的一家人的温暖和默契。博士学业中，学术研究时，胡老师悉心指导，提倡教学相长，对待学术问题严谨而又不失豁达，学术造诣深厚，更有虚怀若谷的胸襟；平时交往中，关心我们每个人的家庭和事业，平易近人，真诚相待，让人没有距离感，是一位难得的良师益友。特别要感谢的是，胡老师对本书从选题到论证思路的精心指导和倾力帮助，写作过程的每一稿都会在最短时间内修改后仔细与我讨论。谢谢胡老师令我在写作中开拓了研究视域，科研能力倍道而进。与胡老师的师生情谊，我铭记在心！

感谢我的同学李煜、马辉、田海，谢谢各位对我写作的鼓励和帮助。没有各位的一路同行、一同坚持，这本书不可能如此顺利地完成。

感谢西北大学法学院刘丹冰院长、胡征俊书记及其他同事，以及南京大学法学院各位老师对本书写作、出版的关心、帮助。

特别感谢我的母校兼唯一工作过的单位，西北大学，她见证了我20年的成长；我也见证了她20年的变迁。感谢西北大学学术著作出版基金资助出版本书，感谢西北大学社科处各位老师的帮助。

最后要感谢中国社会科学出版社诸位编辑的辛苦工作。

从小到大再到已近中年，从未有过"过目不忘"，这就是坚信自己不够聪明的两个原因之一（另一个原因是玩牌下棋不灵光）。以前上本科的时候还可以做到"考完不忘"，后来只能是"考完即忘"，现在感觉根本就是"过目即忘"。偶尔会感叹："看来是老了吧！哎，未曾青春，却已老去！"近三年的写作，和老师、同学在一起的日子里，让我改变了这种想法。青春不是从你出生算起的头二十年、三十年，或是四十年、五十年，青春也不是以你长出第几根白发或是第几道皱纹，抑或是只记得"春眠不觉晓"时宣告终结；青春不是"自以为青春者"挥霍、疯狂的代名词，也不是"自以为年华逝去者"不愿提及的奢侈品。它不是别人看待你的或赞美或讥讽的表达，而是你心中某种信念的坚持。只要你愿意，青春应该是从出生到逝去的每一天都会有，直到你服老的那一天才会暂时离去。它放手即逝，触手可得！"永葆青春"不应该只是化妆品广告中的美好期许，不应该只是别人口中或真诚或虚伪的祝福；而应是你生活中的一种积极乐观的态度，应是你感染别人或被别人感染后的一种正能量。青春根本不是生理学的词汇，从来都是心理学的用语。这些说起来，人人都能理解，但是理解后很多人又会轻易忘记。虽然无法阻止记忆力衰退，无法阻止头发变白变少，但是我要记住这一段话，时刻提醒自己不要忘记。我想这就是本书写作、出版的经历给我带来的最大收获。这一段经历，这些收获，来自你们，我致谢的每一个人！

张建军

2015 年 12 月 13 日

落笔于西北大学新村家中